Praxishandbuch Python 3

Das Buch

Wer die Grundlagen von Python beherrscht und jetzt tiefer einsteigen möchte, kommt in diesem Buch auf seine Kosten. Mittels konkreter Anwendungsbeispiele aus verschiedenen Fachgebieten wird aufgezeigt, wie man Python produktiv zur Problemlösung einsetzen kann. Diskutiert werden dabei neben den allgemeinen Lösungsstrategien auch die Spezifika von Python und wie diese gewinnbringend genutzt werden können. Somit veranschaulicht das Buch allgemeine Konzepte der Programmierung, wie beispielsweise Algorithmen, Rekursion und Datenstrukturen, und lehrt problemorientiertes Denken.

Der Autor

Felix Bittmann studierte Soziologie und Geschichte in Freiburg (Breisgau) und Bamberg und ist wissenschaftlicher Mitarbeiter an der Universität Bamberg. Python begleitet ihn seit vielen Jahren als Allzweckwaffe in Beruf und Alltag. Ebenfalls erhältlich sind *Soziologie der Zukunft* (2014) sowie *Stata - A Really Short Introduction* (2019).

Praxishandbuch Python 3
Konzepte der Programmierung verstehen und anwenden

Felix Bittmann

Bibliografische Informationen der Deutschen Nationalbibliothek

Die Deutsche Nationalbibliothek verzeichnet diese Publikation in der Deutschen Nationalbibliografie; detaillierte bibliografische Daten sind im Internet über http://dnb.dnb.de abrufbar.

Alle Angaben und Programmbeispiele in diesem Buch wurden mit großer Sorgfalt kontrolliert. Weder Autor noch Verlag können für Schäden haftbar gemacht werden, die in Zusammenhang mit diesem Werk stehen.

Titelabbildung: Carinanebel. Urheber: *European Southern Observatory* (Wikimedia Commons).

„Python" und das Python Logo sind (eingetragene) Warenzeichen der *Python Software Foundation* und werden vom Autor mit Genehmigung der Stiftung genutzt.

Herstellung und Verlag:
BoD - Books on Demand, Norderstedt. Gesetzt in LaTeX

Mai 2020
ISBN: 978-3751900584
© 2020 Felix Bittmann

www.felix-bittmann.de
www.github.com/fbittmann/Python

Inhaltsverzeichnis

Einleitung

Warum Python?

Python ist nicht ohne Grund zu einer der beliebtesten Programmiersprachen der Welt aufgestiegen. Eine nutzerfreundliche und intuitive Syntax, eine große und engagierte Community, sowie eine Vielzahl an Modulen und Bibliotheken, die eine zügige und effiziente Umsetzung der geplanten Projekte erlauben, begeistern Anfänger wie Profis gleichermaßen. Somit ist Python einerseits eine ideale erste Sprache, die es Anfängern erlaubt, rasch eigene Ideen umzusetzen und andererseits eine hervorragende Ergänzung für Profis, die etwa auf dem Gebiet der *Data Sciences* Fuß fassen wollen.

Dieses Buch richtet sich an Leserinnen und Leser, die bereits erste Erfahrungen mit Python haben, etwa nach dem Durcharbeiten eines Grundkurses, und nun lernen möchten, wie man Python produktiv und anwendungsbezogen umsetzt. Dabei halten Sie kein klassisches Lehrbuch in Händen, das verschiedene Funktionen bzw. Aspekte der Sprache nacheinander abhandelt, vielmehr werden konkrete Aufgaben und Anwendungen in den Fokus gerückt. Jeder Abschnitt besteht dabei aus einer Aufgabe oder einem Problem, das gelöst werden möchte. Diese sind verschiedenen Fachgebieten entnommen und bilden so eine breite Palette der denkbaren Einsatzgebiete ab. Erklärt wird dabei nicht nur die Lösungsidee, sondern natürlich auch, wie sich diese mit den spezifischen Tricks und Tools in Python umsetzen lässt.

Voraussetzungen

Damit Sie an diesem Buch Freude haben, sollten Sie über die Grundfunktionen von Python informiert sein und beispielsweise die gängigen Datentypen kennen (Ganzzahlen, Kommazahlen, Strings, Listen, *Dictionaries*). Was ist eine Variable, wie kann ich Elemente zu einer Liste hinzufügen und wie definiere ich eine Funktion? Wenn Sie diese Fragen beantworten können, werden die Aufgaben für Sie lösbar sein. Für Anfänger oder für Personen, die ihre Kenntnisse auffrischen wollen, empfiehlt sich der kompakte Kurs der University of Waterloo.[1]

Philosophie

Die hier gezeigten Aufgaben richten sich an Anfänger, die bisher noch wenig Erfahrung mit Programmierung haben. Sofern bestimmtes Grundwissen bzw. mathematische Kenntnisse zum Lösen der Aufgaben notwendig sind, so werden diese ebenfalls vorgestellt. Die gezeigten Codebeispiele haben nicht den Anspruch, die elegantesten, kürzesten oder schnellen Lösungen zu sein, sondern sollen vielmehr die grundlegenden Ideen und Konzepte der Programmierung vermitteln. Für viele der dargestellten Anwendungen stehen hochspezialisierte und deutlich komplexere Algorithmen bereit, die in einer Produktivumgebung zum Einsatz kommen, jedoch für eine Einführung nicht geeignet sind.

Dabei werden zur Lösung keinerlei Zusatzprogramme oder Module benötigt, die nicht offizieller Teil Pythons sind (Pure Python).

---

[1] https://cscircles.cemc.uwaterloo.ca/de/

Insofern sei darauf hingewiesen, dass manche Module die hier gezeigten Anwendungsgebiete massiv erweitern und dadurch auch vereinfachen (z.B. *NumPy*, *SciPy*, *Pygame*, etc...), jedoch oftmals eine sehr umfassende Dokumentation beinhalten und daher an dieser Stelle nicht vorgestellt werden können.

Im Allgemeinen wurde versucht, die Aufgaben (zumindest innerhalb eines Kapitels) so anzuordnen, dass die eher leichten am Anfang stehen und neue Konzepte dort zuerst erklärt werden. Diese werden dann später als bekannt vorausgesetzt und nicht mehr im Detail erläutert. Ansonsten ist es empfehlenswert, unbekannte Befehle, Konzepte, oder Operatoren in der Suchmaschine Ihrer Wahl nachzuschlagen, was auch erfahrene Programmierer im Schnitt alle fünf Minuten machen...

Online Ressourcen, Code und Lösungen

Online finden Sie den gesamten in diesem Buch gezeigten Code, sowie Bugfixes, Updates und die Lösungen aller Aufgaben kostenlos zum Download.

github.com/fbittmann/Python

Wenn Sie mich kontaktieren möchten, freue ich mich über Emails an *kontakt@felix-bittmann.de*. Sofern Sie Änderungen an den hier gezeigten Codebeispielen vorschlagen möchten, fügen Sie diese bitte direkt online in Github ein, damit sie öffentlich für alle sichtbar sind. Dort können Sie bequem das gesamte Repository herunterladen, Kopien erstellen und gegebenenfalls abändern.

Danksagung

Ein herzliches Dankeschön gilt an dieser Stelle allen Personen, die mich und das Projekt unterstützt haben. Besonders zu nennen sind (in alphabetischer Reihenfolge) Florian Scholze, Jannik Köster und Kurt Bittmann. Simon Wolf hat alle Codebeispiele akribisch durchgesehen und unzählige Verbesserungen, auch zu verschiedenen Algorithmen, angemerkt. Ebenso gilt mein Dank allen Mitarbeitern der *Python Software Foundation*, die der Welt bewiesen haben, dass Programmierung Spaß machen kann. Abschließend möchte ich mich auch bei allen Personen bedanken, die Abbildungen und Grafiken unentgeltlich bei Projekten wie *Wikipedia* oder *Wikimedia Commons* bereitstellen und somit dazu beitragen, die hier gezeigten Beispiele zu illustrieren.

Kapitel 1

Grundlagen

1.1 Terminologie

Funktionsbefehle werden in Python in der Regel durch kurze, englischsprachige Begriffe umgesetzt, wie beispielsweise *True*, *False*, *for*, *while*, usw... Diese werden auch in anderen Sprachen nicht abgeändert. Deshalb werden in diesem Buch viele englischsprachige Begriffe nicht übersetzt, sondern der prägnante englische Begriff beibehalten, etwa für *dictionary* oder *list comprehension*. Achten Sie zudem bei diesen Schlüsselbegriffen auf die korrekte Groß- bzw. Kleinschreibung.

1.2 Installation und Programmierumgebung

Die aktuellste Version von Python lässt sich schnell und unkompliziert von *python.org* herunterladen. Die in diesem Buch gezeigten Beispiele benötigen mindestens **Python 3.6** oder höher. Wenn Sie Linux oder Mac benutzen, stehen die Chancen gut, dass Python bereits vorinstalliert ist. Um zu testen, welche Version Sie aktuell benutzen, öffnen Sie ein Terminal (Linux, Mac) bzw. die Shell (Windows). Dort tippen Sie *python3*, um eine interaktive Session zu starten und bekommen die aktuell genutzte Version angezeigt.[1]

Als Programmierumgebung (Editor bzw. IDE) ist *Geany* sehr empfehlenswert.[2] Diese Open-Source Anwendung ist schnell, übersichtlich und bietet Anfängern und fortgeschrittenen Nutzern eine große Palette an nützlichen Funktionen, ohne überfrachtet zu sein (nur ca. 16 MB im Download). Zudem stehen eine Vielzahl an Themes und Plugins bereit, sodass neue Funktionen bzw. ein anderer Look im Handumdrehen eingefügt werden können. *Geany* ist für Linux, Windows und Mac verfügbar.

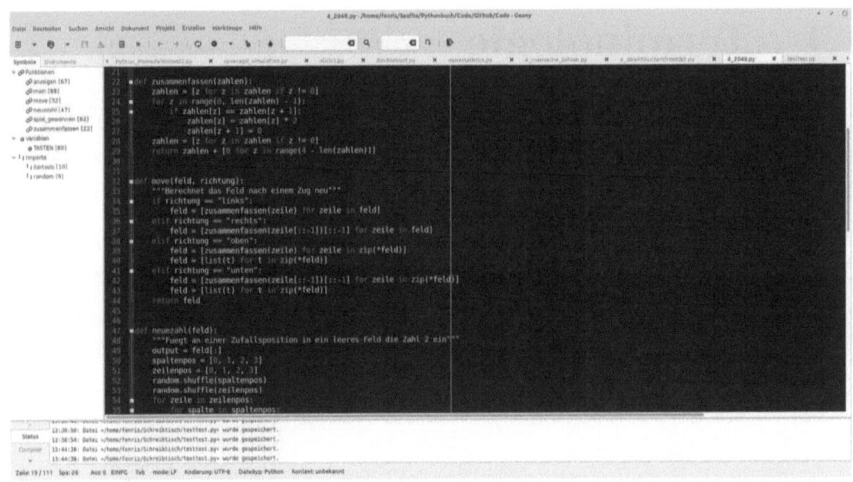

Abbildung 1.1: *Geany* als moderne und offene Programmierumgebung

---

[1]Falls diese Information nicht direkt beim Aufrufen der Konsole erscheint, tippen Sie: *import sys* und danach *sys.version*.

[2]geany.org

1.3 Python Basics

Auf den nächsten Seiten werden in sehr kompakter Form einige Grundlagen wiederholt, die von etwas erfahreneren Nutzern problemlos übersprungen werden können.[3] Im Gegensatz zu den meisten anderen Darstellungen im Buch wird hierbei eine interaktive Session in einer Konsole bzw. dem Terminal dargestellt. Eine mit >>> beginnende Zeile bedeutet daher stets die interaktive Eingabe in die Konsole. Der Output, sofern welcher generiert wird, wird dann in der folgenden Zeile ausgegeben.[4]

```
>>> a = 12
>>> b = 3.141
>>> c = "Banane"
>>> d = [a, b, c]
>>> e = (1.734, 3.822)
>>> f = {3, 8, 99, -4}
>>> g = {"Hallo": 5, "Nein": 4, "Ich": 3, "Rakete": 6}
```

Hier ist a eine Ganzzahl (*integer*), b eine Kommazahl (*float*), c ein String, d eine Liste, e ein Tuple, f ein Set und g ein *Dict* (Wörterbuch). Eine Variable wird wie dargestellt über das Gleichheitszeichen definiert. Besondere Vorsicht ist beim Dezimaltrennzeichen gefragt. Python benutzt die angloamerikanische Konvention, weshalb Kommazahlen stets mit einem *Punkt* eingegeben werden müssen, siehe Beispiel b. Der Einheitlichkeit wegen wird deshalb im gesamten Buch dieser Konvention gefolgt. Das Komma wird somit als Tausendertrennzeichen verwendet.

---

[3]Als erste Anlaufstelle für Fragen ist die ausgezeichnete Python Dokumentation sehr empfehlenswert: docs.python.org/3.6/

[4]Interaktive Sessions etwa in einer Shell oder dem Terminal eignen sich hervorragend als Spielwiesen und können ohne Weiteres neben dem eigentlichen Editor laufen. So lässt sich schnell testen, ob man noch die richtige Syntax im Kopf hat. Eine Eingabe von *help(Objekt)* liefert eine ausführliche Information zu der gewünschten Funktion, also etwa *help(list)*. Wenn man die Information im Hilfetext gefunden hat, bringt der Tastendruck auf Q zurück zur Session.

Bei mathematischen Operationen gilt stets die Abarbeitung nach der Reihenfolge *BEDMAS*: Brackets (Klammern), Exponenten, Division, Multiplikation, Addition, Subtraktion.

Indices und Slices

Listen sind in Python Allzweckwaffen, die fast immer genutzt werden können. Sets, Tuples und Dicts sind oftmals sinnvolle Ergänzungen und können manche Aspekte besser bzw. schneller erledigen, aber ohne Listen ist Python nicht denkbar. In Listen lassen sich beliebige Elemente, also alle Dateitypen und natürlich auch verschachtelte Unterlisten sammeln. Elemente dieser Listen werden über ihren Index aufgerufen. In Python erhält das erste Element einer Liste immer den Index 0.

```
>>> a = [1, 2, 3]
>>> b = ["Hi", 1, "Rot", -6.87, [1, 2, 3, ["Maus"]], 95]
>>> a[0]
1
>>> b[2]
"Rot"
>>> b[4][1]
2
>>> b[-1]
95
>>> len(b)
6
>>> len(b[4])
4
```

Wie gezeigt, können Unterlisten über mehrfache Indices aufgerufen werden. Will man etwa die vorhandene Zahl 2 aufrufen, wählt man zuerst die Unterliste aus, welche den Index 4 hat. Die 2 steht dann an der zweiten Position in dieser Unterliste, hat also den Index 1. Somit erfolgt der Aufruf über b[4][1]. Beim Aufrufen, gleichgültig ob aus einer Liste, einem Tuple, oder einen *Dict*, werden stets eckige Klammern verwendet. Will man ein Element der

Liste von ihrem Ende her aufrufen, nutzt man negative Indices. Das letzte Element einer Liste hat dabei immer den Index -1. Die Anzahl der Elemente in einer Liste wird mittels *len()* abgefragt. Will man eine Liste zerschneiden, also nur Teilstücke verwenden, spricht man von *Slices*.

```
>>> a = [1, 2, 3, 4, 5, 6, 7]
>>> a[0:3]
[1, 2, 3]
>>> a[2:5]
[3, 4, 5]
>>> a[::2]        #Anfang bis Ende, aber nur jede 2. Zahl
[1, 3, 5, 7]
>>> a[::-1]       #Eine Liste umdrehen
[7, 6, 5, 4, 3, 2, 1]
```

Ein Slice-Befehl hat drei Elemente: den Startindex, den Endindex und den *step*, also die Schrittweite. Der Startindex zählt immer zur neuen Liste, der Endindex wird immer exklusiv betrachtet. Wird kein *step* angegeben, so wird immer 1 angenommen. Wird das Start- oder Endelement weggelassen, so setzt Python hier automatisch das erste bzw. letzte Element ein. Die gleichen Regeln gelten für Strings:

```
>>> w = "Trebuchet"
>>> w[3]
"b"
>>> w[2::2]
"euht"
```

Dictionaries

Dicts sind dann sinnvoll anzuwenden, wenn man eine Struktur wie in einem Wörterbuch oder einem Lexikon nachahmen möchte. Dabei werden Paare aus *keys* (Schlüsseln) und *values* (Werten) erstellt, die sich nicht über einen Index, sondern über die direkte Bezeichnung aufrufen lassen. Auf diese Weise kann man eine sehr einfache Datenbank erstellen, wie das folgende Beispiel aufzeigt, in dem Autoren ihr Geburtsjahr zugeordnet wird:

```
>>> lebensdaten = {"Dawkins": 1941, "Dostojewski": 1821,
    "Goethe": 1749}
>>> lebensdaten["Goethe"]
1749
>>> lebensdaten["Boyle"] = 1948
>>> lebensdaten
{"Dawkins": 1941, "Dostojewski": 1821, "Goethe": 1749, "
    Boyle": 1948}
```

Der erste Wert (vor dem Doppelpunkt) stellt dabei den *key*, die Information dahinter den *value* dar. Der jeweilige *value* kann über die Eingabe des *keys* abgerufen werden, auch Änderungen bzw. das Einfügen neuer *items* wird auf diese Weise möglich. Anzumerken ist, dass die *keys* unveränderlich (immutable) sein müssen, weshalb sich hier etwa Zahlen (integers, floats), Strings oder Tuples anbieten, nicht jedoch Listen, da diese veränderlich sind. Als *values* sind alle Datentypen möglich. *Dicts* sind, sofern es die Anwendung erlaubt, insofern Listen vorzuziehen, als ein Lookup schneller erfolgt. Eine häufige Aufgabe besteht darin, *Dicts* nach bestimmten Elementen zu durchsuchen. Je nachdem, ob die gewünschte Information in den *keys* oder *values* steckt, bieten sich verschiedene Möglichkeiten an.

```
>>> for key in lebensdaten.keys():
>>>     print(key)
Dawkins
Goethe
Dostojewski
Boyle

>>> for value in lebensdaten.values():
>>>     print(value)
1941
1821
1749
1948
```

```
>>> for key, value in lebensdaten.items():
>>>     print(key, value)
("Dawkins", 1941)
("Dostojewski", 1821)
("Goethe", 1749)
("Boyle", 1948)
```

Besonders die letzte Technik ist oftmals sehr sinnvoll, da man gleichzeitig *keys* und *values* erhält und benutzen kann. Die Reihenfolge, in der die Elemente erscheinen, ist dabei jedoch nicht vorhersagbar, da intern kein Index geführt wird.[5] Natürlich können die Elemente dennoch beim Aufruf sortiert werden, etwa alphabetisch. Möchte man hingegen grundsätzlich eine Ordnung haben, so kann man auf *OrderedDict* aus dem Modul *collections* ausweichen.[6]

Schleifen

In Python werden verschiedene Arten von Schleifen unterschieden. Mit *for* kann man direkt über Elemente eines *iterable / iterator* iterieren, also beispielsweise über einen Bereich (range), eine Liste oder ein Tuple.[7] *While*-Schleifen sind dann nützlich, wenn man vorher nicht genau weiß, wie oft die Schleife durchlaufen werden soll und man diese dynamisch beenden will, wenn eine bestimmte Bedingung eintritt.

```
>>> for i in range(0, 10, 2):
>>>     print(i)
```

---

[5]Ab Python 3.7 gilt dies nicht mehr, ab dieser Version ist auch bei regulären *Dicts* die Reihenfolge fix.

[6]https://docs.python.org/3.6/library/collections.html

[7]In Python ist ein *iterable* ein Objekt, über das man iterieren kann, etwa eine Liste, ein Tuple und dergleichen. Ein *iterator* hingegen ist ein Generator und speichert seinen eigenen internen Zustand ab, was beim nächsten Aufruf berücksichtigt wird. Somit kann nur ein iterator mit *next()* angesprochen werden. Bei der Berechnung von Primzahlen in Kapitel zwei werden wir sehen, wie genau Generatoren funktionieren.

```
0
2
4
6
8

>>> wortliste = ["Hallo", "da", "oben"]
>>> for wort in wortliste:
>>>     print(wort)
'Hallo'
'da'
'oben'

>>> wert = 0
>>> while wert < 64:
>>>     print(wert)
>>>     wert = 2 ** wert
0
1
2
4
16
```

Die erste Schleife gibt die *geraden* Zahlen von 0 bis exklusive 10 aus. Wie bei den Slices ist der erste Wert der Startwert, der zweite Wert der Endwert (wieder exklusive, wird also nicht mehr ausgegeben) und der dritte Wert der *step*. Die Variable *i* ist dabei der Laufindex und kann beliebig benannt werden. Die zweite Schleife iteriert über alle Elemente, die in der Liste gefunden werden. Die dritte Schleife läuft, so lange die Bedingung erfüllt ist. In diesem Beispiel muss *wert* kleiner als 64 sein, damit die Schleife durchlaufen wird. Sie wird nicht mehr gestartet, sobald diese Bedingung *False* wird. Manchmal kann es auch vorkommen, dass eine Bedingung immer *True* bleibt, Schleifen dann ewig laufen und nur mittels Abbruch durch den Nutzer beendet werden können. Deshalb muss in diesem Fall der *wert* bei jedem Durchlauf auch verändert werden. Erreicht die Schleife ihr Ende, so beginnt sie wieder von vorne, also von oben nach unten.

Will man eine Schleife vorzeitig verlassen, so nutzt man *break*. Die Anweisung *continue* ist dann hilfreich, wenn man ein bestimmtes Element in einer Schleife überspringen möchte, etwa, um Zeit zu sparen oder offensichtliche Fehler zu vermeiden. Sie sorgt dafür, dass man sofort zum Beginn der aktuellen Schleife zurückkehrt und dort die nächste Schleifenausführung beginnt. Mit *pass* hat man zudem einen Platzhalter, der gar nichts tut und dann eingesetzt werden kann, wenn man noch leere Codeblöcke füllen möchte, um Fehlermeldungen zu vermeiden. Sehen wir uns drei Beispiele an:

```
>>> for zahl in range(1, 5):
>>>     print(zahl)
>>>     if zahl == 3:
>>>         break
>>>     print(zahl * 10)
>>> print("Schleife wurde verlassen")
1
10
2
20
3
Schleife wurde verlassen
```

Sobald *break* erreicht wird, wird die Schleife sofort verlassen. Alle nachfolgenden Befehle innerhalb der Schleife werden nicht mehr ausgeführt.

```
>>> for zahl in range(1, 5):
>>>     print(zahl)
>>>     if zahl == 3:
>>>         continue
>>>     print(zahl * 10)
>>> print("Schleife wurde verlassen")
1
10
2
20
3
```

```
4
40
Schleife wurde verlassen
```

Wird *continue* angetroffen, so wird direkt zum Anfang der Schleife gesprungen und der nächste Durchlauf gestartet. Alle nachfolgenden Befehle werden nicht mehr ausgeführt, die Schleife wird allerdings auch nicht beendet.

```
>>> for zahl in range(1, 5):
>>>     print(zahl)
>>>     if zahl == 3:
>>>         pass
>>>     print(zahl * 10)
>>> print("Schleife wurde verlassen")
1
10
2
20
3
30
4
40
Schleife wurde verlassen
```

Wird *pass* erreicht, so geschieht nichts. Die Schleife wird nicht verlassen, sondern alle Befehle unter *pass* innerhalb der Schleife werden normal ausgeführt. Dieser Befehl eignet sich daher vor allem als Platzhalter.

Comprehensions

Comprehensions in verschiedenen Variationen sind äußerst nützlich, da sie es erlauben, sich das Schreiben von expliziten Schleifen zu ersparen. Man unterscheidet dabei zwischen list, dict, set und generator comprehensions, wobei die Syntax fast identisch ist. Angenommen man möchte eine Liste aller Zahlen unter 100, die sowohl durch 3 als auch durch 7 teilbar sind. Mit einer comprehension geht das in einer Zeile:

```
>>> [i for i in range(100) if i % 3 == 0 and i % 7 == 0]
[0, 21, 42, 63, 84]
>>> [i ** 2 for i in (1, 2, 3, 4, 5)]
[1, 4, 9, 16, 25]
```

Die eckigen Klammern geben dabei an, dass wir eine Liste generieren möchten und i ist der Laufindex, der alle Zahlen zwischen 0 und 99 durchläuft. Allerdings haben wir einen Filter eingebaut, der nur Zahlen durchlässt, die die gewünschte Bedingung erfüllen. Das zweite Beispiel zeigt auf, wie wir Zahlen vor dem Eintragen in die Liste noch transformieren können. Auch *if...else* Konstruktionen sind möglich, allerdings ist hier die Syntax etwas anders.

```
>>> [1 if x > 5 else 0 for x in range(10)]
[0, 0, 0, 0, 0, 0, 1, 1, 1, 1]
```

Hierbei erhalten wir auf jeder Position einer Zahl, die größer als 5 ist, eine 1, ansonsten eine 0. If...else steht nun vor dem iterable, da es sich hierbei nicht um einen Filter handelt, sondern um den Tenary-Operator. Sets und Dicts können wir mit der gleichen Syntax erstellen, die Definition erfolgt dann schlichtweg über die Art der Klammern.

```
>>> {i for i in range(10)}
{0, 1, 2, 3, 4, 5, 6, 7, 8, 9}
>>> {wort: len(wort) for wort in ["Was", "machst", "du"
]}
{'Was': 3, 'machst': 6, 'du': 2}
```

Comprehensions können durch die gezeigten Möglichkeiten komplex werden, auch deshalb, weil eine Comprehension weitere Comprehensions enthalten kann. Wir benötigen eine Matrix, also eine Liste mit Unterlisten? Das kann so erreicht werden:

```
>>> [[i * j for i in range(4)] for j in range(4)]
[[0, 0, 0, 0], [0, 1, 2, 3], [0, 2, 4, 6], [0, 3, 6, 9]]
```

Python arbeitet hier von innen nach außen, erzeugt also erst eine Liste, die vier Produkte aus i und j sammelt. Auf diese Weise werden vier Listen erstellt, welche dann in einer übergeordneten Liste gesammelt werden. Hierbei sollte man aber vorsichtig sein und einen Mittelweg zwischen Kompaktheit und Lesbarkeit suchen. Eine komplexe Comprehension, die heute unglaublich cool oder elegant wirkt, kann morgen dem Kollegen Kopfschmerzen bereiten (oder auch einem selbst, nachdem man zwei Wochen in Urlaub gewesen ist...). Dieser Vorbehalt trifft etwa auch dann zu, wenn mehrere for-Schleifen in einer Comprehension benutzt werden.

Funktionen

Wenn man eine komplexere Aufgabe in Python lösen möchte, so bietet es sich in der Regel an, verschiedene Funktionen zu erstellen, die unterschiedliche Teilaufgaben lösen. Dies hat zahlreiche Vorteile: beispielsweise können die Teilfunktionen wiederum an anderer Stelle nützlich sein und sich somit leicht in andere Skripte importieren lassen. Zudem können Bugs oder Probleme oftmals schneller gefunden werden, wenn man Funktionen separat testen kann. Kurzum, teile und herrsche!

In Python kann man Funktionen prinzipiell auf zwei Weisen definieren. Die eine Art erfolgt über den Befehl *def()*. Eine Funktion kann dann eine beliebige Anzahl von Argumenten beinhalten, die bei Bedarf auch als Voreinstellungen (defaults) vorgegeben werden können.[8] Probieren wir dies an einer schlichten Addition:

```
>>> def addierer(x, y):
>>>     return x + y
>>> addierer(1, 1)
2
```

Die soeben definierte Funktion *addierer()* hat zwei Argumente, x und y. Diese müssen jeweils vom Nutzer vorgegeben werden.

---

[8]Auch wenn es nicht ganz korrekt ist, werden *Argument* und *Parameter* in Bezug auf Funktionen hier synonym gebraucht.

Über den Begriff *return* definieren wir, was am Ende zurückgegeben werden soll. Setzen wir kein return statement (oder wird dieses niemals erreicht, etwa bei einer *if...else* Bedingung), so gibt jede Funktion am Ende *None* aus. Dies kann in vielen Fällen ohne Bedeutung sein, etwa, wenn eine Funktion nur etwas in der Konsole anzeigen soll.

```
>>> def gruss(name):
>>>     print("Hallo " + str(name) + "!")
>>> gruss("Python")
"Hallo Python!"
```

Wenn wir *defaults* vorgeben, so können diese bei Bedarf vom Nutzer überschrieben werden, die Variable hat aber ansonsten diesen Standardwert:

```
>>> def potenzieren(x, y = 2):
>>>     return x ** y
>>> potenzieren(3)
9
>>> potenzieren(2, 4)
16
```

Neben *def()* gibt es noch die Möglichkeit, anonyme Funktionen über das Keyword *lambda* zu definieren. Diese Funktionen haben den Vorteil, dass sie sehr kompakt sind und an manchen Stellen „on the fly" definiert werden können, etwa, wenn eine Liste nach einem bestimmten Schema sortiert werden soll.

```
>>> addierer = lambda x, y: x + y
>>> addierer(2, 2)
4
```

Dabei muss man sich jedoch auf einen Ausdruck beschränken, weshalb komplexe Aufgaben sich nicht für derartige Funktionsdefinitionen eignen.

An dieser Stelle sei noch auf eine Kurzschreibweise hingewiesen, die dann verwendet werden kann, wenn der Wert einer bestehenden Variable verändert werden soll.

```
x = x + 5 <=> x += 5
x = x - 5 <=> x -= 5
x = x * 5 <=> x *= 5
x = x / 5 <=> x /= 5
```

Auf diese Weise lassen sich die verschiedenen Basisoperationen kompakter schreiben.

Interne Checks und Fehlerbehandlung

Wer Programme für Endbenutzer schreiben möchte, wird sehr viel Zeit aufwenden um, sicherzugehen, dass bestimmte Funktionen nur mit den korrekten Eingaben gefüttert werden können. So sollte beispielsweise ein Name keine Ziffern enthalten, eine Email hingegen immer den Klammeraffen @. Auch rein mathematische Funktionen müssen auf diese Weise geschützt werden, sofern sie nur in einem bestimmten Definitionsbereich funktionieren (bitte nicht durch 0 teilen!). Manchmal gibt es allerdings keine expliziten Fehlermeldungen, sondern es werden schlichtweg falsche Ergebnisse produziert. Eine derartige Suche nach Bugs kann dann aufwändig und schwierig sein, weshalb es sich empfiehlt, immer wieder Kontrollpunkte einzubauen, die sicherstellen, dass auch nur „legale" Werte prozessiert werden. Eine einfache Funktion hierfür ist *assert*. Diese prüft, ob eine bestimmte Bedingung erfüllt ist. Sehen wir uns an, wie wir direkt testen können, ob eine Email-Adresse eine falsche Syntax aufweist:

```
>>> email1 = "maxmuster@mustermail.de"
>>> assert "@" in email1, "Ungueltige Eingabe!"
>>> email2 = "email.email.org"
>>> assert "@" in email2, "Ungueltige Eingabe!"
Traceback (most recent call last):
File "<stdin>", line 1, in <module>
AssertionError: Ungueltige Eingabe!
```

Während die erste Eingabe korrekt ist und *assert* in diesem Fall schlichtweg gar nichts tut, also auch keine Anzeige auslöst, beendet Python beim zweiten Beispiel das Programm sofort. Wir sehen, welche Art von Fehler vorliegt, zudem können wir spezifizieren, welche Meldung angezeigt werden soll. Wenn bereits zu Beginn klar ist, welche Eingaben eine Funktion handhaben soll bzw. welche Zahlenwerte oder Bereiche gültig sind, ist es oftmals besser, direkt zu Beginn einen offensichtlichen Fehler zu melden, als zu warten, bis sich dieser irgendwann am Ende in einem seltsamen Ergebnis zeigt. Der Vollständigkeit halber sei darauf hingewiesen, dass assert-Befehle bei verschiedenen Optimierungsverfahren automatisch entfernt werden und daher keine finale Lösung sind, um Nutzereingaben zu kontrollieren. In realen Anwendungen sollten daher ausgefeiltere Tests zum Einsatz kommen.

Wie wir gesehen haben, beendet Python bei einem Fehler die Ausführung des Skripts sofort. In manchen Fällen wollen wir aber auf erwartbare Fehler reagieren können und das Skript fortsetzen. Dies können wir über *try...except* Konstruktionen erreichen. Wir lassen einen Befehl ausführen. Sollte es zu einem Fehler kommen, den wir so erwartet haben, fährt das Programm mit einem bestimmten Verhalten fort und stoppt nicht. Ein Beispiel ist, wenn man einen Index in einer Liste ansprechen will, diese allerdings zu kurz ist und den Index gar nicht mehr enthält.

```
>>> a = [1, 2, 3]
>>> a[20]
Traceback (most recent call last):
File "<stdin>", line 1, in <module>
IndexError: list index out of range
```

Offenbar hat die Liste nur drei Elemente, weshalb der größte Index 2 ist (Pythons erster Index ist immer 0) und 20 nicht vorkommt. Manchmal können wir dies aber hinnehmen und fahren dann einfach mit der nächsten Liste fort.

```
>>> for liste in matrix:
>>>     try:
>>>         print(liste[20])
>>>     except IndexError:
```

```
>>>         print("Index nicht vorhanden, fahre fort")
```

Wir wollen von jeder Liste in der Datenmatrix das Element mit Index 20 anzeigen lassen. Wir verpacken den Befehl in einen try-Block. Sollte es in diesem Bereich zu einem Fehler kommen (und wir erwarten hier im Moment nur einen IndexError), so macht Python mit den Befehlen unter *except* weiter, also in diesem Fall wird eine Fehlermeldung ausgegeben und die Schleife danach fortgesetzt. Taucht in *try* allerdings ein Fehler auf, den wir nicht explizit bei der Definition von *except* berücksichtigt haben, wird das Skript dennoch stoppen. Sogenannte *catch-all* Statements, die alle Arten von Fehlern ignorieren, sind mit Vorsicht zu behandeln und sollten daher nur bei bestimmten Fällen in Betracht gezogen werden. Dann würde man die Zeile in *except:* abändern.

Module

Manche Funktionen oder Datentypen sind in Python immer direkt verfügbar, wie beispielsweise *len()*, *max()* oder *set()*, um nur einige wenige zu nennen. Andere Funktionen sind zwar ebenfalls offizieller Teil Pythons, allerdings funktional gruppiert und in Module ausgelagert. Dies ist insofern effizient, als nicht immer alle Funktionen direkt verfügbar sein müssen. Zudem verhindert es Probleme mit mehrfach belegten Namen von Variablen oder Funktionen. Möchten wir Elemente aus anderen Modulen benutzen, so müssen wir sie vorher importieren. Die Handhabung ist einfach. Angenommen, man braucht mehr mathematische Funktionen, wie etwa den Cosinus:

```
>>> import math
>>> math.cos(math.pi)
-1.0
```

Zunächst importieren wir das Modul *math*. Man kann nun alle enthaltenen Funktionen nutzen, muss dabei allerdings immer die Bezeichnung des Moduls beim Aufruf mit angeben, damit Python weiß, aus welchem Modul die Funktion bzw. die Konstante (hier Pi) entnommen werden soll. Dies kann auf Dauer lästig sein, besonders, wenn Modulnamen länger sind. Hierbei gibt es zwei Möglichkeiten. Zunächst kann man den zu verwendenden Modulnamen abkürzen:

```
>>> import itertools as it
>>> list(it.combinations([1, 2], 2))
[(1, 2), (1, 3), (2, 3)]
```

Sofern man nur eine ganz bestimmte Funktion aus einem Modul benötigt, ist folgender Ansatz empfehlenswert:

```
>>> from itertools import combinations
>>> list(combinations([1, 2], 2))
[(1, 2), (1, 3), (2, 3)]
```

Ansonsten kann man auch *alle* Funktionen aus dem Modul übernehmen. Dies ist insofern problematisch, da man in diesem Fall aufpassen muss, dass man nicht versehentlich bereits andere Funktionen geschrieben hat, die die gleiche Bezeichnung aufweisen.

```
>>> from itertools import *
>>> list(combinations([1, 2], 2))
[(1, 2), (1, 3), (2, 3)]
```

Besonders bei längeren Skripten mit vielen importierten Modulen erscheint es ratsam, den Modulzusatz auf jeden Fall beizubehalten (und ggf. sinnvoll und eindeutig abzukürzen), was die Verständlichkeit besonders für nur am Rande involvierte Personen massiv erhöht.

1.4   Grundsätze guter Programmierung

1. In Python nehmen Einrückungen eine herausragende Bedeutung ein und ersetzen in vielen Fällen die aus anderen Sprachen berüchtigten Klammern. Ob man nun zum Einrücken Leerzeichen oder Tabulatoren nutzt, ist unerheblich, solange

man hierbei absolut konsequent ist und diese niemals mischt (was auch mit Fehlern quittiert wird).

2. Alle Variablen bzw. Objekte (und in Python ist mehr oder weniger *alles* ein Objekt) sollten eindeutig und sinnvoll benannt sein. Dabei kann man, je nach eigenen Vorlieben, einen bestimmten Stil wählen, etwa *Panellinks* (Pascal Case), *panelLinks* (Camel Case), oder *panel_links* (Snake Case). Wichtiger ist dann Konsistenz. Für Laufindices oder temporäre Variablen scheint es aber nicht unbedingt erforderlich sehr viel Zeit auf Namensgebung zu verwenden. Einbuchstabige Variablennamen sollten jedoch nur in sehr eng begrenzten Codeblöcken oder in Comprehensions genutzt werden.

3. Funktionen sollten meistens *genau eine* Aufgabe erfüllen. Erkennt man, dass eine Funktion sehr viele Grenzfälle berücksichtigen muss bzw. durch viele *if...else* Anweisungen teilweise sehr verschiedene Aufgaben übernimmt, könnte es sinnvoll sein, die Funktion in mehrere Teilfunktionen aufzuspalten. Zudem sollte man eine Aufgabe nie an zwei verschiedenen Stellen separat lösen, also Code duplizieren, sondern *eine* Funktion definieren und bei Bedarf aufrufen. Dies erleichtert die Wartung ungemein. Ansonsten müsste man im schlimmsten Fall Bugs am Ende an zig Stellen beseitigen, was unbedingt zu vermeiden ist. Zudem besteht die Grundregel, dass eine Funktion nur *einen* bestimmten Datentyp ausgeben sollte. Eine Funktion, die demnach Zahlen prozessiert, sollte auch nur Zahlen ausgeben. Tritt allerdings ein Fehler auf, so sollte nicht *False* erzeugt werden (was ein Bool-Wert und keine Zahl ist), sondern eine Exception ausgelöst werden, also eine explizite Fehlermeldung.

4. Python ist eine anwendungsorientierte Sprache, die dazu er-

funden wurde, um Aufgaben zügig und effizient zu erledigen.[9] Somit sollte man sich vor jedem Projekt fragen, welchen Aufwand man in die Rahmenparameter stecken möchte. Müssen zunächst fünf Klassen definiert werden oder reichen am Ende auch zwei Funktionen? Natürlich hängt dies vor allem von der Komplexität und den Projektumständen ab. Größere und auf längere Zeit angelegte Projekte verdienen am Anfang sicher mehr Aufmerksamkeit, damit man später offen und flexibel ist. Besonders wenn man mit anderen Personen zusammenarbeitet, sollte man zunächst einen gemeinsamen Stil festlegen und sich, wie bereits erwähnt, auf Richtlinien und stilistische Vorgaben einigen.

5. Die Lesbarkeit des Codes lebt auch von den Abständen zwischen den einzelnen Zeichen bzw. Bestandteilen. So kann man etwa $x=(5+5)*2$ schreiben, oder aber auch $x = (5 + 5) * 2$. Wieder gibt es hierbei keine festen Regeln und man kann seinem Instinkt folgen, solange man diesen dann auch konsequent beibehält. Der Rest des Buchs hält sich dabei an einen Stil, der Leerzeichen zwischen viele Zeichen einfügt, aber auch hier gibt es Ausnahmen (etwa bei Klammern oder beim Potenzieren, um nur einige zu nennen).

6. Neben der sinnvollen Benennung von Objekten gehört eine Dokumentation, besonders bei komplexeren Projekten, zu den absoluten Basics, die man nicht ignorieren sollte. Oft ist man selbst die Person, die den Code später wieder verstehen muss. Eine saubere Dokumentation, die gerne auch knapp und prägnant sein darf, ist daher ein Geschenk an das zukünftige Ich. Dazu eignen sich etwa *Docstrings* ("""Hier der Text"""), die in Python eine besondere Rolle einnehmen und etwa eine Beschreibung von Funktionen erlauben (und so von

---

[9]*import this*, siehe auch Seite 239.

Python auch ausgelesen werden können). In den Beispielen dieses Buches sind Funktionen oftmals wenig dokumentiert, was daran liegt, dass sie im Fließtext ausführlich erklärt werden und die Codebeispiele nicht aufgeblasen werden sollen. Für kürzere Kommentare in einer Zeile wird das Rautenzeichen verwendet (#).

7. Wenn Sie bisher wenig Erfahrung mit Versionsverwaltung oder Archivierung haben, lohnt es sich bei mittelgroßen bis größeren Projekten, etwas Zeit in diese Aspekte zu investieren. Somit erspart man sich das Anlegen von zahlreichen Dokumenten (testfunktion1, testfunktion2, testfunktion_final, testfunktion_final2,...) und kann diese auch zur Datensicherung (Backups) oder für die Zusammenarbeit mit anderen Personen nutzen. Als Basistools dienen etwa die Programme *git* oder *bazaar*. Möchte man dann auch online arbeiten, kann man diese dann beispielsweise mit *Github* kombinieren.

8. *Debuggen*, also das Aufspüren von Fehlern im Programmcode, nimmt meistens einen erheblichen Raum im Prozess des Programmierens ein. Ein unschätzbarer Vorteil von Python ist, dass Fehlermeldungen sehr detailliert und hilfreich sind und daher zumindest sehr präzise Anhaltspunkte geben, was schiefgelaufen ist. Dies betrifft oftmals banale Fehler, wie das Vergessen einer Klammer oder eines Doppelpunkts. Bei unbekannten Meldungen lohnt es sich, die Fehlermeldung online zu recherchieren und die letzten Zeilen vor und nach der von Python gemeldeten Stelle genau zu prüfen.

9. Keine Regel ohne Ausnahmen. Die hier vorgestellten Leitsätze sollen genau das sein: Anleitungen bzw. Hilfen, keine starren Gesetze. Es kann gute Gründe geben, von diesen abzuweichen. Wenn es diese allerdings nicht gibt stellt sich die Frage, ob man gerade nur etwas faul oder müde ist, was dann

wiederum ein guter Grund für eine Pause ist.

10. Wer generell Empfehlungen sucht, was Stil oder Konventionen angeht, kann sich an den offiziellen Style Guide *PEP8* wenden, der regelmäßig aktualisiert wird.[10]

1.5   Angewandte Problemlösung

Das Vorgehen in diesem Buch ist problemorientiert, es geht also darum, eine bestimmte Aufgabe zu lösen und ein Ergebnis zu finden. Es ist daher weniger ein reines Lehrbuch, sondern hat den Anspruch, auch im Alltag die Problemlösefähigkeiten zu trainieren, da es sich um realistische Szenarien handelt. Der Chef legt Ihnen eine Aufgabe vor und kümmert sich danach nicht mehr darum, wie sie diese lösen, sofern sie am Ende korrekt erledigt wurde. Es ist dann an Ihnen herauszufinden wie Sie das Problem meistern können. Insofern eignet sich Python für viele Aufgaben hervorragend, da es umfassende Werkzeuge und Anwendungen mitbringt, sodass für viele Szenarien bereits vorgefertigte Funktionen bzw. Module vorhanden sind, die sich mit wenig Aufwand auf die konkreten Aufgaben anpassen lassen. Zudem ist die Rechenleistung moderner Computer oftmals so groß, dass auch recht komplexe Probleme ohne die Kenntnis einer analytischen Methode zu bearbeiten sind, etwa, indem stur alle nur denkbaren Lösungsansätze probiert werden (Brute-Force) oder aber Simulationen herangezogen werden können, um Näherungslösungen zu finden, die in Anwendungsszenarien oftmals völlig ausreichend sind. Wie genau kann nun ein idealisierter Ansatz aussehen, um eine konkrete Aufgabe zu bewältigen?

Zunächst ist es wichtig, das vorliegende Problem zu verstehen und sich einen Überblick zu verschaffen. Habe ich ähnliche Aufga-

---

[10]pep8.org

ben bereits in der Vergangenheit gelöst? Gibt es verwandte Ansätze, die ich kenne? Somit sollte man versuchen, Unbekanntes auf Bekanntes zurückzuführen. Dank Suchmaschinen und Wikipedia ist es zudem häufig der Fall, dass die vorliegende Aufgabe bereits von anderen Personen gelöst wurde und der Lösungsansatz bzw. sogar der konkrete Algorithmus, im besten Fall mit der Implementierung in Python, schlichtweg kopiert werden kann. Dies klappt in sehr vielen Fällen und minimiert dadurch den eigenen Aufwand. Insofern sei an dieser Stelle gesagt, dass es natürlich nicht der Sinn dieses Buches ist, die Aufgaben sofort online nachzuschlagen und die Lösung zu kopieren (das würde höchstens Ihre Recherchefähigkeiten trainieren...). Ich empfehle daher, die Aufgaben in aller Ruhe zu bedenken und als Denkübungen bzw. Rätsel zu betrachten. Kommt man nicht sofort auf eine Lösung kann es sinnvoll sein, einfach mit der nächsten Aufgabe weiterzumachen und später auf die ungelöste zurückzukommen. Das menschliche Gehirn arbeitet unentwegt und auch ohne, dass uns dies bewusst ist, an Lösungen weiter, was dann zu den berühmten Gedankenblitzen führen kann. Dennoch ist es natürlich legitim, nach ausreichender Bedenkzeit Lösungsideen und Ansätze nachzuschlagen, damit man diese danach eigenständig in Python umsetzen kann.

Hat man insofern einen Plan vor Augen, wie das Problem gelöst werden kann, ist eine Umsetzung in Python oftmals die leichtere Aufgabe. Wie bereits zuvor beschrieben, sollte man dann die ganze Aufgabe in Teilschritte zerlegen und sich überlegen, was man davon wie abarbeiten kann. Dank Funktionen ist eine sinnvolle und übersichtliche Strukturierung einfach. Dann sollte man diese Funktionen Schritt für Schritt implementieren und sich zunächst weniger um Perfektion sorgen. Oftmals ist es schon ausreichend, ein erstes Ergebnis oder eine Abschätzung zu erhalten (zumindest für den Chef). Sofern man an der Umsetzung der Lösungsidee in Python Probleme hat ist es oftmals ratsam ein Lehrbuch zu konsultieren oder online nachzuschlagen. In Python muss das sprichwörtliche Rad fast nie selbst erfunden werden, die umfassenden Bibliotheken beinhalten oftmals bereits die gewünschte Funktion. Dies beschleunigt die Entwicklung und verhindert zudem Fehler, da die offiziellen Funktionen über Jahre hinweg auf Herz und Nieren geprüft wurden und man davon ausgehen kann, dass diese frei von Bugs sind. Für manche Probleme stehen auch externe Erweiterungen bereit, die die Funktionen von Python massiv erweitern. Wenn man komplexere Probleme angeht bzw. dauerhaft auf diesen Gebieten arbeitet kann es sehr sinnvoll sein, sich diese im Detail anzuschauen.

Ist der Code erstellt, so wird es häufig bei den ersten Tests passieren, dass er nicht so funktioniert, wie man sich das vorgestellt hat. Zu Beginn sind oftmals Syntaxfehler häufig, sodass überhaupt kein Ergebnis erscheint, sondern das Skript den Dienst mit einer Fehlermeldung quittiert. Vergessene Zeichen, falsch geschriebene Variablen oder inkorrekt spezifizierte Funktionen sind hierbei häufige Stolpersteine, die sich jedoch meistens rasch beseitigen lassen. Schwieriger sind dann Logikfehler aufzuspüren, die etwa dann auftreten, wenn das Skript syntaktisch korrekt durchläuft, aber keine oder eine offenbar falsche Lösung erscheint. Hierbei kann es dann wiederum an einem banalen Tippfehler liegen, etwa wenn eine falsche Variable in eine Funktion eingeht, aber auch Logikfehler, die eher am erdachten Algorithmus liegen. Bei diesem Prozess des Debuggens sollte man dann die Einzelfunktionen auf Korrektheit testen und sich einfache Beispielfälle suchen und diese Schritt für Schritt durchgehen. Hierbei kann man schlichtweg über das Einsetzen von print-statements nachsehen, welchen Wert Variablen beispielsweise an bestimmten Stellen haben, was unheimlich hilfreich sein kann. Auch kann man ein Skript über interne Pausierungsanweisungen (*time.sleep()*) „in Zeitlupe" ausführen lassen und so etwa oft durchlaufene Schleifen Schritt für Schritt nachvollziehen. Zwar ist diese Methodik in Fachkreise mitunter verpönt, aber für kleinere Anwendungen wie die hier gezeigten absolut valide. Python selbst liefert mit *pdb* eine sehr umfassende Möglichkeit des Debuggens, welche extrem hilfreich sein kann.[11] Die Idee hierbei ist, den Code sozusagen Zeile für Zeile ausführen zu lassen und den aktuellen Wert bestimmter Variablen dabei interaktiv nachverfolgen zu können. Komplexere Entwicklungsumgebungen liefern zudem in vielen Fällen zahlreiche weitere Tools zum Debuggen mit, die sich allerdings an fortgeschrittene Nutzer richten. Zum besseren Verständnis des eigenen Codes bzw. der erdachten Algorithmen kann es hilfreich sein, diese Schritt für Schritt einem Kollegen[12] zu erklären, was oft dazu führt, dass man Unklarheiten präzise formulieren muss. Dies kann dem eigenen Verständnis helfen.

Ist der Code auf diese Weise von offensichtlichen Bugs befreit, sodass er die korrekte Lösung liefert, scheint es oftmals sinnvoll, diesen noch weiter zu verbessern. Besonders bei größeren Projekten mit längerer Laufzeit lohnt es sich, diesen zu optimieren (Refactoring). Dabei versucht man die Lesbarkeit, Verständlichkeit und Geschwindigkeit zu verbessern. Diese Aufgabe kann man insofern entspannt angehen, da man bereits eine funktionierende Lösung geliefert hat. Es folgt nun also die „Kür", um noch mehr herauszuholen. So kann man versuchen, umständliche Codeabschnitte, die mitunter auch als „Spaghetticode" bezeichnet werden, sauberer aufzuschreiben. Wie genau dies aussieht hängt natürlich von der jeweiligen Struktur bzw. Funktionalität ab. Hier ist dann immer ein Kompromiss zwischen Kompaktheit und Lesbarkeit zu finden. Auch das Einfügen von Kommentaren, Docstrings und anderen Hinweisen, die man in der Eile vergessen hat, erscheint jetzt absolut empfehlenswert. Letztlich kann man auch die Performance optimieren und überlegen, an welchen Stellen der Code unnötig langsam ist und Verbesserungspotential besteht. Zur Messung sollte man dann verschiedene Optimierungsstrategie anwenden, wie wir sie im Verlauf des Buches noch kennenlernen werden.

---

[11]https://docs.python.org/3.6/library/pdb.html
[12]Ansonsten tut es oftmals auch ein Haustier oder eine Gummiente...

Kapitel 2

Zahlenspiele und Numerik

2.1 Einleitung

In der Mathematik wird eine (un)endliche Auflistung von fortlaufend nummerierten Objekten als Folge bezeichnet. Dabei spielen Folgen auch im Alltag eine wichtige Rolle, beispielsweise, wenn man an die Fibonacci-Folge oder die Folge der Primzahlen denkt.

2.2 Fibonacci

Die Fibonacci-Folge, die nicht nur in der Mathematik bereits seit Jahrtausenden bekannt ist, sondern auch in der Natur immer wieder in Populationsgesetzen oder der Anordnung von Objekten vorkommt, ist über ein rekursives Bildungsgesetz definiert. Die ersten beiden Folgenglieder sind jeweils 1 ($f_1 = f_2 = 1$). Die weiteren Folgenglieder ($i \geq 3$) sind definiert über

$$f_i = f_{i-1} + f_{i-2} \tag{2.1}$$

In Worten ausgedrückt: Das nächste Folgenglied ist die Summe der beiden vorhergehenden. Die ersten 10 Elemente der Folge lauten somit $1, 1, 2, 3, 5, 8, 13, 21, 34, 55$.

Da bisher nur eine rekursive Definition der Folge vorliegt, müssen zur Berechnung des n-ten Gliedes sämtliche vorhergehenden Glieder berechnet werden. Zunächst werden wir verschiedene Lösungsansätze besprechen. Wir arbeiten uns somit vom Startpunkt aus nach vorne, speichern die neuen Glieder ab und verwenden diese wiederum als Ausgangspunkt für die nachfolgenden. Auf diese Weise können wir beliebig viele Elemente der Folge generieren. Ein sehr einfacher Ansatz könnte so aussehen:

```
1  def fibonacci(n):
2      assert n > 0
3      a, b = 1, 1
4      for i in range(n):
5          print(a)
6          a, b = b, a + b
```

Wir lassen uns durch diese Funktion alle Folgenglieder bis einschließlich n ausgeben. Dabei definieren wir, dass das erste Folgenglied immer den Index 1 hat, weshalb wir mit *assert* die Eingabe daraufhin prüfen. *a* ist das vorletzte, *b* das letzte bekannte Folgenglied. Diese Variablen werden zu Beginn mit 1 initialisiert. Hier nutzen wir eine Abkürzung in Python und sparen uns so eine Zeile (Tuple-Assignment). Am Ende der Schleife benutzen wir einen ähnlichen Trick und vermeiden somit die Nutzung einer Hilfsvariable, um einen Wert zwischenspeichern zu müssen. Falls wir die Folgenglieder allerdings abspeichern wollen, um sie beispielsweise in einer anderen Funktion zu benutzen, so nutzen wir nicht *print()*, sondern legen sie beispielsweise in einer Liste ab.

```
>>> fibonacci(10)
1
1
2
3
5
8
13
```

21
34
55

Das Ergebnis stimmt. Programmieren wir nun eine Version mittels Listen.

```
1  def fibonacci2(n):
2      glieder = [1, 1]
3      for i in range(n):
4          glieder.append(glieder[-1] + glieder[-2])
5      return glieder[:-2]
```

In diesem Beispiel verzichten wir auf die Prüfung der Eingabe und korrigieren das Offset um die zwei Anfangsglieder am Ende, indem wir die beiden letzten Elemente der Folge nicht mit ausgeben lassen. Wir starten mit einer Liste, die die beiden Startwerte enthält. Mit *append()* fügen wir am Ende der Liste das jeweils neu berechnete Glied an.

Wie anfangs festgestellt, ist die Fibonacci-Folge rekursiv definiert. Warum also nicht auch bei der Programmierung auf Rekursion zurückgreifen? Meistens zeichnen sich rekursiv definierte Funktionen durch eine gewisse Eleganz aus, können jedoch bei komplexeren Aufgaben schwierig zu verstehen sein. Ein weiterer Nachteil ist, dass die Selbstaufrufung der Funktion stets einen gewissen Overhead mit sich bringt, weshalb die Berechnung im Vergleich zu einer der oben gezeigten Lösungen mitunter mehr Ressourcen benötigt. Zudem ist in Python die Rekursionstiefe nicht unendlich, sondern wird durch einen Parameter gesteuert bzw. angepasst. Wird diese Anzahl überschritten, bricht die Berechnung mit einer Fehlermeldung ab. Sollen demnach *sehr* viele Folgenglieder berechnet werden, ist eine Programmierung mittels Rekursion daher nicht optimal. Abgemildert werden kann dieses Problem allerdings durch eine Speicherung der bereits berechneten Glieder. Somit wird nach jeder Berechnung das Folgenglied gespeichert und die Anzahl der tatsächlich durchgeführten Rekursionen reduziert sich erheblich.

```
1   def fibonacci3(n):
2       glieder = {1:1, 2:1}
3       def inner(n):
4           if n not in glieder:
5               folgeglied = inner(n-1) + inner(n-2)
6               glieder[n] = folgeglied
7           return glieder[n]
8       return inner(n)
```

In diesem Beispiel, in dem wieder nur die n-te Fibonacci-Zahl berechnet wird, nutzen wir ein *Dict* zur Abspeicherung der bereits berechneten Glieder. Somit schaut die Funktion erst nach, ob ein Wert schon vorhanden ist, falls nicht, berechnet es diesen rekursiv und fügt ihn anschließend dem *Dict* hinzu. Wichtig ist es, dass hier *inner()* angelegt wird, damit beim Selbstaufruf das *Dict* nicht immer wieder leer erzeugt wird, was bedeutet, dass es nicht genutzt wird wie geplant. Es wird also in der Rekursion selbst dann nur die innere Funktion immer wieder aufgerufen, während die bereits bekannten Werte im *Dict* gespeichert bleiben.

Aufgaben

1. Programmieren Sie eine Funktion, welche die ersten 5,000 Fibonacci-Zahlen in einer Liste speichert und lassen Sie sich diese ausgeben.

2. Tatsächlich kann man die n-te Fibonacci-Zahl auch ohne Rekursion berechnen, indem man die Formel von Moivre-Binet anwendet. [1] Lassen Sie sich die 1000. Fibonacci-Zahl mit dieser Funktion berechnen und vergleichen Sie das Ergebnis mit der anderen Funktion. Was stellen Sie fest? Was ist schiefgelaufen?

---

[1]https://de.wikipedia.org/wiki/Fibonacci-Folge#Formel_von_Moivre-Binet

$$f_i = \frac{1}{\sqrt{5}} \left(\left(\frac{1+\sqrt{5}}{2} \right)^i - \left(\frac{1-\sqrt{5}}{2} \right)^i \right) \qquad (2.2)$$

3. Programmieren Sie die gestellte Aufgabe auf mindestens zwei verschiedene Weisen und vergleichen Sie die Geschwindigkeit. Tipp: Mit der Funktion *time.time()* oder *time.monotonic()* können Sie die Zeitdifferenz zwischen Funktionsaufruf und Abschluss berechnen und somit die Zeit stoppen.

4. Der Quotient zweier aufeinander folgender Fibonacci-Zahlen nähert sich dem Goldenen Schnitt[2] an, wenn n gegen unendlich geht. Berechnen Sie den Quotienten für die Folgeglieder 10^1, 10^2, 10^3, 10^4 und 10^5 und die jeweilige prozentuale Abweichung zum tatsächlichen Wert auf fünf Nachkommastellen genau.

5. Berechnen Sie die Summe der Kehrwerte der ersten 5,000 Fibonacci-Zahlen.

6. Dem Zeckendorf-Theorem zufolge kann jede natürliche Zahl als die Summe voneinander verschiedener, nicht direkt aufeinanderfolgender Fibonacci-Zahlen ausgedrückt werden. Die Zahl 6 ist beispielsweise die Summe der fünften und zweiten Fibonacci-Zahl (5+1). Erstellen Sie eine Funktion, die als Eingabe eine natürliche Zahl akzeptiert und als Ausgabe die Zerlegung in Fibonacci-Zahlen vornimmt. Tipp: eine Beschreibung des Algorithmus finden Sie online.[3]

7. In der letzten hier gezeigten Funktion, *fibonacci3()*, nutzen wir eine innere Funktion, damit die bereits bekannten Werte beim Selbstaufruf nicht wieder überschrieben werden. Wie

[2] $\Phi = \frac{1+\sqrt{5}}{2} \approx 1{,}6180339887$
[3] https://cp-algorithms.com/algebra/fibonacci-numbers.html

kann man dies anders lösen, ohne eine innere Funktion zu benutzen? Tipp: es geht auch ohne globale Variablen.

Nachtrag: Rekursion verstehen

Wer bisher noch nie mit Rekursion zu tun hatte kann es mitunter sehr schwierig finden, die hier gezeigten Beispiele zu verstehen. Besonders wenn die Programme länger und komplexer werden ist es in der Tat mitunter anspruchsvoll, die Struktur nachzuvollziehen. Insofern soll an dieser Stelle noch einmal die Grundlogik von Rekursion dargestellt werden, da sie in vielen nachfolgenden Aufgaben benutzt wird. Die zentrale Idee der Technik ist es, dass man eine Funktion schreibt, die eine bestimmte Aufgabe erfüllt, und dies tut, indem Sie das Problem leicht verändert und sich selbst neu aufruft. Dies mag komisch erscheinen, aber ja, eine Funktion kann sich selbst aufrufen. Wie beim Baron Münchhausen, der sich selbst am Schopf aus dem Sumpf zieht, läuft es ab, aber in der Realität und ohne Flunkerei. Damit das klappt sind zwei zentrale Aspekte zu beachten: erstens muss es einen *base case* geben, also den Fall, bei dem keine Selbstaufrufung mehr stattfindet. Würde dies nicht der Fall sein, so gäbe es offensichtlich kein Ende und wir hätten einen unendlichen Regress, der nicht berechnet werden kann. Insofern erscheint es oftmals hilfreich, zuerst zu definieren, wann das „Ende" der Rekursion erreicht ist. Zweitens muss klar sein, dass bei der Selbstaufrufung das zu lösende Problem nicht *identisch* mit dem vorherigen sein kann, da ansonsten ebenfalls ein unendlicher Regress entsteht. Klassischerweise wird daher das Argument der Funktion inkrementiert oder dekrementiert.

Sehen wir uns ein weiteres Beispiel an. In der Mathematik ist die Fakultät einer Zahl folgendermaßen definiert:

$$n! = 1 \cdot 2 \cdot 3 \cdots \cdot n = \prod_{k=1}^{n} k \qquad (2.3)$$

Somit ist die Fakultät von 5 gleich 120 (1 · 2 · 3 · 4 · 5). Diese Formel ist durch Rekursion umzusetzen. Wir sehen bereits an der Definition, dass immer von 1 hochgezählt wird, bis die Zahl n erreicht wird. Umgekehrt können wir von der Zahl n herunterzählen, bis wir 1 erreichen. Somit ist garantiert, dass wir alle dazwischenliegenden Zahlen erfassen. Somit sollte 1 unser *base case* sein. Weiterhin wird klar, dass immer die genau gleiche Operation durchgeführt wird (Multiplikation), nur die Argumente ändern sich. Will man also die Fakultät von n, so muss man zuerst alle Zahlen, die kleiner sind als n, miteinander multiplizieren. Die gleiche Regel gilt für n-1, usw... Setzen wir nun die Funktion um und schauen uns an, wie sich die Funktion selbst aufrufen kann.

```
1  def fak(n):
2      print("Berechne Fakultaet von:", n)
3      if n == 1:              #Base Case
4          print("Returnwert: ", 1)
5          return 1
6      else:                   #Selbstaufrufung notwendig
7          ergebnis = n * fak(n - 1)
8          print("Returnwert: ", ergebnis)
9          return ergebnis
```

Hier haben wir verschiedene Debugging-Hilfen eingebaut, damit wir der Funktion sozusagen bei der Arbeit zusehen können. Wir rufen die Funktion testweise mit dem Argument 3 auf. Hier lassen wir uns dann direkt anzeigen, mit welchem Argument die Funktion gerade aufgerufen wird. Intern wird dann zuerst geprüft: Ist der *base case* bereits erreicht? Offensichtlich nicht, denn 3 ist ungleich 1. Es kommt also die else-Bedigungung zum Tragen. Wir berechnen nun *ergebnis*. Hier wird jetzt die Rekursion aktiv. Wir multiplizieren das aktuelle n mit dem Ergebnis der Funktion für das nächst kleinere n, also n-1. Hier wird klar, was damit gemeint ist, wenn sich die Argumente verändern müssen. Statt n rufen wir die Funktion nun mit n-1 auf. Dies erscheint sinnvoll, da n eine positive ganze Zahl und offenbar größer als 1 ist, sonst wäre die

Funktion bereits beendet. Wir müssen daher versuchen, uns dem *base case* anzunähern, was durch Subtraktion erreicht wird. In diesem Moment wird auch deutlich, dass die nächste Zeile (Zeile 8) nicht erreicht wird, da zunächst erst der *neue* Funktionsaufruf von vorne durchlaufen muss. Rufen wir nun unsere Testfunktion auf und prüfen, was passiert:

```
>>> Fak(3)
Berechne Fakultaet von:  3
Berechne Fakultaet von:  2
Berechne Fakultaet von:  1
Returnwert:  1
Returnwert:  2
Returnwert:  6
6
```

Wir sehen deutlich, was geschieht. Wir rufen die Funktion zunächst mit 3 auf (Aufruf von „außen"). Hier wird die Eingabe in der if...else Bedingung überprüft. Da die Eingabe nicht 1 ist, kommt die else-Bedingung zum Tragen und es wird eine Selbstaufrufung mit n-1 (also 2) eingeleitet. Danach wiederholt sich das Spiel mit 2, was wieder zu einer Selbstaufrufung führt. Damit erreichen wir den *base case* und die if-Bedingung wird das erste Mal in der „innersten" Funktion erreicht. Es erfolgt der erste Return (1), der nun an die zweit-innerste Funktion zurückgegeben wird. Nun kann auch diese Funktion abschließen und liefert wiederum ihr Ergebnis zurück. Wäre der *base case* größer als die Startzahl, so könnte man sich die Struktur als einen „Rekursionsturm" vorstellen. Im gezeigten Beispiel ist es eher so, als würde man immer weiter nach unten gehen, bis man das tiefste Stockwerk erreicht und dann anfangen, das dort gefundene Ergebnis Stockwerk für Stockwerk nach oben durchzureichen. Folgende Abbildung zeigt das Vorgehen noch einmal schematisch auf (Abbildung 2.1).

Es wird ersichtlich, wie zunächst keine Funktion eine Rückgabe liefert, sondern immer neue Funktionsinstanzen erzeugt werden, was so lange geschieht, bis der *base case* erreicht wird. Erst dann

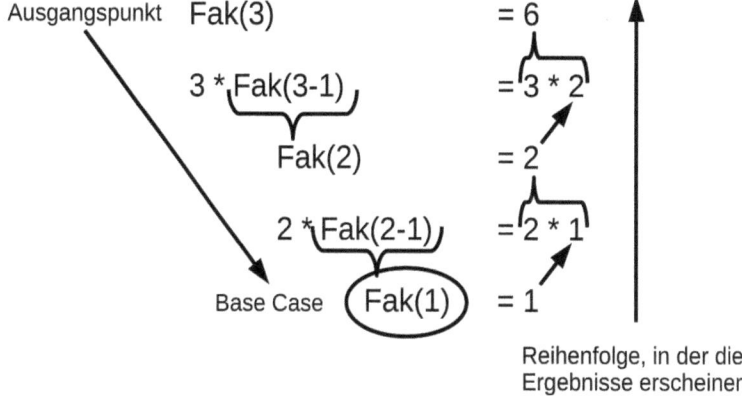

Abbildung 2.1: Schema der vorgestellten Rekursion

werden, sozusagen von unten nach oben, Ausgaben erzeugt. Dabei gilt, dass die Ausgabe einer Funktion umso später erfolgt, je früher sie aufgerufen wurde. Fak(3) wurde offenbar zuerst aufgerufen, hat aber als letztes eine Ausgabe. Zur Übung kann man versuchen, ähnliche Rechenoperationen wie beispielsweise die Multiplikation oder das Potenzieren auf die gleiche Weise zu berechnen. Die Struktur ist analog, man muss sich nur überlegen, wann genau die Rekursion enden muss und was die jeweiligen Rechenoperationen eigentlich bedeuten, bzw. welche elementaren Rechenregeln angewandt werden.

2.3   Primzahlen

Primzahlen faszinieren die Menschheit nicht nur seit Jahrtausenden, sondern haben auch einen praktischen Anwendungsbezug, beispielsweise in der Kryptografie. Die Berechnung bzw. Verifizierung von Primzahlen ist daher eine wichtige Aufgabe der angewandten Informatik. Als Primzahlen definiert sind alle natürlichen Zahlen, die nur durch sich selbst und 1 teilbar sein. Für alle nachfolgenden Überlegungen betrachten wir stets 2 als die kleinste Primzahl. Die Folge der Primzahlen beginnt somit mit 2, 3, 5, 7, 11, 13, 17, 19. Die Berechnung von extrem großen Primzahlen bzw. Rekordprimzahlen ist inzwischen eine eigene Disziplin an der Schnittstelle zwischen Informatik und Mathematik geworden. Wir werden uns an dieser Stelle hingegen mit deutlich kleineren Primzahlen beschäftigen. So steht eine große Palette an Algorithmen bzw. Heuristiken bereit, um Primzahlen generieren zu können. Die wahrscheinlich simpelste Methode ist dabei das Ausprobieren aller nur denkbaren Teiler (Brute-Force). Gegeben sei eine Zahl n. Diese ist genau dann prim, wenn sie keine echten Teiler besitzt. Somit werden nacheinander alle Zahlen kleiner als n ausprobiert. Sind alle Versuche negativ, so ist bewiesen, dass n prim ist.

Die Programmierung eines solchen Testverfahrens ist keine besondere Herausforderung. Allerdings eignet sich das Beispiel hervorragend, um eine weitere Besonderheit von Python aufzuzeigen: Generatoren. Während eine normale Funktion ihren Code „abarbeitet" und am Ende genau einmal ein return-Statement durchläuft, speichert ein Generator, der ansonsten wie eine Funktion aussieht, seinen Zustand und kann mehrfach aufgerufen werden. Die Idee ist es, einen Generator zu bauen, der auf Wunsch immer wieder eine Primzahl ausgibt. Dies könnte für manche Anwendungen mit großen Primzahlen sinnvoll sein. Statt eine vorher definierte Anzahl von Primzahlen vorab berechnen zu lassen, macht dies ein Generator *on demand*. Die Handhabung ist denkbar einfach: Die Funktion wird wie üblich definiert, allerdings wird *return* durch *yield* ersetzt. Zudem muss der Generator anschließend explizit aufgerufen und initialisiert werden. Dann können mittels *next()* immer wieder Ausgaben angefordert werden.

```
1  def primgenerator(n=2):
2      """Generiert konsekutive Primzahlen groesser gleich
       n"""
3      if n <= 2:
4          yield 2
5          n = 3
6      if n % 2 == 0:
7          n += 1

9      while True:
10         for teiler in range(3, int(n ** 0.5 + 1), 2):
11             if n % teiler == 0:
12                 break
13         else:            #break nie ausgeloest
14             yield n
15         n += 2
```

Zunächst fällt auf, dass wir dem Generator den Wert 2 als Standardparameter setzen, sofern keine andere Zahl spezifiziert wird. Ebenso fügen wir dem Generator einen *docstring* hinzu, der beschreibt, welche Funktion dieser hat. Da 2 als einzige gerade Zahl eine Primzahl ist, müssen wir eine kurze Prüfung durchführen, damit diese ebenfalls ausgegeben wird. Hierzu eine Anmerkung zum Thema „Teilbarkeit". Wir nutzen an dieser Stelle Pythons Modulo-Operator (%), was auch als „Teilen mit Rest" bezeichnet werden kann. Ist der Rest 0, so wissen wir, dass es sich um einen echten Teiler handelt. Auf diese Weise kann demnach festgestellt werden, ob eine Zahl gerade ist oder nicht. Anschließend sorgen wir dafür, dass nur noch ungerade Zahlen getestet werden, was die Anzahl der durchzuführenden Operationen halbiert. Es ist also egal, ob der Nutzer eine gerade Zahl als Startpunkt vorgibt. Es folgt die eigentliche Hauptschleife, die beliebig oft durchlaufen wird. Die Struktur ist folgendermaßen: Wir starten eine Schleife und teilen unseren Primzahlkandidaten n durch alle möglichen Teiler. Sobald auch nur eine Zahl anschlägt, also eine Teilbarkeit vorliegt, wissen wir, dass es sich nicht um eine Primzahl handeln kann. In diesem

Fall wirft uns *break* sofort aus der inneren Schleife (der for-Schleife) und wir springen ganz nach unten und inkrementieren n um 2, fahren also mit dem nächsten Kandidaten fort. Haben wir nun aber alle denkbaren Zahlen als Teiler geprüft und festgestellt, dass keine ein Teiler ist, so wissen wir, dass es sich um eine Primzahl handelt. In diesem Fall kommt die else-Bedingung zum Tragen. Diese Konstruktion mag ungewohnt scheinen, ist aber *pythonisch*. Man sieht dabei, dass man *else* auch in Schleifen wie *for* oder *while* benutzen kann. Für das Verständnis kann man sich *else* in diesem Fall auch als *nobreak* denken: Wurde in der Schleife kein *break* angetroffen, die Schleife also komplett durchlaufen, tritt diese Bedingung in Kraft. In anderen Aufgaben werden wir weitere Möglichkeiten kennenlernen, wie man aus verschachtelten Schleifen sofort zu einem bestimmten Punkt springen kann (siehe Seite 197).

Nun zu den Details. Um zusätzlich Rechenarbeit zu vermeiden, prüfen wir nicht alle denkbaren Teiler, sondern schränken den Bereich ein. Beispielsweise müssten für die Zahl 19 alle ungeraden Zahlen zwischen 3 und 17 getestet werden. Doch offensichtlich kann man sich alle Zahlen ab 11 sparen, da 11 größer als die Hälfte von 19 ist und der Quotient kleiner als 2 sein muss, es sich also niemals um einen echten Teiler handeln kann. Tatsächlich kann gezeigt werden, dass nur alle Zahlen bis zur *Quadratwurzel* des Kandidaten getestet werden müssen, was eine zusätzliche Ersparnis bringt[4]. Hier müssen wir nur darauf achten, dass wir in *range()* immer nur Ganzzahlen verwenden, deshalb konvertieren wir das Ergebnis explizit mittels *int()*. Der Aufruf des Generators gestaltet sich dann folgendermaßen:

```
>>> primes = primgenerator()
>>> for i in range(5):
>>>     next(primes)
```

---

[4] https://math.stackexchange.com/q/1343171 Zusätzlich sei daran erinnert, dass gilt: $\sqrt{x} \equiv x^{0.5}$ Somit muss man für diese Rechenoperation nicht das Modul *math* importieren, sondern nutzt diese Abkürzung.

```
2
3
5
7
11
```

Offenbar ist diese Ausgabe korrekt. Benötigt man größere Zahlen, so wird einfach in der ersten Zeile eine größere Startzahl als Parameter übergeben. Technisch gesehen ist *primes* in diesem Beispiel ein *iterator* und kann über verschiedene Wege genutzt werden, etwa über *list comprehensions* oder mit *map*. Wir haben den Code als Endlosschleife konstruiert (*while True:*), so dass der *iterator* niemals erschöpft werden kann, da es unendlich viele Primzahlen gibt. Möchten wir beispielsweise einen bestimmten Bereich bzw. eine Teilmenge ausgegeben haben, also etwa die 100. Primzahl bis zur 120. Primzahl (exklusive), so gelingt dies mit *islice* aus *itertools*.

```
>>> import itertools
>>> primes = primgenerator()
>>> list(itertools.islice(primes, 100, 120))
[547, 557, 563, 569, 571, 577, 587, 593, 599, 601, 607,
    613, 617, 619, 631, 641, 643, 647, 653, 659]
```

Zusammenfassend wird am Code auch absehbar, dass sich dieser nicht zur Testung extrem großer Zahlen eignet und die Effizienz unzureichend ist. So werden zwar alle geraden Zahlen automatisch ausgeschlossen, aber dieses Prinzip setzt sich nicht fort. Beispielsweise könnten in der inneren Schleife sämtliche Zahlen, die durch 3 teilbar sind, übersprungen werden, sofern 3 bereits getestet wurde. So ist eine Zahl, die nicht durch 3 teilbar ist, auch nicht durch 15 teilbar, da 3 ein echter Teiler von 15 ist. In Anbetracht der Kompaktheit des Codes können wir diesen Mangel jedoch verschmerzen.

Aufgaben

1. Berechnen Sie die ersten 5,000 Primzahlen und speichern Sie diese in einer Liste ab.

2. Ein Primzahlzwilling liegt dann vor, wenn der Abstand zweier konsekutiver Primzahlen genau 2 ist, etwa zwischen 5 und 7. Wie viele Primzahlzwillinge finden sich zwischen 2 und 5,000?

3. Den Abstand zwischen zweier konsekutiver Primzahlen bezeichnet man auch als Primzahllücke ($L_n = p_{n+1} - p_n$). So ist beispielsweise die Lücke zwischen den beiden Primzahlen 13 und 17 gleich vier. Wie groß ist die größte Primzahllücke zwischen zwei und 5,000?

4. Als *Semiprimzahlen* werden Zahlen bezeichnet, die das Produkt aus genau zwei Primzahlen sind. So ist beispielsweise 35 eine Semiprimzahl als das Produkt aus fünf und sieben. Erstellen Sie eine Funktion die testet, ob eine gegebene natürliche Zahl eine Semiprimzahl ist.

2.4 Collatz

Das Collatz-Problem besticht einerseits durch seine Einfachheit und andererseits durch die Hartnäckigkeit, mit der es sich einer Lösung entzieht. Der 1937 von Lothar Collatz erdachte Algorithmus ist wie folgt definiert: Man nehme eine beliebige natürliche Zahl n. Ist n gerade, so teile man sie durch zwei. Andernfalls wird n mit drei multipliziert und eins addiert. Die so entstehende Nachfolgerzahl wird dann mit dem gleichen Algorithmus behandelt. Die Collatz-Vermutung besagt nun, dass man am Ende bei eins landet, egal bei welchem n man startet. Beginnt man beispielsweise mit sechs, so lautet die entstehende Folge: 6, 3, 10, 5, 16, 8, 4, 2, 1.

Stoppt man bei der 1 nicht, so wird leicht ersichtlich, dass sich dann ein unendlicher Zyklus ergibt (1, 4, 2, 1). Bisher wurde, trotz intensiver Bemühungen, weder ein Gegenbeispiel noch ein formaler Beweis bzw. eine Widerlegung der Behauptung gefunden. Theoretisch bestehen noch die Möglichkeiten, dass die Folge unendlich anwächst oder eine andere zyklische Sequenz erreicht wird, die nicht die 1 beinhaltet. Zunächst können wir eine sehr einfache Funktion definieren, die testet, ob für eine Zahl n jemals die 1 erreicht wird.

```python
def collatz1(n):
    while n > 1:
        if n % 2 == 0:
            n = n // 2
        else:
            n = (n * 3) + 1
    return True
```

Der Code ist selbsterklärend. Angemerkt sei, dass wir eine Ganzzahl-Division (//) verwenden, da Python ansonsten zu *float* konvertiert, was hier unsinnig ist, da nichts Anderes als Ganzzahlen vorkommen können. Wie man sieht, kann diese Funktion nur *True* ausgeben, womit wir unsere Annahme, dass die Vermutung auch tatsächlich zutrifft, bereits in den Code übernommen haben. Auf diese Weise würden wir kein Gegenbeispiel finden können. Um einen Zyklus finden zu können, der nicht die 1 beinhaltet, müssen wir offenbar darüber Buch führen, welche Zahlen bereits besucht wurden. Da der Algorithmus streng deterministisch ist und jede Zahl nur genau einen Nachfolger haben kann, können wir einen Zyklus daran erkennen, dass die gleiche Zahl mehrfach besucht wurde.[5]

```python
def collatz2(n):
    besucht = set()
    while True:
        if n == 1:
```

[5]Angemerkt sei allerdings, dass die gleichen Zahlen durchaus zwei verschiedene *Vorgänger* haben können. So kann man etwa zur 16 von der 5 oder der 32 gelangen.

```
5              return True
6          elif n in besucht:
7              return False
8          else:
9              besucht.add(n)
10             if n % 2 == 0:
11                 n = n // 2
12             else:
13                 n = (n * 3) + 1
```

Zur Buchführung benutzen wir ein Set, was sinnvoll ist, da dieses beim Lookup schneller ist als eine Liste. Zwar dürfen keine Doppelungen in einem Set vorkommen, also beispielsweise nicht zwei Mal die Zahl 15, was in diesem Fall aber unerheblich ist, da wir abbrechen, sobald eine Zahl als bekannt festgestellt wird. Erreichen wir die 1, so geben wir *True* aus und die Vermutung wurde am Beispiel bestätigt. Erreichen wir im Gegensatz dazu eine bereits bekannte Zahl ein zweites Mal, so wird *False* ausgegeben. Andernfalls fährt der Algorithmus nach Plan fort. Angemerkt sei, dass bisher alle Zahlen bis $87 \cdot 2^{60}$ getestet wurden und für keine einzige am Ende nicht die 1 erreicht wurde.[6] Allerdings kann unsere Funktion nicht erkennen, ob wir eine Folge erreicht haben, die unendlich weiter wächst. Dies kann auch niemals durch Ausprobieren geklärt werden, schließlich müsste man zur Verifizierung dann die Folge bis zu ihrem Ende verfolgen, was per Definition unmöglich ist. Insofern bleibt es den Mathematikern überlassen, an dieser Stelle einen formalen Beweis zu führen.

Aufgaben

1. Schreiben Sie eine Funktion, die misst, wie viele Zahlen durchlaufen werden, bis der Collatz-Algorithmus für eine bestimmte Zahl n den Endpunkt 1 erreicht. Testen Sie alle natürliche Zahlen zwischen 2 und 5,000 mit der zuvor entwickelten

---

[6] http://www.ericr.nl/wondrous/

Funktion. Wie lange ist die längste Collatz-Sequenz?

2. Wagen Sie einen Schuss ins Blaue und testen Sie, ob eine beliebige sehr große Zahl terminiert. Stoppen Sie die benötigte Rechenzeit für diese Aufgabe. Tasten Sie sich auf diese Weise an sehr großen Zahlen heran, die sie sich (und ihrer Hardware) zutrauen.

2.5 Pi

Wenige Zahlen genießen eine derart große Popularität wie die Kreiszahl Pi. Die Berechnung möglichst vieler Nachkommastellen dieser transzendenten und irrationalen Zahl, die das Verhältnis des Umfangs eines Kreises zu seinem Durchmesser definiert, ist bereits seit Jahrhunderten eine beliebte Rechenübung. Zahlreiche Formeln und Methoden stehen zur Auswahl, wobei wir uns hier auf eine mathematische Berechnung beschränken. Die Implementierung einer solchen Formel in Python ist prinzipiell einfach, stößt jedoch schnell auf Probleme, wenn die Berechnung von *beliebig* vielen Nachkommastellen Zielsetzung ist. Während Python nämlich beliebig große Ganzzahlen verarbeiten kann und nur durch Speicher und Rechenkapazität limitiert ist, sieht dies für Dezimalzahlen anders aus. Normalerweise handhabt man Dezimalzahlen als Gleitkommazahlen (*floats*), die in Python mit doppelter Präzision, also mit 64 Bit, gespeichert werden. Dies führt schnell zu Rundungsfehlern, wie eine einfache Rechnung aufzeigt

```
>>> 1.1 + 2.2
3.3000000000000003
```

Woher die Ziffer drei am Ende der Zahl kommt erscheint für uns unerklärlich, ist jedoch Konsequenz der internen Repräsentation von Gleitkommazahlen.[7] Diese Fehler sind für die meisten Anwen-

---

[7]Eine kompakte Erklärung findet sich beispielsweise hier: youtube.com/

dungen unproblematisch, allerdings nicht, wenn Zahlen mit extrem vielen Nachkommastellen berechnet werden sollen. Hier sind verschiedene Tricks und eine clevere Implementierungsstrategie notwendig. Beginnen wir das Beispiel allerdings simple. Zur Berechnung von Pi wollen wir die Formel von John Machin umsetzen, die seit 1706 bekannt ist:

$$\pi = 4(4\arctan\frac{1}{5} - \arctan\frac{1}{239}) \qquad (2.4)$$

Hierbei ist *arctan* der Arkustangens, also die Umkehrfunktion des Tangens. Das Problem lässt sich demnach umwandeln in eine beliebig genaue Berechnung dieser Funktion. Dies allein hilft uns allerdings nicht, da auch der Arkustangens transzendente Zahlen generiert. Zur Berechnung des Arkustangens können wir wiederum Reihen benutzen, also unendliche Summen:

$$\arctan x = \sum_{k=0}^{\infty}(-1)^k\frac{x^{2k+1}}{2k+1} = x - \frac{1}{3}x^3 + \frac{1}{5}x^5 - \frac{1}{7}x^7 + \cdots \qquad (2.5)$$

Zunächst mag es erstaunlich erscheinen, dass eine Summe mit unendlich vielen Gliedern ein endliches Ergebnis liefert, was allerdings problemlos möglich ist, sofern die Summenglieder immer kleiner werden. In diesem Fall spricht man von einer konvergenten Reihe. Je mehr Summenglieder einbezogen werden, desto genauer wird am Ende das Ergebnis. Logischerweise ist eine faktische Berechnung einer unendlichen Summe unmöglich, es kann nur eine Näherung berechnet werden. Über diese Stellschraube können wir dann am Ende das Ergebnis beeinflussen: Je mehr Nachkommastellen wir benötigen, desto mehr Terme werden wir aufaddieren. Dabei sollten wir Gleitkommazahlen bzw. *floats* vermeiden. Das wird durch Anwendung verschiedener Tricks möglich.

---

watch?v=hHpSwBf0DCA

Zunächst ist es der Fall, dass der Arkustangens nur zwischen $\pm\frac{\pi}{2}$ definiert ist. Aus der obigen Formel können wir jedoch bereits ableiten, dass wir für Pi nur die Werte $\frac{1}{5}$ bzw. $\frac{1}{239}$ benötigen werden, welche beide positiv und kleiner als 1 sind. Weiterhin können wir Kommazahlen vermeiden, indem wir alle Glieder der Summe mit einer beliebig großen Konstante μ (My) multiplizieren. Somit erhalten wir die Summe:

$$\mu \arctan x = \mu x - \mu\frac{1}{3}x^3 + \mu\frac{1}{5}x^5 - \mu\frac{1}{7}x^7 + \cdots \qquad (2.6)$$

Wir können μ nun beliebig groß wählen, etwa 10^{1000}, wenn wir beispielsweise 1,000 Nachkommastellen wünschen. Dennoch besteht weiterhin das Problem, dass x kleiner als eins ist und mit der Progression der Terme hier Information verloren geht. Beispielsweise ist $\left(\frac{1}{5}\right)^{10}$ eine extrem kleine Zahl, die Python intern als *float*, also mit einer begrenzten Präzision, abspeichert. Je größer die Potenzen werden, desto gravierender wird das Problem. Ab einem Exponenten von ca. 500 ist die Zahl in diesem Beispiel für Python schlichtweg null und eine Berechnung nachfolgender Glieder sinnlos. Der Trick muss demnach darin bestehen an dieser Stelle *floats* zu vermeiden. Wie das klappt wird erkennbar, wenn man die Terme etwas umstellt. Betrachten wir etwa den zweiten Term der Summe und stellen diesen um:

$$\mu\frac{1}{3}x^3 = \frac{\mu}{3(\frac{1}{x})^3} \qquad (2.7)$$

Wir haben x in den Nenner gezogen und dafür den Kehrwert genommen. Wir wissen aber, dass x in unserem Beispiel immer kleiner eins sein wird, etwa $\frac{1}{5}$. Setzen wir nun exemplarisch diesen Wert ein, so erhalten wir $\frac{\mu}{3\cdot5^3}$. Solange nun μ und damit der Zähler größer ist als der Nenner vermeiden wir Dezimalzahlen und können ausschließlich mit Ganzzahlen rechnen. Das klappt, sofern wir für x nur Werte zwischen 0 und 1 einsetzen und μ groß genug ist. Die

Formel, die wir demnach implementieren wollen, ist folgende:

$$\mu \arctan \frac{1}{z} = \frac{\mu}{z} - \frac{\mu}{3z^3} + \frac{\mu}{5z^5} - \frac{\mu}{7z^7} \cdots \tag{2.8}$$

mit $z = \frac{1}{x}$.

Dies umzusetzen ist keine große Herausforderung.

```
1  import math
2  import itertools

4  def arctan(z, stellen):
5      extra_stellen = math.ceil(math.log10(stellen / math.
           log10(z)))
6      vorzeichen = -1
7      term = 10 ** (stellen + extra_stellen) // z
8      ergebnis = term
9      for potenz in itertools.count(3, 2):
10         term //= z ** 2
11         if term < potenz:
12             break
13         ergebnis += (vorzeichen * term) // potenz
14         vorzeichen *= -1
15     return ergebnis // (10 ** extra_stellen)
```

Die Funktion akzeptiert zwei Argumente, den Kehrwert der zu berechnenden Zahl und die Anzahl der signifikanten Stellen. Um uns gegen Rundungsfehler abzusichern, erhöhen wir die Anzahl der tatsächlich berechneten Stellen für alle Berechnungen zusätzlich. Dabei bleiben wir flexibel und fügen nur so viele Stellen hinzu, wie tatsächlich notwendig sind. Wünschen wir etwa 3000 Stellen für z, so würden wir intern immer 5 Stellen hinzuaddieren. Wir definieren das Vorzeichen, das abwechselnd negativ und positiv wird. Danach initialisieren wir den ersten Term der Summe in *term*, wobei wir die berechneten Zusatzstellen hinzufügen. Nachfolgend wird *ergebnis* immer der Wert der gesamten bereits berechneten Summe sein, *term* ist der jeweils neu hinzukommende Term.

Wir starten eine Schleife, die immer wieder beginnt, sofern wir sie weiter unten nicht explizit verlassen. Dazu nutzen wir *itertools.count()*. Diese einfache Funktion macht nichts anderes als *potenz* mit dem Wert 3 zu initialisieren und dann bei jeder Runde der Schleife 2 zu addieren, womit *potenz* also die Werte 3, 5, 7, 9,... annehmen wird, wie es die oben gezeigte Formel vorschreibt. Um den nächsten Term vorzubereiten, teilen wir den vorherigen durch z^2. Somit kommen wir beispielsweise von $\frac{\mu}{z}$ zu $\frac{\mu}{z^3}$, also erhöhen den Exponenten im Nenner immer um 2. Es folgt eine Prüfung: ist der Term kleiner als die Potenz, so können wir die Berechnung beenden, da dann eine Zahl kleiner als 1 entsteht, die zu 0 abgerundet wird. Das sehen wir in der nächsten Zeile: hier multiplizieren wir den Term mit dem aktuellen Vorzeichen und teilen danach durch die Potenz, damit wir etwa von $\frac{\mu}{z^3}$ zu $\frac{\mu}{3z^3}$ kommen und der Term korrekt erstellt wurde. Er wird dann zum Gesamtergebnis hinzugezählt. Wir drehen danach das Vorzeichen um und die Schleife startet erneut.

Haben wir die Schleife verlassen, müssen wir nur noch die zusätzlich eingefügten Stellen vom Gesamtergebnis entfernen. Dies erreichen wir durch eine simple Division. Bei der Anwendung müssen wir nur daran denken, den gewünschten Wert als Kehrbruch anzugeben. Ist also das Ergebnis für $\frac{1}{5}$ gefragt, setzen wir 5 in die Funktion ein. Ausgegeben wird der Nachkommaanteil als Ganzzahl. Mit dieser Funktion und Machins Formel können wir nun Pi berechnen.

```
def pi(stellen):
    return 4 * (4 * arctan(5, stellen) - arctan(239,
        stellen))
```

Wir erhalten Pi als Ganzzahl ohne Dezimaltrennzeichen.

```
>>> pi(30)
3141592653589793238462643383268
```

Aufgaben

1. Berechnen Sie die ersten 2,500 Stellen von Pi und nehmen Sie die Zeit. Berechnen Sie danach die ersten 5,000 Stellen und vergleichen Sie die Laufzeiten. Was stellen Sie fest?

2. Berechnen Sie die ersten 20,000 Stellen von Pi und speichern Sie diese ab. Finden Sie Ihre Postleitzahl, ihre Handynummer oder Ihr Geburtsdatum unter den Ziffern?

3. Die Eulersche Zahl e (2.718281828...) ist über folgende Reihe definiert:

$$e = 1 + \frac{1}{1} + \frac{1}{1 \cdot 2} + \frac{1}{1 \cdot 2 \cdot 3} + \frac{1}{1 \cdot 2 \cdot 3 \cdot 4} + \cdots = \sum_{k=0}^{\infty} \frac{1}{k!} \quad (2.9)$$

Erstellen Sie eine Funktion, mit der e beliebig exakt bestimmt werden kann.

Nachtrag: Präzision mit *Decimal*

Es gibt noch eine andere Möglichkeit um mit mehr Nachkommastellen rechnen zu können. Dazu nutzen wir das Modul *decimal* und geben dabei schlichtweg an, wie viele Nachkommastellen wir wünschen. Hierbei werden die Zahlen dann nicht mehr als *floats* betrachtet, sondern als eigenständige Objekte mit ähnlichen Eigenschaften. Intern arbeitet *decimal* in etwa so, wie wir es im vorherigen Beispiel dargestellt haben. Der Nachteil daran ist, dass wir nicht einfach vorhandene Dezimalzahlen zu *Decimals* konvertieren können, denn die Dezimalzahlen sind ja bereits limitiert, die fehlende Genauigkeit kann nicht einfach „hinzugefügt" werden. Sofern man aber Ganzzahlen als Ausgangspunkt nimmt, wird die Genauigkeit hingegen wie gewünscht produziert. Sehen wir uns ein Beispiel an.

```
>>> 1 / 3          #normale Berechnung
0.3333333333333333

>>> from decimal import *
>>> getcontext().prec = 25
>>> a = Decimal(1) / Decimal(3)
>>> a
Decimal('0.3333333333333333333333333')
>>> type(a)
<class 'decimal.Decimal'>
>>> Decimal(1 / 3)          #Vorsicht!
Decimal('
   0.333333333333333331482961625624739099293947219 8486')
```

Wir importieren dazu das Modul und legen die Genauigkeit auf 25 Stellen fest. Wie wir sehen klappt das gut, die Präzision ist höher. Zudem wird deutlich, dass es sich hier um einen neuen Datentyp handelt. Will man bereits vorhandene *floats* konvertieren, so gibt es allerdings unsinnige Ergebnisse. Wir können nun verschiedene mathematische Operationen mit diesen Objekten durchführen, allerdings müssen diese im Modul definiert sein.

```
>>> a
Decimal('0.3333333333333333333333333')
>>> a.sqrt()
Decimal('0.5773502691896257645091488')
>>> Decimal(2).sqrt()
Decimal('1.414213562373095048801689')
>>> Decimal(2).exp()
Decimal('7.389056098930650227230427')
>>> Decimal(2).ln()
Decimal('0.6931471805599453094172321')
```

In der Dokumentation wird genau erklärt, welche Befehle vorhanden sind und wie man diese einsetzen kann.[8] Zusammenfassend ist das Modul für Berechnungen mit sehr präzisen Zahlen extrem sinnvoll, erfordert aber das Anlegen eigener Funktionen und Methoden, sofern man komplexere Aufgaben lösen möchte. Insofern

---

[8]docs.python.org/3.6/library/decimal.html

sollte stets abgewogen werden, ob man das Modul benutzen möchte, oder ob man, wie oben gezeigt, über eine geschickte Handhabung von Ganzzahlen eine Lösung berechnen kann.

2.6 Countdown

Bereits zuvor haben wir gesehen, wie rekursive Funktionen teilweise erheblich beschleunigt werden können, wenn man frühere Ergebnisse zwischenspeichert und zur Berechnung weiterer Glieder benutzt (*Memorization*). Dies klappt auch in komplexeren Zusammenhängen und kann zu wahrhaft gigantischen Zuwächsen bei der Geschwindigkeit führen. Das folgende Beispiel klingt zunächst harmlos, hat es aber in sich: Man nehme eine beliebige Ganzzahl n, welche man mit so wenig Rechenoperationen wie möglich auf den Wert 1 reduzieren soll. Dabei stehen drei Operationen zur Verfügung: das Teilen durch 2, das Teilen durch 3 sowie die Subtraktion von 1. Natürlich dürfen die Divisionen nur erfolgen, wenn am Ende wieder eine Ganzzahl herauskommt. Nehmen wir das Beispiel 5. Um diese Zahl auf die 1 zu reduzieren könnten wir vier Mal hintereinander die 1 subtrahieren, also auf 4, 3, 2 und schließlich 1, was in der Summe vier Operationen sind. Geht es schneller? Ja, wir ziehen zunächst 1 ab und erhalten 4, dann teilen wir zwei Mal durch 2. Somit haben wir die Aufgabe in mit nur 3 Operationen erledigt. Tatsächlich gibt es für die 5 keine schnellere Lösung, nur gleichwertige (etwas zwei Mal subtrahieren und dann durch 3 teilen). Diese Aufgabe eignet sich hervorragend für eine Rekursion: Wir nehmen die gewünschte Zahl und probieren alle 3 Operationen aus. Somit erhalten wir maximal 3 neue Zahlen. Auf diese wenden wir dann jeweils den Algorithmus erneut an und führen Buch über die Anzahl der Operationen und die entstehenden Sequenzen. Am Ende picken wir uns die Variante heraus, die die wenigsten Operationen benötigt hat. Der Code für diese Aufgabe ist recht übersichtlich:

```
1  def countdown1(n, counter=0, sequenz=""):
2      if n == 1:
3          return (counter, sequenz)
4      counter += 1
5      results = []
6      if n % 2 == 0:
7          results.append(countdown1(n // 2, counter,
               sequenz + "2"))
8      if n % 3 == 0:
9          results.append(countdown1(n // 3, counter,
               sequenz + "3"))
10     results.append(countdown1(n - 1, counter, sequenz +
           "1"))
11     return min(results)
```

Unsere Funktion hat eigentlich nur ein Argument, nämlich die Zahl, die wir „lösen" möchten. Da wir die Funktion allerdings in der Rekursion immer wieder aufrufen werden, geben wir hier *defaults* vor, die wir dann beim wiederholten Aufruf ersetzen können. Das ist die Variable *counter*, die abspeichert, wie viele Operationen wir schon durchgeführt haben, sowie der String *sequenz*, der die Reihenfolge und Art der durchgeführten Operationen notiert. Zunächst legen wir den *base case* fest, also den Fall, der die Rekursion beendet. Dies ist, wenn das Ziel, also 1 erreicht ist. Dann sollen *counter* und *sequenz* eine Ausgabe liefern. Ist die aktuelle Zahl noch größer als 1, so läuft der Algorithmus normal durch. Wir inkrementieren den aktuellen *counter* um 1 und legen eine leere Liste an, in der wir die Ergebnisse sammeln. Da wir 3 Möglichkeiten haben (Teilen durch 3, Teilen durch 2 und Subtraktion) müssen wir alle berücksichtigen. Wenn nun eine Division durch 2 möglich ist, wenden wir den Algorithmus erneut auf diese Zahl an und hängen zusätzlich „2" an die aktuelle Sequenz an, damit wir später wissen, dass diese Operation durchgeführt wurde. Analog ist das Vorgehen für die Division durch 3. Da eine Subtraktion immer möglich ist, können wir uns hier den Test ersparen. Wir erhalten somit am Ende in der Liste bis zu 3 Tuples. Zuletzt lassen wir uns das Tuple ausgeben, das den kleinsten Wert auf dem ersten Element hat, also den kleinsten *counter* hat. Dies wäre dann die Lösung, die uns am schnellsten zum Ziel führt. Wir können diese Funktion jetzt testen und die Geschwindigkeit bestimmen.

```
>>> import time
>>> for k in range(20, 320, 20):
>>>     tstart = time.monotonic()
>>>     k, countdown1(k), round(time.monotonic() -
    tstart, 3)

20 (4, '2133') 0.0
40 (5, '22133') 0.001
60 (5, '23133') 0.002
80 (6, '222133') 0.007
100 (7, '1331133') 0.016
120 (6, '223133') 0.042
140 (9, '113133113') 0.073
160 (7, '2222133') 0.132
180 (6, '233133') 0.228
200 (8, '21331133') 0.379
220 (7, '2212333') 0.614
240 (7, '2223133') 0.948
260 (9, '213123123') 1.429
280 (8, '13313133') 2.12
300 (8, '22312223') 3.059
```

Zunächst zur Zerlegung. Beginnend bei 20 erhalten wir folgende Sequenz: $20 \rightarrow 10 \rightarrow 9 \rightarrow 3 \rightarrow 1$. Das sieht korrekt aus. Bei den Laufzeiten machen wir jedoch eine beunruhigende Entdeckung. Während diese zu Beginn extrem kurz sind, wachsen sie sehr stark an. So brauchen wir für die Zahl 100 weniger als 0.02 Sekunden, für die Zahl 300 jedoch bereits fast 3.1. Verdreifacht sich die Zahl, so steigt die Laufzeit um den Faktor 190 an! Die Zahl 500 benötigt bereits fast eine Minute, was leicht erkennen lässt, dass sich größere Zahlen wohl einer Berechnung entziehen werden. Wie kann das sein? Je größer die Zahl, desto mehr Möglichkeiten sind zu testen und für jede Möglichkeit wiederum bis zu drei Möglichkeiten, usw...

Zudem speichern wir nichts ab, sehr viele Zahlen werden doppelt berechnet. Landen wir irgendwann beispielsweise bei der Zahl 50, so berechnen wir das Ergebnis, aber andere Rekursionsfolgen profitieren davon nicht. Stoßen diese, auf einem anderen Weg, ebenfalls auf die 50, so müssen sie diese Rechnung wiederholen, anstatt das eigentlich bekannte Ergebnis zu nutzen. Dies ist ein gravierender Nachteil. Um das Problem grafisch zu visualisieren schauen wir uns ein Beispiel an, hier für die Zahl 9 (Abbildung 2.2).

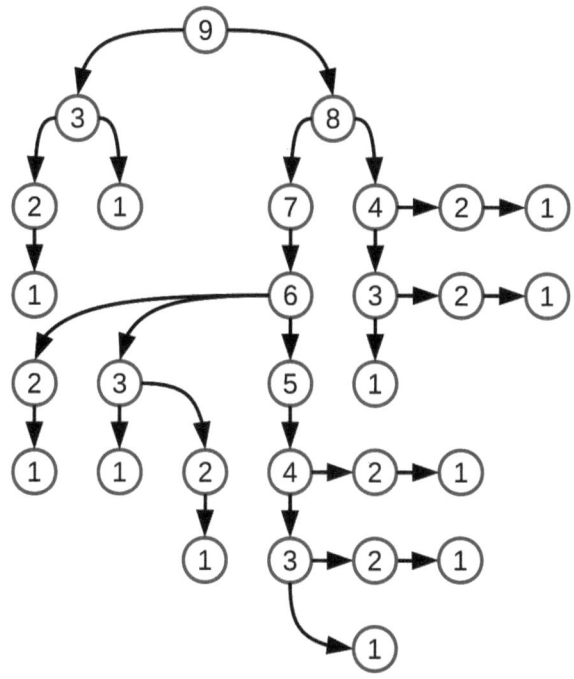

Abbildung 2.2: Rekursiver Suchbaum für die Zahl 9

So gibt es für die Zahl 9 selbst zwei Optionen, die Division durch 3 sowie die Subtraktion von 1. Die gleichen Regeln werden dann immer wieder, also rekursiv, auf die entstehenden Zahlen angewandt. Die Enden bzw. Blätter des Baumes sind dann immer die 1, also unser Endziel. Hier sehen wir jetzt sehr deutlich die Problematik: Die Zahl 3 wird beispielsweise vier Mal unabhängig voneinander erreicht. Somit muss für diese Zahl jedes Mal aufs Neue ihr kompletter Suchbaum generiert werden. Haben wir nun größere Zahlen, entstehen auf diese Weise gigantische Suchbäume, in denen die gleichen Aufgaben immer wieder erledigt werden müssen. Dies verlangsamt die Suche dann erheblich. Die Lösung des Problems ist es, einmal bereits erzeugte Untersuchbäume im Speicher zu behalten und beim erneuten Durchlaufen die Ergebnisse dynamisch abzurufen. Gehen wir also in der Abbildung davon aus, dass zuerst der linke Ast erzeugt wird und somit das Ergebnis für 3 bereits vorliegt. Stößt der Algorithmus später erneut auf die 3, etwa bei der Division von 6 durch 2, so wird einfach das bekannte Ergebnis zurückgeliefert, anstatt eine weitere rekursive Suche anzuwerfen. Wir benötigen also eine Teilfunktion, die immer wieder rekursiv aufgerufen wird, aber gleichzeitig einen statischen Teil, der die alten Ergebnisse (aus den früheren bzw. parallel ablaufenden Rekursionen) abspeichert. Dies können wir mit einem Wrapper erreichen.

```
1  def countdown2(n):
2      buch = {1: (0, "")}
3      def inner(n):
4          if n in buch:
5              return buch[n]
6          results = []
7          if n % 2 == 0:
8              counter, sequence = inner(n // 2)
9              results.append((counter + 1, "2" + sequence)
                   )
10         if n % 3 == 0:
11             counter, sequence = inner(n // 3)
12             results.append((counter + 1, "3" + sequence)
                   )
13         counter, sequence = inner(n - 1)
14         results.append((counter + 1, "1" + sequence))
```

```
15        buch[n] = min(results)
16        return buch[n]
17    return inner(n)
```

Wir nennen unsere Funktion *countdown2* und benötigen jetzt nur noch ein Argument. Wieso das so ist, wird gleich klarer. Wir definieren ein *Dict*, das zu Beginn nur unseren *base case* enthält, also das Ende der Rekursionen. Wird 1 erreicht, so wird ein Tuple ausgegeben, das die Anzahl der Schritte (0) sowie die dazu kürzeste Sequenz (leerer String) enthält. Nun definieren wir eine weitere Funktion innerhalb von *coutdown2()*, die wir *inner()* nennen. Die Grundidee ist folgende: wenn nun ein rekursiver Selbstaufruf erfolgt, wird die innere Funktion aufgerufen. Unsere Datenbank, die wir in *buch* angelegt haben, wird aber beibehalten und stetig erweitert. Auf diese Weise können neue Instanzen der Funktion auf die bereits berechneten Ergebnisse zugreifen und sich auf diese Art doppelte Berechnungen sparen.

So wird dann auch direkt nachgeschaut, ob die für die zu testende Zahl n bereits ein Ergebnis vorliegt. Dieses wird dann, sofern vorhanden, auch sofort zurückgeliefert. Ansonsten läuft der bekannte Algorithmus an. Wir legen mit *results* eine leere Liste zur Speicherung der Ergebnisse an und prüfen, welche Rechenoperationen auf n anwendbar sind. Ist beispielsweise eine Division durch 2 möglich, so leiten wir einen Selbstaufruf mit der neuen Zahl (n // 2) ein. Das Ergebnis, das dann als Tuple zurückgeliefert wird, entpacken wir direkt auf die gewünschten Variablen *counter* und *sequence* und können diese dann weiterverarbeiten. Wir müssen dann nur noch *counter* um 1 erhöhen und dafür sorgen, dass wir den neuen Rechenschritt zur Sequenz der Operationen hinzufügen.

Angenommen, unsere Zahl ist 8 und somit durch 2 teilbar. Nun schaut die Funktion zuerst nach, ob die neue, zu testende Zahl (4) bereits im *Dict* vorhanden ist. Ist dies der Fall, so haben wir ein bereits bekanntes Ergebnis gefunden und können dieses abrufen. Das Ergebnis, das wir vorfinden wäre demnach (2, „22"), da es 2

Schritte braucht, bis man von 4 auf die 1 kommt, die Sequenz zeigt an, dass dies durch zwei Division mit der 2 erreicht wird. Da wir 4 bereits kennen, 8 aber noch nicht, müssen wir nun auf diesem Ergebnis aufbauen. Wir brauchen also einen weiteren Schritt (nämlich von 8 auf 4 durch die Division durch 2), erhöhen den Zähler also um 1. Zudem müssen wir den dazu notwendigen Schritt an das bekannte Ergebnis anfügen. Hier müssen wir auf die Reihenfolge achten. Da „22" bereits vorliegt, müssen wir den neuen Schritt *am Anfang* einsetzen, da der hintere Teil den Restweg zur 1 beschreibt, diesen können wir nicht mehr beeinflussen. Deshalb setzen wir hier *"2"+ a[1]*. Ganz analog verfahren wir mit den beiden anderen Optionen. Somit erhalten wir am Ende bis zu drei mögliche „Schicksale" für unsere aktuelle Zahl. Hier müssen wir nur noch vergleichen, welche Option die Beste ist. Wir fügen sie nun dem *Dict* hinzu, damit auch andere, bzw. spätere oder parallel laufende Rekursionen dieses neue Ergebnis nutzen können. Danach gibt die Funktion das Ergebnis aus. Damit die Rekursion nun auch gestartet wird, rufen wir die Funktion *inner()* auf und lassen uns ihr Ergebnis ausgeben.

Fassen wir zum Abschluss die Logik noch einmal zusammen. Wir rufen die Funktion *countdown2()* mit einer zu testenden Zahl auf, sagen wir 10. In der Funktion selbst werden die Parameter bzw. die Variablen erstellt, die unsere Ergebnisse zwischenspeichern. Danach wird nun die Zahl 10 in die Funktion *inner()* eingegeben. Die Rekursion beginnt. Da 10 nicht im *Dict* vorhanden ist, werden die möglichen Kandidaten, in diesem Fall die 9 und 5, als neue Zahlen festgelegt und für diese wiederum neue Rekursionsschleifen gestartet. Sobald irgendwann einer der Äste des Suchbaums für eine Zahl ein Ergebnis findet, wird dieses im *Dict* dauerhaft festgehalten und die anderen Rekursionen haben darauf Zugriff. Somit beschleunigen wir die Suche massiv. Hat es sich gelohnt? Prüfen wir einige Zahlen.

```
>>> import sys
>>> sys.setrecursionlimit(15000)
```

```
>>> tstart = time.monotonic()
>>> for i in (500, 5000, 20000):
>>>     countdown2(i)
>>> time.monotonic() - tstart

(9, '213113333')
(13, '2221222231223')
(15, '213313133122133')
0.027150630950927734
```

Selbst sehr große Zahlen werden jetzt in einem Sekundenbruch-
teil analysiert. Wichtig ist, dass wir die Anzahl der maximal erlaub-
ten Rekursionen erhöhen. Python muss an dieser Stelle sehr viele
generieren, was zu einer Fehlermeldung führen kann. Durch die
Einstellung erlauben wir, dass mehr Rekursionen gestartet werden
dürfen. Prinzipiell begrenzt nur die Leistungsfähigkeit des eigenen
Systems die Anzahl der möglichen Rekursionen. Sind allerdings
Berechnungen für noch größere Zahlen gewünscht, kann es sein,
dass man auf ein anderes Verfahren umstellen muss. Eine rekursive Lösung ist somit nicht immer der beste Weg, kann allerdings
sehr elegant sein, wenn die Rahmenbedingungen stimmen. Zum
Abschluss wollen wir die beiden Funktionen, *countdown1()* und
countdown2() noch etwas genauer vergleichen. Bisher kennen wir
ungefähr die jeweiligen Laufzeiten, aber was passiert intern? Um
derartige Analysen vornehmen zu können bietet Python Werkzeuge zum *Profiling* an. Darunter versteht man, einen Befehl, eine
Funktion oder ein Skript in seine Einzelteile zu zerlegen und etwa zu prüfen, wie oft eine bestimmte Schleife oder Unterfunktion
aufgerufen wird. Dadurch lässt sich beispielsweise leicht erkennen,
welche Bestandteile langsam sind und mehr Aufmerksamkeit verdienen. Wir nutzen an dieser Stelle *cProfile*. Die Anwendung ist
kinderleicht.

```
1  >>> import cProfile
2  >>> cProfile.run("countdown1(30)")
3          1222 function calls (421 primitive calls) in
```

```
                0.000 seconds

5  Ordered by: standard name

7  ncalls    tottime    percall    cumtime    percall filename:
       lineno(function)
8      1      0.000      0.000      0.000      0.000 <string>:1(<
           module>)
9  802/1     0.000      0.000      0.000      0.000 countdown1.py
       :4(countdown1)
10     1      0.000      0.000      0.000      0.000 {built-in
           method builtins.exec}
11    417     0.000      0.000      0.000      0.000 {built-in
           method builtins.min}
12     1      0.000      0.000      0.000      0.000 {method '
           disable' of '_lsprof.Profiler' objects}
```

Zunächst müssen Sie darauf achten, dass Sie die zu testende
Funktion als *String* an *cProfile* übergeben, ansonsten erhalten Sie
eine Fehlermeldung. Wir sehen, dass insgesamt 1222 Funktionen
aufgerufen wurden, wobei 421 davon primitiv sind, also nicht durch
Rekursion ausgelöst wurden. Wir sehen hier bereits, dass die Mehr-
heit aller Funktionen durch Rekursion erzeugt wurden. Weiter unten sehen wir dann, dass 802 Mal *countdown1()* selbst aufgerufen
wurde, also rekursiv durch die Funktion selbst. Die andere große
Zahl, 417, rührt von der Funktion *min()*, die wir benutzen, um
die Listen zu sortieren. Zwar sind die Zeiten insgesamt so schnell,
dass sie hier nicht gemessen werden können, doch zeigt dies auf,
was eigentlich im Verborgenen geschieht. Wie sieht es nun mit der
verbesserten Version aus?

```
1  >>> import cProfile
2  >>> cProfile.run("countdown2(30)")
3          62 function calls (34 primitive calls) in 0.000
           seconds

5  Ordered by: standard name
```

```
7  ncalls   tottime   percall   cumtime   percall  filename:
       lineno(function)
8      1     0.000     0.000     0.000     0.000  <string>:1(<
       module>)
9      1     0.000     0.000     0.000     0.000  countdown.py
       :21(countdown2)
10  29/1     0.000     0.000     0.000     0.000  countdown.py
       :25(inner)
11     1     0.000     0.000     0.000     0.000  {built-in
       method builtins.exec}
12  29       0.000     0.000     0.000     0.000  {built-in
       method builtins.min}
13     1     0.000     0.000     0.000     0.000  {method '
       disable' of '_lsprof.Profiler' objects}
```

In der verbesserten Version werden insgesamt nur 62 Funktionen abgerufen, was beinahe um den Faktor 20 besser ist als in der naiven Version. Rekursionen sind es insgesamt nur 29. Zwar können wir nicht sehen, wie viel Speicher wir zusätzlich belegen, da wir nun das *Dict* speichern müssen, aber auch dies scheint vermutlich deutlich besser zu sein, da wir abschätzen können, dass der Overhead, den jede neue Rekursion erzeugt, deutlich größer sein wird als die zusätzlichen Daten im *Dict*.

Aufgaben

1. Lösen Sie die gezeigte Aufgabe *ohne* auf Rekursion zurückzugreifen. Vergleichen Sie die verschiedenen Lösungsstrategien hinsichtlich der Geschwindigkeit.

2.7 Ulam-Spirale

Die nach ihrem Entdecker Stanisław Marcin Ulam benannte Spirale ist eine grafische Darstellung von Primzahlen. Die Idee ist denkbar einfach: Man schreibt die natürlichen Zahlen, beginnend bei 1, in einer spiralförmigen Weise auf und markiert am Ende alle Primzahlen. Wenn man dies lange genug macht und die entstehende Abbildung mit etwas Abstand betrachtet, kommen auf diese Weise interessanter Muster zustande (Abbildung 2.3). Ohne zusätzliche Erweiterungen ist diese Aufgabe in Python nicht umsetzbar, solange man sich nur auf Konsolenausgaben beschränken möchte. Wir setzen daher an dieser Stelle den ersten Schritt um, nämlich den Aufbau der eigentlichen Spirale.

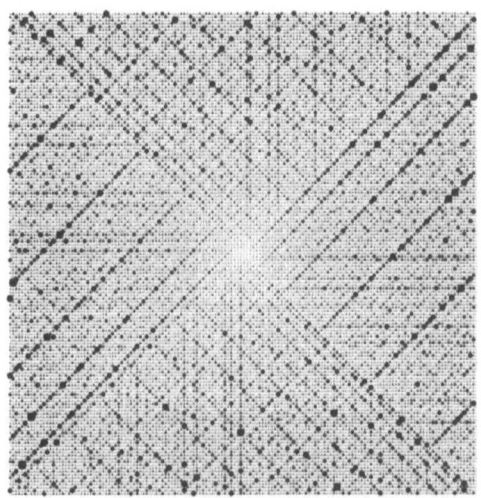

Abbildung 2.3: Veranschaulichung der Ulam-Spirale
Urheber: *Aydolen* (Wikimedia Commons)

Zunächst definieren wir die Notation. Unabhängig davon, wie viele Zahlen wir am Ende abbilden wollen, können wir uns die Position jeder Zahl in einem cartesischen Koordinatensystem denken. Dabei erhält die erste Zahl (1) im Zentrum der Spirale die Koordinaten $(0,0)$. Diese Ordnung ist für unsere Vorstellung hilfreich, allerdings für die Implementierung nicht zielführend. Wenn wir die Daten in einer Matrix, also einer Liste mit Unterlisten, abspeichern wollen, müssen wir zu Beginn die Anzahl der notwendigen Zeilen und Spalten definieren. Diese Werte können allerdings nur zwischen 0 und n liegen, sodass, im Gegensatz zum Koordinatensystem, keine negativen Werte möglich sind. Wir benötigen daher eine Funktion, die die verschiedenen Koordinaten ineinander konvertiert. Zur Veranschaulichung können wir folgende Abbildung heranziehen (Abbildung 2.4). Die jeweils erste Zahl in einer Zelle steht für die Nummer der Zahl, danach folgen die Koordinaten im cartesischen System, wobei das zentrale Kästchen den Ursprung darstellt. Die dritte Information beschreibt die Position der Zelle in unserer Datenmatrix, also einer Liste mit Unterlisten.

	10 (-1,2) (0,1)	11 (0,2) (0,2)	12 (1,2) (0,3)	13 (2,2) (0,4)
	9 (-1,1) (1,1)	2 (0,1) (1,2)	3 (1,1) (1,3)	14 (2,1) (1,4)
	8 (-1,0) (2,1)	1 (0,0) (2,2)	4 (1,0) (2,3)	15 (2,0) (2,4)
22 (-2,-1) (0,3)	7 (-1,-1) (3,1)	6 (0,-1) (3,2)	5 (1,-1) (3,3)	16 (2,-1) (3,4)
21 (-2,-2) (0,4)	20 (-1,-2) (1,4)	19 (0,-2) (2,4)	18 (1,-2) (3,4)	17 (2,-2) (4,4)

Abbildung 2.4: Veranschaulichung der verschiedenen Datenstrukturen der Spirale mit den ersten 22 natürlichen Zahlen.

Zunächst müssen wir festlegen, wie viele Zahlen abgebildet werden sollen (n). Dann generieren wir eine Liste. Die Anzahl der Unterlisten gibt die Anzahl der Zeilen der Matrix an, die Länge jeder Unterliste die Anzahl der Spalten. Die Anzahl der Zeilen und die Anzahl der Spalten sollen identisch sein. Offenbar sind aber weniger als n Zeilen bzw. Spalten notwendig, da sich die Zahlen zunächst in der „Mitte" gruppieren und langsam zu den Rändern hin wachsen. Deshalb müssen wir dafür sorgen, dass die erste Zahl in der mittleren Zeile und der mittleren Spalte der Matrix angelegt wird. Dazu benutzen wir die folgende Konvertierungsfunktion:

```
1  def cart_to_matrix(position, size):
2      """Konvertiert eine Position aus dem cartesischen
           Koordinatensystem in die Darstellung Listenmatrix
           """
3      spalte = (size // 2) + position[0]
4      zeile = (size // 2) - position[1]
5      return (zeile, spalte)
```

Als Eingabe wird die cartesische Position als Tuple übergeben (z.B. (0, 0)) sowie die Zeilen- bzw. Spaltenanzahl, wie wir sie definiert haben. Die *integer division* (//) sorgt dafür, dass immer abgerundet wird und die korrekte Position vorliegt. Haben wir beispielsweise fünf Zeilen und Spalten, ist der Mittelpunkt die dritte Zeile mit der dritten Spalte. Da Python mit der Zählung bei null beginnt, ist der Indexwert zwei korrekt. Anschließend stellt sich die Frage, wie das Programm nach dem Start die Position der folgenden Zahl herausfindet. Wir möchten immer mit dem Uhrzeigersinn gehen. Die Grundidee ist einfach: Da maximal drei Folgefelder in Frage kommen (da man nicht auf das vorherige Feld zurückgehen kann und diagonale Züge verboten sind), muss nur geprüft werden, welches der drei angrenzenden Felder noch leer ist und zudem dem Ursprung am nächsten ist. Somit wird verhindert, dass die Spirale verlassen wird und sich vom Mittelpunkt entfernt.

```
1  def next_position(daten, position):
2      leerefelder = []
3      # Positionen oben, rechts, unten und links
4      # Reihenfolge ist wichtig, damit die Ecken richtig
5      # behandelt werden.
6      for x, y in [(0, -1), (1, 0), (0, 1), (-1, 0)]:
7          px, py = position[0] + x, position[1] + y
```

```
8        pos = cart_to_matrix((px, py), len(daten))
9        if daten[pos[0]][pos[1]] == "":
10           leerefelder.append((px, py, px ** 2 + py **
                 2))
11    return min(leerefelder, key=lambda f: f[2])[:2]
```

Die Funktion akzeptiert zwei Argumente, die Datenmatrix sowie die aktuelle Position. Wir initialisieren eine leere Liste, in der wir die Ergebnisse zwischenspeichern. Nun können wir die vier möglichen Felder der Reihe nach abarbeiten. Hier können wir explizit alle durchgehen, da es nur vier Stück sind. Wichtig ist zudem die Reihenfolge. Wir starten unten und gehen dann gegen den Uhrzeigersinn. Wieso, sehen wir gleich. Wir berechnen dann die neuen Koordinaten und wandeln diese mit der Hilfsfunktion in die Matrixposition um. Dann prüfen wir, ob das jeweilige Feld überhaupt leer ist. Falls ja, fügen wir es *leerefelder* hinzu und berechnen dabei zusätzlich über den Satz des Pythagoras den Abstand zum Ursprung. Letztlich sortieren wir alle Elemente in *leerefelder* nach diesem Abstand und wählen das mit dem geringsten Wert aus. Somit ist garantiert, dass das richtige Feld ausgewählt wird und die Spiralform erhalten bleibt. Wir liefern am Ende nur die Position zurück, schneiden also den dritten Wert, die Distanz, vom Ergebnis ab, wozu wir einen Slice verwenden (*[:2]*).

Sehen wir uns ein Beispiel an, wozu wir Abbildung 2.4 verwenden können. Wir stehen nun auf Feld 9. Offenbar gibt es zwei leere angrenzende Felder, das Feld oben oder das Feld links. Wir stellen fest, dass der Abstand zum Ursprung für beide Felder identisch ist, sodass wir hier aufpassen müssen, dass auch das obere Feld ausgewählt wird. Hier kommt die Sortierung wie anfangs erwähnt zum Zug. Da wir die Felder gegen den Uhrzeigersinn getestet haben, steht das obere Feld zuerst und wird ausgewählt. Somit ist garantiert, dass wir nicht nach links abdriften. Letztlich wird also erkennbar, dass entweder der Abstand zum Ursprung, oder eben in diesen Grenzfällen die Sortierung dafür sorgt, dass unsere Spirale

71

wie gewünscht fortgesetzt wird. Es folgt nun das Hauptprogramm.

```
1  def ulam(n):
2      size = max(15, (int(n ** 0.5) // 2) * 2 + 11)
3      daten = [[""] * size for i in range(size)]
4      i = cart_to_matrix((0, 0), size)
5      daten[i[0]][i[1]] = 1
6      i = cart_to_matrix((0, 1), size)
7      daten[i[0]][i[1]] = 2
8      position = (1, 1)
9      for zaehler in range(3, n + 1):
10         a = cart_to_matrix(position, size)
11         daten[a[0]][a[1]] = zaehler
12         position = next_position(daten, position)
13     print_field(daten)
```

Unsere Funktion akzeptiert ein Argument, die Länge der Spirale. Wir legen die Größe der Datenmatrix in *size* fest. Um hier Platz zu sparen, packen wir es in eine Zeile: entweder n ist klein und wir setzen die Größe auf 15. Ist n hingegen größer, nutzen wir einen Abschätzalgorithmus, damit unsere Datenmatrix auch nicht zu klein angelegt wird und „überläuft". Nachdem wir so die Größe festgelegt haben generieren wir die leere Matrix. Anschließend legen wir manuell die ersten beiden Zahlen an, die in der cartesischen Ansicht die Werte (0, 0) und (0, 1) erhalten. Die nächste Position ist dann (1, 1), da wir immer im Uhrzeigersinn gehen. Ab hier übernimmt die nachfolgende Schleife alle weiteren Zahlen. Wir speichern in a die Position ab und nutzen dazu die Hilfsfunktion und schreiben dann in diese Zelle die nachfolgende Zahl. Um zu wissen, bei welchem Feld wir beim nächsten Schleifendurchlauf weitermachen müssen, nutzen wir nun unsere Hilfsfunktion *next_position()*. Auf diese Weise wird nach und nach die Datenmatrix mit Zahlen gefüllt, bis wir alle Zahlen bis n abgearbeitet haben. Es folgt zuletzt die Anzeige unserer Spirale. Dazu nutzen wir eine weitere Hilfsfunktion.

```
1  def print_field(daten):
2      size = len(daten)
```

```
3    print("".join(["*" for i in range(size * 4)]))
4    for zeile in daten:
5        for element in zeile:
6            if element == "":
7                print(" " * 4, end = "")       #Genau 4
                     Leerzeichen
8            else:
9                print( f"{element:02d} ", end = "") #
                     Leerzeichen vor und nach dem f-string
10       print("")
11   print("".join(["*" for i in range(size * 4)]))
```

In diese Funktion müssen wir nur die Datenmatrix übergeben.
Am oberen und unteren Rand des Spielfeldes erstellen wir eine Ab-
grenzung, wozu wir zuerst eine Liste mit den gewünschten Trennzeichen erstellen und diese dann mittels *join()* zu einem String
zusammensetzen und ausgeben. Danach iterieren wir über alle Zeilen und innerhalb einer Zeile über alle Spalten. Treffen wir eine
leere Zelle an, die keine Zahl enthält, so lassen wir genau vier Leerzeichen anzeigen. Wir modifizieren *print()* über die Option *end*,
sodass nach der Anzeige jedes Zeichens nicht sofort in die nächste Zeile gesprungen wird. Treffen wir auf eine Zahl, so nutzen wir
einen f-String, um eine hübschere Anzeige zu erzeugen. Da wir uns
in diesem Beispiel auf zweistellige Zahlen beschränken, lassen wir
uns bei einstelligen Zahlen eine führende 0 anzeigen, also etwa 09
statt 9. Auf diese Weise sind alle Zahlen am Ende in Reih und
Glied und eine Spirale entsteht. Würde wir dies nicht tun, würden
die Zeilen mitunter verrutschen, weil einige Zahlen mit nur insgesamt drei Zeichen angezeigt werden, was irritierend wäre. Nachdem
eine Zeile fertig ist, müssen wir nun aber einen Zeilenumbruch einfügen, was wir erreichen, indem wir schlichtweg einen leeren String
anzeigen lassen. Ansonsten wären alle Unterlisten der Datenmatrix in *einer* Zeile dargestellt, was wir nicht wollen. Zuletzt wieder
eine Trennzeile, was alle Funktionen komplettiert. Letztlich kann
sich das Ergebnis sehen lassen, hier am Beispiel für die ersten 55

Ganzzahlen.

```
>>> ulam(55)
*************************************************************

                    50 51 52 53 54 55
                    49 26 27 28 29 30 31
                    48 25 10 11 12 13 32
                    47 24 09 02 03 14 33
                    46 23 08 01 04 15 34
                    45 22 07 06 05 16 35
                    44 21 20 19 18 17 36
                    43 42 41 40 39 38 37



*************************************************************
```

2.8   Totales Chaos

Manche Dinge sind tiefgründiger als sie erscheinen. So verbinden wir Mathematik in der Regel mit Formeln, Regeln und Ordnung. Doch wie hier gezeigt wird, können auch ganz harmlose Algorithmen schnell im Chaos ausarten. Betrachtung wir dabei zunächst ein einfaches Modell, mit dem man beispielsweise beschreiben kann, wie sich eine Population im Laufe der Zeit verändert.

$$x_{n+1} = rx_n(1 - x_n) \tag{2.10}$$

Hierbei ist x ein Wert zwischen 0 und 1 und beschreibt den Anteil der aktuell vorhandenen Population. Ein hoher Wert würde also bedeuten, dass die Population beinahe ihre maximale Größe erreicht hat. Zudem nutzen wir einen Skalierungs- und Wachstumsfaktor r, der angibt, ob die Population zunimmt oder abnimmt. Angenommen, r liegt bei 2, so würde sich die Population jedes Jahr verdoppeln. Offensichtlich würde dies dazu führen, dass wir eine konstant wachsende Population vorfinden, was unrealistisch ist, da Lebensraum und Nahrungsangebot limitiert sind. Um dies zu verhindern dient der letzte Term, der die Beschränkungen der Umgebung widerspiegelt. Je größer x wird, desto kleiner wird der Faktor und somit auch der Wert für das nachfolgende Jahr. Sehen wir uns ein Beispiel an. Als Startwert für x wählen wir 0.7, als Wachstumsrate 2. Wie verändert sich die Population im Zeitverlauf? Das Ergebnis ist

```
0.7
0.42
0.4872
0.4997
0.5
0.5
0.5
```

Die Population schrumpft also zunächst, wird dann wieder größer und stabilisiert sich bei einem Wert von 0.5, also der Hälfte der maximalen Population. Was passiert, wenn wir nun mit einer deutlich kleineren Population starten, sagen wir 0.2? Wir erhalten folgende Entwicklung:

```
0.2
0.32
0.4352
0.4916
0.4999
```

```
0.5
0.5
0.5
```

Erstaunlicherweise steuert auch hier die Population sehr schnell auf das identische Gleichgewicht zu. Tatsächlich ist es völlig irrelevant, mit welchem x wir starten, das Ziel der Entwicklung wird alleine durch r bestimmt. Das können wir einfach testen. Für eine Berechnung nutzen wir die folgende Funktion.

```
1  def folgenentwicklung(x, r, n, prec):
2      for i in range(n):
3          print(round(x, prec))
4          x = x * r * (1 - x)
```

Wenn wir nun den Wert von r langsam erhöhen, stellen wir fest, dass es länger dauert, bis sich die Ergebnisse stabilisieren, also gegen einen Grenzwert konvergieren. Sehr erstaunlich ist hingegen, dass sich dieses Verhalten ändert, wenn r noch größer wird und 3 überschreitet: plötzlich gibt es *zwei* Grenzwerte. Vergleichen wir daher einmal das Ergebnis für r = 2.8 und r = 3.1:

```
(...)
0.6425
0.6431
0.6426
0.643
0.6427
0.643
0.6428
0.6429
0.6428
0.6429
0.6428
0.6429
0.6428
0.6429
0.6428
0.6429
0.6428
```

76

```
0.6429
0.6429
0.6429
```

Nach ca. 30 Iterationen stabilisiert sich der Wert und erreicht schließlich 0.6429. Verwunderlich erscheint zunächst offenbar, dass die gleichen Werte teilweise verschiedene Nachfolger haben (so etwa für 0.643). Dies liegt daran, dass hier gerundete Werte angezeigt werden. Intern wird natürlich mit maximaler Präzision für Gleitkommazahlen gerechnet. Insofern sollte dieses Verhalten, auch wenn es nicht gerade hübsch ist, nicht zu sehr überraschen. Berechnen wir nun die Folge für 3.1:

```
(...)
0.7647
0.5578
0.7646
0.5579
0.7646
0.5579
0.7646
0.558
0.7646
0.558
0.7646
0.558
0.7646
0.558
0.7646
0.558
0.7646
0.558
```

Wir stellen fest, dass in der Tat zwei Grenzwerte vorliegen, zwischen denen die Folge oszilliert. Der Unterschied ist groß und beträgt mehr als 0.2. Ein Rundungsfehler ist bei einer solchen Dimension nicht möglich. Es sind, in der Tat, zwei verschiedene Werte, die sich abwechseln, gleichgültig, wie viele Nachkommastellen wir berücksichtigen oder wie lange wir die Folge laufen lassen. Wird mit immer größer werdenden Werten von r die Anzahl der Konvergenzpunkte weiter wachsen? Ja, allerdings chaotisch. Dies bedeutet, dass ab einem gewissen Punkt selbst sehr kleine Änderungen in r zu einer massiv schwankenden Anzahl von Konvergenzpunkten führen. Betrachten wir zunächst den Konvergenzverlauf für einige ausgewählte Werte von r (Abbildung 2.5). Wie können wir bestimmen, wie viele Konvergenzpunkte ein bestimmter Wert von r erzeugen wird? Dies können wir über eine Funktion feststellen.

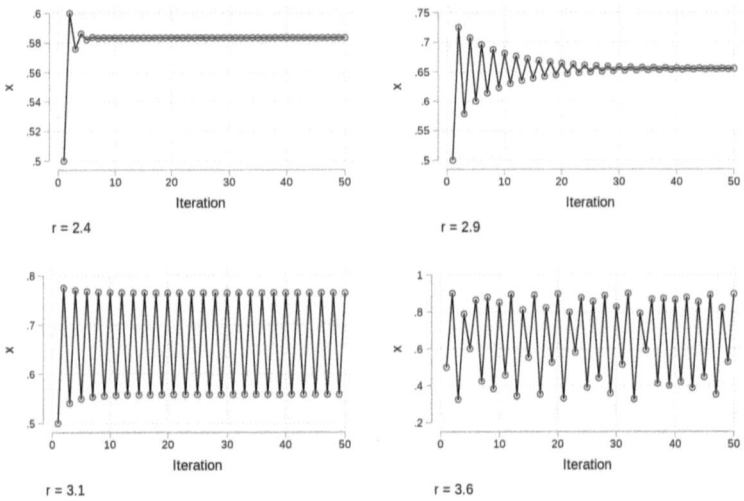

Abbildung 2.5: Entwicklung von x mit verschiedenen Werte von r. Startwert x ist immer 0.5.

Die Idee dabei ist folgende: Wir starten wie bereits eben mit der bekannten Formel und erzeugen zunächst eine gewisse Anzahl von Iterationen, um zu gewährleisten, dass wir einen Punkt erreicht haben, an dem die Folge stabil ist, also zwischen den immer gleichen Gliedern abwechselt. Wählen wir ein kleines r, so wird dies möglicherweise ein einziger Grenzwert sein, ab größeren Werten für r können es sich um zwei oder sehr viel mehr solcher Grenzwerte handeln. Haben wir also die ersten Iterationen abgeschlossen, die wir als *Burn-In* bezeichnen, speichern wir alle neuen berechneten Werte zusammen mit der Iteration, in der sie erzeugt wurden, ab. Für jedes nachfolgende Glied schauen wir dann einfach nach, ob der gleiche Wert bereits vorhanden ist. Ist dies der Fall, so wissen wir, dass ein Zyklus abgeschlossen ist. Dann brauchen wir nur mehr prüfen, nach wie vielen Iterationen dies geschehen ist und wir kennen die Anzahl der Grenzwerte. Als Hilfsmittel wandeln wir die oben gezeigte Funktion in einen Generator um, damit beliebig viele Glieder erzeugen zu können.

```
1  def logistic(x, r):
2      while True:
3          yield x
4          x = x * r * (1 - x)

6  from itertools import islice
7  def periodenfinder(x, r):
8      numbers = logistic(x, r)
9      # erste Million Iterationen ueberspringen
10     numbers = islice(numbers, 10**6, None)
11     seen = {}
12     for iteration, x in enumerate(numbers):
13         for element in seen:
14             if abs(element - x) < 1e-6:
15                 return iteration - seen[element]
16         seen[x] = iteration
```

Der Generator setzt die Formel um, läuft dabei aber beliebig oft, was wir in der eigentlichen Funktion, dem *periodenfinder()*, benötigen. Wir importieren dazu noch eine Funktion aus *itertools*, die wir nutzen werden. Die Funktion akzeptiert wieder zwei Argumente, x und r. In *numbers* legen wir den Generator an, den wir dann nachfolgenden aufrufen können. Nun möchten wir diesen Generator „warmlaufen" lassen. Er wird damit eine Million Mal aufgerufen, was weniger als eine Sekunde dauert und akzeptabel erscheint. Auf diese Weise sorgen wir dafür, dass die instabilen Anfangssequenzen übersprungen werden und nicht das Ergebnis beeinflussen. Je größer r wird, desto länger sollte das Burn-In sein. Die technische Umsetzung erfolgt mittels *islice*. Wie bei einem regulären Slice können nen wir aus einem iterable einen bestimmten Bereich ausschneiden. Da unser Generator allerdings unendlich groß ist, müssen wir *islice* benutze. Wir geben an, dass wir den Teilbereich des Generators wollen, der ab einer Million Durchgänge beginnt. Da wir *None* als Endargument setzen, nehmen wir also den Slice von einer Million bis zum Ende des Generators.

Nun legen wir ein leeres *Dict* an, in dem wir alle Ergebnisse abspeichern. Wir setzen jetzt die oben erklärte Lösungsidee um. Wir iterieren nun über alle nachfolgenden Elemente in *numbers* und packen diesen iterator zudem in *enumerate()*. Auf diese Weise erhalten wir bei jeder neuen Anfrage ein Tuple mit zwei Elementen, der aktuellen Iteration sowie dem eigentlichen Wert. In *iteration* speichern wir den aktuellen Aufruf (der bei 0 startet), in x den Rückgabewert des Generators. Haben wir dieses Tuple erzeugt, iterieren wir über alle Einträge in *seen* und prüfen, ob der aktuell erzeugte Wert x dort bereits vorhanden ist. Da wir mit *floats* arbeiten testen wir die Gleichheit über eine Differenz. Ist diese sehr klein (kleiner als ein Millionstel), so betrachten wir die Zahlen als gleich. Ist dies der Fall und ein bereits bekanntes Element wird angetroffen, geben wir die Differenz zwischen aktueller Iteration und der Iteration zurück, bei der das bekannte Element gefunden wurde. Auf diese Weise finden wir die Periode. Ist hingegen der aktuelle Wert x noch nicht vorhanden, so fügen wir diesen hinzu und speichern die aktuelle Iteration mit ab.

Spielen wir ein wenig mit dieser Funktion herum, so stellen wir fest, dass der Wert 3 eine Sprungstelle ist: Davor konvergieren alle Werte auf einen Punkt, sind die Werte größer als 3, so sind es mindestens zwei Punkte. Tatsächlich ist das bereits mathematisch abgesichert, sodass wir diese Grenze für Benchmarks benutzen können.[9] Demnach findet sich die erste Sprungstelle bei genau 3, die zweite dann bei 3.44948974... An dieser Stelle wechselt die Anzahl der Grenzwerte von 2 auf 4. Es gibt eine faszinierende Darstellung dieser Entwicklung, die als *logistic map* bzw. logistische Karte bezeichnet wird (Abbildung 2.6).

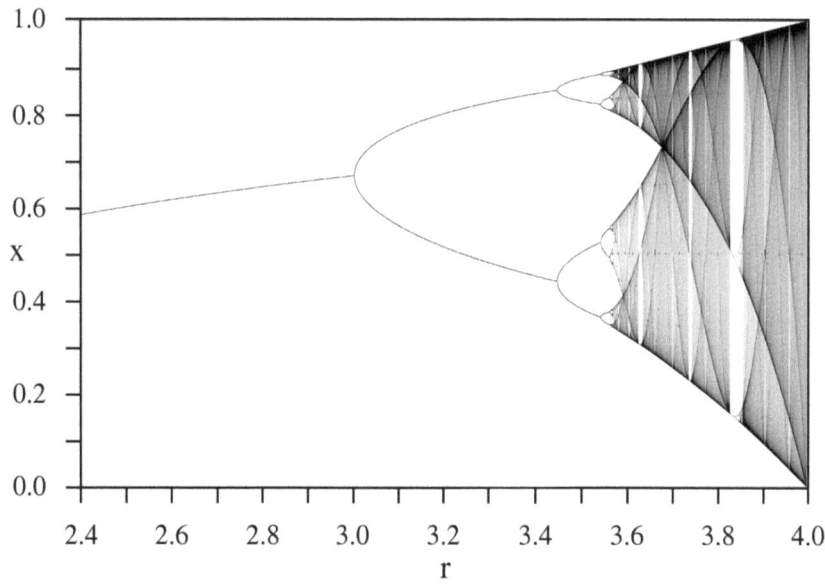

Abbildung 2.6: Auf der x-Achse sind die Werte von r abgetragen, auf der y-Achse wird angezeigt, gegen welchen Wert bzw. gegen welche Werte die resultierende Folge konvergiert.

Urheber: *PAR* (Wikimedia Commons)

Von links nach rechts betrachtet passiert zunächst sehr wenig, immer konvergiert die Folge gegen genau einen Wert. Dies ändert sich bei der ersten Sprungstelle, bei 3, ab dann teilt sich der Graph und es sind genau zwei Werte, die sich abwechseln. Später gibt es dann eine weitere Sprungstelle und es sind nun vier Werte. Doch

---

[9]http://mathworld.wolfram.com/LogisticMap.html

danach gleitet es ins Chaos ab. Ohne eine Möglichkeit der Vorhersagen variiert ab dann die Anzahl scheinbar beliebig, sodass diese Muster entstehen. Bleibt als letzte Aufgabe folgende: Wie können wir eine Sprungstelle numerisch ausfindig machen, etwa, wenn wir die gezeigte Abbildung nicht zur Verfügung haben? Eine Lösungsidee ist wie folgt: Wir schreiten langsam den Zahlenstrahl von links nach rechts ab, wählen also immer größer werdende Werte von r. Wir prüfen dann an bestimmten Stellen, wie viele Grenzwerte vorliegen. Wenn sich dieser Wert ab einem Punkt ändert so wissen wir, dass wir eine Sprungstelle erreicht bzw. überschritten haben. Hat also 2.95 die Ausgabe 1, 3.05 aber die Ausgabe 2, so ist klar, dass die Sprungstelle zwischen diesen Werten von r liegen muss. Wir können dazu einen iterativen Algorithmus benutzen, der dies für uns tut. Anwenden können wir hier eine Abwandlung von Zenons Paradoxon: Wenn wir den Abstand x zu einem Objekt aufweisen und am ersten Tag die Hälfte des Weges zurücklegen, am zweiten Tag wieder die Hälfte der noch verbliebenen Strecke, usw... Wann erreichen wir das Objekt? Mathematisch betrachtet niemals, da eine wiederholte Halbierung einer Zahl immer kleinere Werte produziert, aber niemals 0 erreicht. Da Python und jeder Computer aber nicht unendlich genau rechnen können, wird trotzdem irgendwann 0 erreicht und damit das Ziel. Dies können wir ausnutzen.

Wir legen also einen Startwert fest, von dem wir wissen, dass er recht nahe bei der gesuchten Sprungstelle ist. Danach bewegen wir uns um einen Wert a vorwärts. Liegen r1 und r2 beide noch links der Sprungstelle, verschieben wir beide um den Sprungwert auf dem Zahlenstrahl nach rechts. Überschreiten wir irgendwann die Sprungstelle, halbieren wir a und verschieben den Punkt rechts der Sprungstelle (r2) wieder in die andere Richtung zurück. Auf diese Weise kann nur r2 rechts der Sprungstelle liegen, r1 jedoch niemals (siehe auch Abbildung 2.7).

```
1  def sprungfinder(x, r1, precision=4):
2      p1 = periodenfinder(x, r1)
```

```
3     schrittweite = 0.1
4     while schrittweite > 0.1 ** precision:
5         r2 = r1 + schrittweite
6         print(r1, r2)
7         p2 = periodenfinder(x, r2)
8         if p1 == p2:
9             r1 = r2
10        else:
11            schrittweite /= 2
12    return round((r1 + r2) / 2, precision)
```

Die Funktion akzeptiert den x-Wert (den wir immer auf 0.5 fixen werden), den Startwert von r1 sowie die Präzision. r1 gibt den Wert an, ab dem die Sprungstelle gesucht wird. Die Präzision wird durch die anderen Funktionen begrenzt, also beispielsweise, wie präzise *periodenfinder()* ist. Wir werden später sehen, dass vier bis fünf Nachkommastellen durchaus erreichbar sind. Wir berechnen zunächst in p1 die Anzahl der Perioden am Wert r1. Als Schrittweite stellen wir 0.1 ein. r2, also der nächste zu prüfende Wert, ist damit r1 + *schrittweite*. Zum Verständnis ist es hilfreich sich die Nomenklatur klar vor Augen zu führen: r1 liegt immer links von r2 auf dem Zahlenstrahl bzw. der x-Achse. Analog dazu gibt p1 die Anzahl der Perioden in r1 an, p2 die Anzahl in r2. Wir starten die eigentliche Hauptschleife, die so lange läuft, bis das Ergebnis gefunden ist. Wir legen den neuen Wert für r2 fest und belassen absichtlich einen print-Befehl im Code, sodass wir später die Iterationen bzw. den Konvergenzverlauf gegen die Sprungstelle nachvollziehen können. Wir berechnen p2 und prüfen danach: liegen r1 und r2 auf derselben Seite, haben also für p1 und p2 denselben Wert? In diesem Falle müssen wir auf dem Zahlenstrahl weiter nach rechts rutschen, machen also r2 zu unserem neuen r1 und starten danach die Schleife von vorne. Ist dies aber nicht der Fall und p1 und p2 haben unterschiedliche Werte, so teilen wir die *schrittweite* durch 2 und starten die Schleife erneut. In der nachfolgenden Iteration wird daher r2 wieder näher bei r1 liegen, also auf dem Zahlenstrahl nach links rutschen. Deutlich wird dies in Abbildung 2.7. Bei Iteration 9 haben r1 und r2 verschiedene Perioden, weshalb in Iteration 10 r2 wieder nach links rutscht. Der Vorgang geht so lange weiter, bis wir Sprungstelle approximiert haben. Probieren wir die Funktion mit einem Startwert von 2.7 aus, der also bereits sehr nahe am bekannten Wert von 3 liegt:

```
>>> sprungfinder(0.5, 2.7)
2.7 2.8000000000000003
2.8000000000000003 2.9000000000000004
2.9000000000000004 3.0000000000000004
2.9000000000000004 2.9500000000000006
2.9500000000000006 3.0000000000000004
2.9500000000000006 2.9750000000000005
2.9750000000000005 3.0000000000000004
2.9750000000000005 2.9875000000000003
2.9875000000000003 3.0000000000000004
2.9875000000000003 2.9937500000000004
2.9937500000000004 3.0000000000000004
2.9937500000000004 2.9968750000000006
2.9968750000000006 3.0000000000000004
2.9968750000000006 2.9984375000000005
2.9984375000000005 3.0000000000000004
2.9984375000000005 2.9992187500000003
2.9992187500000003 3.0000000000000004
2.9992187500000003 2.9996093750000004
2.9996093750000004 3.0000000000000004
2.9996093750000004 2.9998046875000006
2.9998046875000006 3.0000000000000004
2.9998046875000006 2.9999023437500005
2.9999
```

Wir sehen, dass langsam aber sicher der zu erreichende Punkt gefunden wird. Die Genauigkeit ist akzeptabel. Was passiert nun, wenn wir von einem Punkt aus starten, der zu weit entfernt vom zu findenden Punkt ist? Wir können dazu testweise 3.1 als Startwert nutzen. Eine grafische Veranschaulichung wird in Abbildung 2.7 dargestellt.

```
>>> sprungfinder(0.5, 3.1)
```

```
3.1 3.2
3.2 3.3000000000000003
3.3000000000000003 3.4000000000000004
3.4000000000000004 3.5000000000000004
3.4000000000000004 3.4500000000000006
3.4000000000000004 3.4250000000000007
3.4250000000000007 3.4500000000000006
3.4250000000000007 3.4375000000000004
3.4375000000000004 3.4500000000000006
3.4375000000000004 3.4437500000000005
3.4437500000000005 3.4500000000000006
3.4437500000000005 3.446875000000001
3.446875000000001 3.4500000000000006
3.446875000000001 3.4484375000000007
3.4484375000000007 3.4500000000000006
3.4484375000000007 3.4492187500000004
3.4492187500000004 3.4500000000000006
3.4492187500000004 3.4496093750000005
3.4492187500000004 3.4494140625000007
3.4494140625000007 3.4496093750000005
3.4494140625000007 3.4495117187500006
3.4495
```

Auch hier landen wir extrem nahe an der bekannten Sprungstelle. Erhöhen wir die Werte von r weiter stellen wir jedoch fest, dass keine echten Sprungstellen mehr gefunden werden können, da sich die Perioden extrem schnell und unberechenbar verändern. Hierbei versagt dann der Algorithmus, da er nur eine bestimmte Präzision einbeziehen kann. Wird das System chaotisch, erscheint eine klare Trennung nach Sprungstellen kaum mehr sinnvoll.

2.9 Drei Punkte

Ein klassisches Problem der Antike, das nach Apollonios von Perge auch als Problem des Apollonios bekannt ist, lautet folgendermaßen: Gegeben sind drei unterschiedliche Punkte in der Ebene. Wie kann ein Kreis konstruiert werden, der alle drei schneidet? Zur Ver-

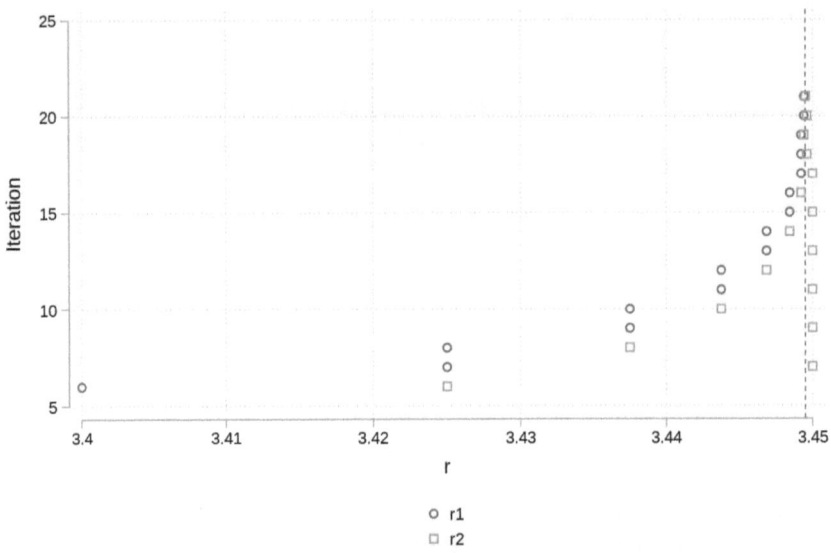

Abbildung 2.7: Iterationsverlauf für den Startwert 3.1. Die ersten Iterationen sind nicht dargestellt, damit die Skalierung nicht zu klein wird. Wie man sieht, gibt es nur zwei Fälle: entweder liegen r1 und r2 beide links der Sprungstelle, oder r2 liegt rechts davon.

anschaulichung kann folgende Abbildung (Abbildung 2.8) dienen.

Eine Lösung ist immer genau dann möglich, wenn es sich um drei voneinander verschiedene Punkte handelt und nicht alle drei Punkte auf einer Geraden liegen. In diesem Fall existiert keine Lösung. Wie kann dieses Problem gelöst werden, wenn man den Algorithmus nicht kennt? Als Ansatzpunkt kann die Definition eines Kreises dienen. Dieser ist festgelegt über seinen Mittelpunkt, also eine Koordinate in der Ebene, sowie seinen Radius, der den Abstand aller Punkte zum Mittelpunkt angibt. Die Idee ist also einen Punkt in der Ebene zu finden, der den gleichen Abstand zu allen drei gegebenen Punkten aufweist. Wie kann dieser Punkt gefun-

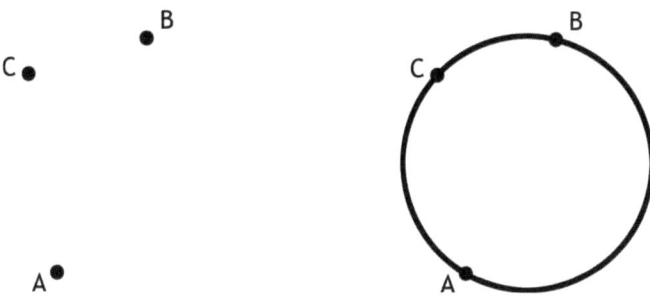

Abbildung 2.8: Drei Punkte sind gegeben, es soll ein Kreis gefunden werden, der sie alle schneidet.

den werden? Hier bietet sich ein iteratives Verfahren an. Man wähle einen beliebigen Startpunkt und messe die Entfernung zu allen drei Punkten, die wir im Folgenden mit A, B und C bezeichnen wollen. Es ist anzunehmen, dass am Anfang die Distanzen ungleich sind. Nun wird der gewählte Punkt leicht verändert und geprüft, wie sich die Distanzen verändern. Wenn sie sich angleichen, so ist der neue Punkt besser. Andernfalls muss ein anderer Punkt gewählt werden. Dieses Standardprinzip iterativer Optimierung funktioniert dann sehr gut, wenn es ein Maß der „Verbesserung" gibt. Wie aber stellen wir fest, ob ein neuer Punkt uns der Lösung tatsächlich näherbringt?

Dies ist kein triviales Problem und beinhaltet einige Fallen. Ziel muss es sein, dass die drei Distanzen am Ende gleich sind. Der Mittelwert der Distanzen ist somit nicht hilfreich, da der zu findende Radius unbekannt ist und der Wert keine Aussage darüber zulässt, ob wir uns dem wahren Mittelpunkt nähern. Vielversprechender scheint die Standardabweichung, also die mittlere Differenz aller drei Distanzen zum Mittelwert. Wird die Standard-

87

abweichung null, so sind alle drei Distanzen identisch und der Wert gefunden. Wir kommen der Lösung also näher, wenn die Standardabweichung kleiner wird und Richtung null geht, oder? Leider ist es nicht so einfach. Tatsächlich kann die Standardabweichung auch kleiner werden, wenn sich der Punkt vom wahren Wert *entfernt*. Wie kann das sein? Gehen alle drei Differenzen gegen unendlich, so wird ihr Unterschied zueinander kleiner und damit die Standardabweichung. Am Ende ist unser „Mittelpunkt" unendlich weit von A, B, und C entfernt, die Standardabweichung null und wir sind der Lösung ferner als jemals zuvor.

Ein Weg, der funktioniert, ist etwas aufwändiger und benötigt ein wenig Wissen über Vektoren und Geometrie, sollte aber zur Lösung führen. Wie schon beschrieben weist unser aktuell gewählter Punkt P zu jedem der gegebenen Punkte A, B und C einen Abstand auf, der immer positiv sein muss. Stellen wir uns nun einen Würfel vor, so können wir die Distanz A-P auf der x-Achse, die Distanz B-P auf der y-Achse und die Distanz C-P auf der z-Achse abtragen. Die Lösung ist dann gefunden, wenn diese Distanzen alle identisch sind. Offenbar befinden wir uns dann auf einer Geraden die durch den Ursprung und den Punkt $(1, 1, 1)$ führt. Zwar wissen wir am Anfang nicht, wo genau wir auf der Gerade landen, doch können wir festhalten, dass wir der Lösung umso näher kommen, je geringer der Abstand unsere Punktes von der Geraden wird. Diese Lösungsidee können wir nutzen. Zur Veranschaulichung dient Abbildung 2.9.

Zielsetzung muss es daher sein, den Abstand zwischen dem aktuell gewählten Punkt und der Geraden zu minimieren. Immer, wenn diese Differenz kleiner wird, kommen wir der Lösung näher. Es ist also etwas Mathematik notwendig. Wir definieren die Gerade g als Geradengleichung in Parameterform:

$$g : \vec{x} = \vec{b} + s\vec{u} \qquad (2.11)$$

Dabei wird $\vec{b}$ auch als Stützvektor bezeichnet, $\vec{u}$ als Richtungs-

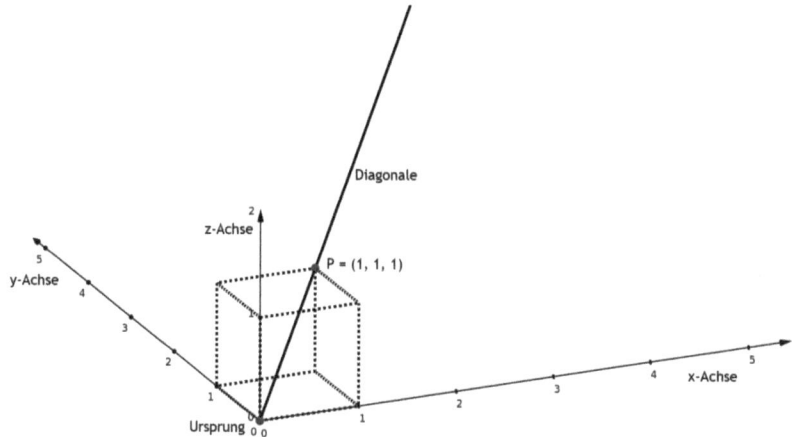

Abbildung 2.9: Auf den Achsen messen wir den Abstand zwischen dem aktuell gewählten Kreismittelpunkt und den Punkten A, B und C. Sobald diese drei Abstände identisch sind, landen wir auf der Diagonalen und der Kreismittelpunkt ist gefunden. P markiert den Punkt $(1, 1, 1)$.

Erstellt mit Geogebra.org

vektor und s ist ein Skalierungsfaktor. Als Stützvektor wählen wir den Ursprung des Koordinatensystems, sodass wir alleine $\vec{u}$ definieren müssen. In drei Dimensionen erhalten wir damit folgende Gleichung:

$$g : \begin{pmatrix} x_1 \\ x_2 \\ x_3 \end{pmatrix} = \begin{pmatrix} 0 \\ 0 \\ 0 \end{pmatrix} + s \begin{pmatrix} 1 \\ 1 \\ 1 \end{pmatrix} \tag{2.12}$$

Wie berechnen wir nun den Abstand eines Punktes zu einer Geraden?

$$d(p, g) = \frac{|(\vec{p} - \vec{b}) \times \vec{u}|}{|\vec{u}|} \tag{2.13}$$

89

Hierbei steht $\times$ für das Kreuzprodukt und die Betragsstriche stehen für die Länge bzw. Norm eines Vektors. Das Kreuzprodukt ist im dreidimensionalen Raum definiert als

$$\vec{a} \times \vec{b} = \begin{pmatrix} a_1 \\ a_2 \\ a_3 \end{pmatrix} \times \begin{pmatrix} b_1 \\ b_2 \\ b_3 \end{pmatrix} = \begin{pmatrix} a_2 b_3 - a_3 b_2 \\ a_3 b_1 - a_1 b_3 \\ a_1 b_2 - a_2 b_1 \end{pmatrix} \qquad (2.14)$$

Und die Länge eines Vektors als

$$|\vec{x}| = \sqrt{\vec{x} \cdot \vec{x}} = \sqrt{x_1^2 + x_2^2 + x_3^2} \qquad (2.15)$$

Damit hätten wir nun alle mathematischen Komponenten zusammengesucht, die wir zur Berechnung heranziehen müssen. Es bleibt die Umsetzung in Python. Wir verzichten auf eine Programmierung mit speziellen Objekten bzw. Klassen und nutzen simple Tuples oder Listen um unsere Vektoren darzustellen.

```
1  def norm(vektor):
2      """Betrag eines Vektors"""
3      return sum(x ** 2 for x in vektor) ** 0.5


6  def kreuzprodukt(a, b):
7      """Kreuzprodukt der Vektoren a und b"""
8      assert len(a) == len(b) == 3
9      return [a[1] * b[2] - a[2] * b[1],
10         a[2] * b[0] - a[0] * b[2],
11         a[0] * b[1] - a[1] * b[0]]


14 def geradenabstand(gerade, punkt):
15     """Abstand zwischen Gerade und Punkt
16     Die Gerade wird als Tuple aus Stuetzpunkt und
           Richtung gegeben.
17     Stuetzpunkt, Richtung und Punkt sind jeweils Listen
           der Laenge drei.
18     """
19     stuetzpunkt, richtung = gerade
```

```
20    abstand = [s - p for s, p in zip(stuetzpunkt, punkt)
      ]
21    return norm(kreuzprodukt(abstand, richtung)) / norm(
      richtung)
```

Bei der letzten Funktion nutzen wir *zip()*, um zwei Listen bzw. Tuples zusammenzufügen. Somit erhalten wir stets ein Tuple, das Elemente mit dem gleichen Index zusammenfasst, was die Iteration vereinfacht. Zum besseren Verständnis können wir noch ein einfaches Beispiel betrachten:

```
>>> x1 = [1, 2, 3]
>>> x2 = ["a", "b", "c"]
>>> list(zip(x1, x2))
[(1, 'a'), (2, 'b'), (3, 'c')]
```

Da mit *zip()* ein Generator erzeugt wird, nutzen wir *list()*, um alle Ergebnisse direkt anzuzeigen. Ansonsten könnten wir auch über die Elemente des Generators iterieren.

```
1  def punktabstand(x, y):
2      """Abstand zwischen zwei Punkten in 2D"""
3      assert len(x) == len(y) == 2
4      return ((x[0] - y[0]) ** 2 + (x[1] - y[1]) ** 2) **
       0.5
```

Zusätzlich erstellen wir eine Funktion, welche die Distanz zwischen zwei Punkten berechnet. Bleibt allerdings noch das Problem der drei Punkte, die auf einer Geraden liegen. Derartige Eingaben müssen wir erkennen, da ansonsten die Funktion später keine korrekte Lösung erzeugen kann. Solange für alle drei Punkte eine Koordinate identisch ist, ist dieses Problem trivial, also beispielsweise, wenn alle Punkte auf der x-Achse liegen. Doch was ist mit den anderen Fällen? Die Punkte $(1, 1)$, $(2, 2)$ und $(3, 3)$ wären ein solches Beispiel. Die Lösungsidee ist es, den Richtungsvektor zwischen A und B und danach zwischen B und C zu berechnen. Dabei muss also nur die Differenz der beiden Punkte berechnet werden (dies ist möglich, weil wir Punkte im Koordinatensystem als Vektoren auffassen können). Sind die berechneten Richtungsvektoren gleich, so liegen die Punkte auf einer Geraden.

```
1  def normiere_vektor(vektor):
2      laenge = norm(vektor)
3      return [x / laenge for x in vektor]


6  def liegt_auf_linie(punkt_a, punkt_b, punkt_c, toleranz)
       :
7      """ Testet, ob die Punkte A, B und C auf einer
           Geraden liegen"""
8      richtung_ab = normiere_vektor([a - b for a, b in zip
           (punkt_a, punkt_b)])
9      richtung_bc = normiere_vektor([b - c for b, c in zip
           (punkt_b, punkt_c)])
10     skalarprodukt = sum(x * y for x, y in zip(
           richtung_ab, richtung_bc))
11     return 1 - abs(skalarprodukt) < toleranz
```

Dazu definieren wir eine Funktion, die einen Vektor normiert, also seine Richtung beibehält, aber ihm die Länge 1 verpasst. Uns interessiert ja nicht, wie weit die Vektoren voneinander entfernt sind, sondern nur, ob sie in die gleiche Richtung zeigen. Mit der zweiten Hilfsfunktion *liegt_auf_linie()* prüfen wir dann, ob die Punkte auf einer Geraden liegen. Dazu berechnen wir zunächst die Vektoren von A nach B und von B nach C und normieren diese Vektoren. Danach berechnen wir das Skalarprodukt. Hierbei gilt, dass zwei Vektoren parallel liegen, wenn ihr Skalarprodukt 1 oder -1 ist. Dazu nutzen wir folgende Formel: $\vec{a} \cdot \vec{b} = a_1 b_1 + a_2 b_2 + a_3 b_3$.

Die nächste Funktion nimmt vier Punkte entgegen, die aktuelle Schätzung unseres Kreismittelpunkts sowie die drei gegebenen Punkte A, B und C. Anschließend berechnet sie die Distanz unserer Schätzung von der Zentralgerade in 3D wie oben dargelegt.

```
1  def berechne_abstand(vektor, a, b, c):
2      zentralgerade = ((0, 0, 0), (1, 1, 1)) # Stuetzpunkt
           und Richtung
```

```
3    distanzen = [punktabstand(vektor, p) for p in (a, b,
        c)]
4    abstand = geradenabstand(zentralgerade, distanzen)
5    return abstand, distanzen, vektor
```

Wir definieren die Zentralgerade, die immer gleich ist. Danach ermittelt wir die paarweisen Distanzen zwischen unserem geschätzten Kreismittelpunkt, den wir hier als Vektor auffassen und bezeichnen, sowie den drei gegebenen Punkten und speichern diese Informationen in einer Liste. Danach nutzen wir die bereits definierte Funktion *geradenabstand()* und ermitteln somit, wie weit unsere Schätzung von der Zentralgeraden entfernt ist. Zu guter letzte benötigen wir noch eine Funktion, die unseren aktuellen Mittelwert verschiebt und somit neue potentielle Mittelpunkte generiert. Wir lagern dies ebenfalls aus, damit die Hauptfunktion nicht zu lang wird. Eine einfache Umsetzung kann etwa wie folgt aussehen:

```
1  def verschiebe_vektor(vektor, koordinate, verschiebung):
2      if koordinate == 0:
3          return [vektor[0] + verschiebung, vektor[1]]
4      else:
5          return [vektor[0], vektor[1] + verschiebung]
```

Wir akzeptieren drei Argumente, den aktuellen Kreismittelpunkt, den wir wieder als Vektor auffassen, die Koordinate, die verschoben werden soll (wir verschieben jeweils entweder x- oder y-Koordinate aber nicht beide gleichzeitig) sowie die Distanz, um die verschoben werden soll. Da *koordinate* hier nur 0 oder 1 ist, gibt es nur zwei Bedingungen zu berücksichtigen. Schlussendlich haben wir alle Hilfsfunktionen erstellt und können uns nun deren Integration widmen.

```
1  import math
2  def kreisfinder(a, b, c, toleranz=0.01, maxiter=10**5):
3      if a == b or b == c or c==a:
4          raise ValueError("Drei verschiedene Punkte
              eingeben!")
5      if liegt_auf_linie(a, b, c, toleranz=0.1):
```

93

```
6            raise ValueError("Alle drei Punkte liegen auf
                einer Geraden!")
7        mittelpunkt = [(a[0] + b[0] + c[0]) / 3, (a[1] + b
             [1] + c[1]) / 3]
8        step = 1
9        abstand, distanzen, _ = berechne_abstand(mittelpunkt
             , a, b, c)
10       for iteration in range(maxiter):
11           kandidaten = []
12           for vorzeichen in (-1, 1):
13               for koordinate in (0, 1):
14                   kandidaten.append(berechne_abstand(
                         verschiebe_vektor(mittelpunkt,
                         koordinate, vorzeichen * step), a, b,
                         c))
15           neuer_abstand, neue_distanzen, neuer_mittelpunkt
                 = min(kandidaten)
16           if neuer_abstand < abstand:
17               abstand, distanzen, mittelpunkt =
                     neuer_abstand, neue_distanzen,
                     neuer_mittelpunkt
18           else:
19               step *= 0.5
20           if abstand < 0.01 * toleranz:
21               break
22       else:
23           raise ArithmeticError("Konvergiert nicht")

25       dist_a, dist_b, dist_c = distanzen
26       if not (math.isclose(dist_a, dist_b, abs_tol=
             toleranz)
27       and math.isclose(dist_a, dist_c, abs_tol=toleranz)):
28           raise ArithmeticError("Gefundener Punkt ist
                 nicht Kreismittelpunkt")
29       return (round(mittelpunkt[0], 3), round(mittelpunkt
             [1], 3)), round(dist_a, 3)
```

Die Funktion akzeptiert fünf Argumente: die drei gegebenen Punkte, die Toleranz, welche die Genauigkeit unseres Ergebnisses bestimmt, sowie die maximale Anzahl an Iterationen. Welche

Bedeutung dieser Wert hat werden wir gleich noch genauer besprechen. Danach prüfen wir direkt, ob Punkte identisch sind oder auch sonst auf einer Linie liegen. Sollte dies der Fall sein erzeugen wir eine Fehlermeldung. Wir berechnen danach eine erste Schätzung für den Kreismittelpunkt als einfacher Durchschnitt der gegebenen Punkte, damit ein Startwert vorhanden ist. Der *step*, der bestimmt, wie weit wir den Kreismittelpunkt bei der Suche nach besseren Positionen bewegen, wird anfangs auf 1 gesetzt. Auch berechnen wir für diese Werte nun den ersten Abstand unserer Schätzung zur Diagonalen. Hier benutzen wir Tuple-Unpacking. Da wir den dritten Rückgabewert nicht benutzen, entpacken wir diesen in eine nicht weiter genutzte Variable, die wir mit dem Unterstrich benennen. Es folgt die Hauptschleife, die spätestens dann abbricht, wenn die Iterationsgrenze erreicht wird. Dies ist eine Sicherung die verhindert, dass die Funktion zu lange läuft. So kann es nämlich sein, dass auch nach vielen Versuchen keine gute Lösung gefunden wird, was passieren kann, wenn die Punkte ungünstig liegen, etwa *fast* auf einer Gerade.

In der Hauptschleife legen wir eine leere Liste an, in der wir die neuen Mittelpunkts-Kandidaten sammeln. Wir hoffen, dass einer der Punkte dann eine bessere Schätzung ist als unser bisheriger Wert. Wir iterieren über die Vorzeichen und Koordinaten, was bedeutet, dass wir, ausgehend von unserem aktuellen Mittelwert, immer vier neue Koordinaten testen wollen. Diese sind entweder in horizontaler oder vertikaler Dimension um die Distanz *step* verschoben. Läge unser aktueller Wert etwa bei $(0, 0)$, so würden wir in der ersten Iteration die Werte $(1, 0), (0, 1), (-1, 0)$ und $(0, -1)$ ausprobieren. Über *verschiebe_vektor()* berechnen wir zunächst diese vier Punkte und berechnen dann, jeweils für jeden der vier Punkte, ob dieser Punkt eine Verbesserung mit sich bringt. Dies ist daran messbar, dass unser Punkt in der 3D Vorstellung der Diagonalen näher kommt. Somit wählen wir am Ende den kleinsten Wert mit Bezug zu diesem Abstandswert aus *kandidaten* aus. Wenn dieser

Wert tatsächlich kleiner ist als der bisherige Wert, so haben wir eine Verbesserung gefunden und übernehmen diese Werte in alle relevanten Variablen. Ist das aber nicht der Fall, so bedeutet dies, dass alle vier potentiellen Kandidaten nicht besser sind als die aktuelle Position. Das heißt, wir kommen dem wahren Mittelpunkt nicht mehr näher, was daran liegen kann, dass wir ihm bereits sehr nahe sind, aber *step* zu groß ist, um eine effektive Annäherung zu erlauben. In diesem Fall halbieren wir *step*. Zuletzt prüfen wir, ob wir dem wahren Mittelpunkt bereits sehr nahe sind und damit das die Schleife verlassen können. Ansonsten startet die nächste Iteration. Haben wir jedoch die Iterationsgrenze erreicht, wurde also niemals ein *break* innerhalb der Schleife ausgeführt, brechen wir ab und erzeugen eine Fehlermeldung.

Hat sich jedoch eine gute Näherung finden lassen, so können wir zuletzt noch eine Kontrolle durchführen. Dabei testen wir einfach, ob die Abstände zwischen dem gefundenen Mittelpunkt und allen drei gegebenen Punkte A, B und C ungefähr gleich groß sind. Ist dies der Fall, so ist die Probe erfolgreich und wir geben das Ergebnis aus. Andernfalls erzeugen wir eine Fehlermeldung. Nun können wir ein Beispiel berechnen. Dazu geben wir drei Punkte an.

```
>>> kreisfinder((2,2), (-5,1), (-1,-6))
((-1.085, -1.406), 4.595)
```

Wir erhalten den Kreismittelpunkt als Tuple sowie den Radius. Damit ist der Kreis gefunden und die Aufgabe gelöst.

Nachtrag: Decorators

Wenn wir das Verhalten von Funktionen verändern wollen, so können wir diese natürlich anpassen. Was aber, wenn wir das Verhalten *dynamisch* ändern wollen? Zudem möchten wir das Verhalten mehrerer Funktionen auf dieselbe Weise anpassen. Normalerweise müssten wir dazu jede Funktion für sich abändern. Um dieses Problem abzumildern gibt es in Python *Decorators*. Ein Decorator kann das Verhalten einer beliebigen Funktion dynamisch verändern und macht den Code somit flexibel.

Wir möchten uns in diesem Nachtrag ein Beispiel ansehen, das auf der vorher gezeigten Funktion *kreisfinder()* beruht. Diese Funktion nimmt drei Punkte in der Ebene entgegen und berechnet den Kreis, der alle drei schneidet. Die Ausgabe erfolgt als Tuple mit den Koordinaten des Kreismittelpunkts und dem Radius. Angenommen, wir müssten diese Funktion erweitern, nämlich insofern, als wir zusätzlich eine dritte Ausgabe nötig hätten, nämlich das aktuelle Datum, was für Protokollzwecke nützlich sein kann. Dazu müssten wir nun eigentlich die Funktion *kreisfinder()* anpassen, also entweder das Tuple vor der Ausgabe erweitern oder ein print-Statement einfügen. Geht es einfacher? Ja, mit einem Decorator. Die Grundidee ist es, Funktionen in Python als Objekte zu behandeln, die als Argumente in eine *andere* Funktion eingehen können. Dazu schreiben wir zunächst den Decorator, wie üblich als Funktion:

```
1  def date_adder(func):
2      date = "2020_03_04"
3      def inner(*args, **kwargs):
4          print("Aktuelles Datum:", date)
5          return func(*args, **kwargs)
6      return inner
```

Die neue Funktion *date_adder()* hat genau ein Argument, nämlich die Funktion, die wir modifizieren wollen. Wir wollen so flexibel wie möglich bleiben und sorgen mit *args und **kwargs dafür, dass alle nur denkbaren Argumente der zu dekorierenden Funktion (also in dem Fall von *kreisfinder()*) „durchgereicht" werden. Dann kommt unsere eigentliche Anpassung, nämlich die Anzeige des Datums. Danach wird die zu verändernde Funktion normal mit ihren Argumenten aufgerufen. Damit endet die innere Funktion. Nun brauchen wir in der äußeren Funktion nur *inner* als Rückgabe liefern. Achtung, die Funktion wird dabei *nicht* aufgerufen (sonst müsste man ja *inner()* schreiben)! Nun müssen wir allerdings noch dafür sorgen, dass der Decorator überhaupt aktiv wird. Da wir am Ende die Originalfunktion wie gehabt aufrufen wollen, wrappen wir diese in den Decorator. Dies erledigen wir direkt interaktiv und rufen danach alles testweise auf:

```
>>> kreisfinder = date_adder(kreisfinder)
>>> kreisfinder((2, 2), (-5, 1), (-1, -6), 3)
Aktuelles Datum: 2020_03_04
((-1.085, -1.406), 4.595)
```

Wir definieren dabei die Funktion einfach neu, also benutzen denselben Namen, und übergeben die Originalfunktion an den Decorator. Dann rufen wir die Funktion ganz normal auf, an der Handhabung hat sich also nichts geändert und wir müssen nichts weiter im Code anpassen, was bei längeren Skripten ein Segen ist. Wir bekommen das korrekte Ergebnis, aber vorher wird, wie gewünscht, zusätzlich das Datum angezeigt. Wichtig ist es zu verstehen, wann eine Funktion *aufgerufen* wird und wann man sie wie ein Objekt *behandelt*. Wenn man sich die Funktion als eine Maschine denkt, so „startet" man diese immer, wenn man Klammern benutzt, also etwa *func()* oder *func(argument)*, die Funktion wird dann also aktiv und liefert das gewünschte Ergebnis. Wird eine Funktion aber ohne diese Klammern verwendet, so ist es, als würde man die Maschine einfach herumtragen, in einer Liste ablegen oder gar an eine andere Maschine übergeben. Genau das machen wir hier. Wir nehmen eine zweite Maschine und übergeben die erste mit etwas Zusatzcode. Startet man nun die zweite Maschine, wird zuerst der Zusatzcode ausgeführt und dann die erste Maschine wie gewohnt gestartet. Man merkt das allerdings nicht, weil wir die zweite Maschine einfach in die erste umbenennen. Die Idee ist es nun, dass man diesen Decorator auf *beliebige* Funktionen anwenden kann, je nach Bedarf. Dazu ein Beispiel:

```
@date_adder
def addition(x, y):
    return x + y
```

Diese Funktion *addition()* können wir nun ebenfalls interaktiv ausführen:

```
>>> addition(1, 2)
Aktuelles Datum: 2020_03_04
3
```

Wir sehen, wie wir den Decorator alternativ mit @ anwenden können (etwas elegantere Syntax, die Funktionsweise ist identisch). Wichtig ist es, dass diese Aktion bei der *Definition* der Funktion angebracht werden muss, nicht beim Funktionsaufruf. Dies bedeutet, dass ein Decorator das Verhalten einer Funktion *global* modifiziert. Egal wo sie anschließend aufgerufen wird, wird immer gleichzeitig der Decorator aktiv. Zusammenfassend lässt sich festhalten, dass Decorators mächtige Werkzeuge sind, die in manchen Fällen eine schnelle, dynamische und umfassende Anpassung von einer oder mehrerer Funktionen erlauben. Für die in diesem Buch gezeigten, sehr übersichtlichen Beispielaufgaben, sind sie jedoch oftmals wenig sinnvoll. Insofern muss man sich genau überlegen, wann ein Decorator vorteilhaft eingesetzt werden kann und wann es einfacher ist, die Funktion an sich zu ändern.

2.10 Nahe beisammen

Gegeben ist eine Anzahl von Punkten in der Ebene (Abbildung 2.10). Zielsetzung ist es, das Punktepaar zu finden, dessen Abstand zueinander minimal ist. Klingt recht simpel, oder?

Einen naiven Algorithmus zu finden ist nicht schwierig. Man berechnet schlichtweg den Abstand zwischen allen nur denkbaren Paaren. Also von Punkt A zu B, danach von A zu C, von A zu D, usw... Bei n Punkten sind dies somit insgesamt $\frac{n(n-1)}{2}$ Operationen, also bei 1,000 Punkten annähernd eine halbe Million. Offenbar ist die Laufzeit dieses Algorithmus nicht gerade kurz, oder anders gefragt, geht es schneller? In der Tat. Aber setzen wir zunächst

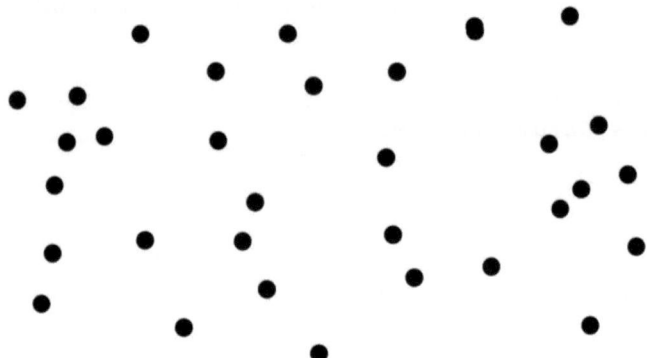

Abbildung 2.10: Welche zwei Punkte weisen zueinander die geringste Distanz auf?

den naiven Algorithmus um, den wir hier als Brute-Force Ansatz bezeichnen wollen. Für die Berechnung nutzen wir das Modul *itertools*, das dafür sorgt, dass wir alle Paarungen erwischen und dabei nicht doppelt zählen, also erst A zu B messen und später noch B zu A, da die Distanz offenbar symmetrisch ist. Hier lohnt es sich, einen Blick in die Arbeitsweise der Funktion *combinations()* zu werfen.

```
>>> from itertools import combinations
>>> x = ["A", "B", "C", "D"]
>>> for element in combinations(x, 2):
>>>     print(element)
('A', 'B')
('A', 'C')
('A', 'D')
('B', 'C')
('B', 'D')
('C', 'D')
```

Hierbei müssen wir nur darauf achten, dass *itertools* an dieser Stelle einen *iterator* auswirft, also einen Generator, der bei Bedarf alle denkbaren Kombinationen ausgibt. Dies können wir nun zur Berechnung nutzen. Den Abstand zweier Punkte in der Ebene können wir zudem wieder einmal mit Pythagoras ausrechnen, was wir in einer Hilfsfunktion tun.

```
1  from itertools import combinations
2  def abstand(p1, p2):
3      """Abstand zweier Punkte"""
4      xdiff = p1[0] - p2[0]
5      ydiff = p1[1] - p2[1]
6      return (xdiff ** 2 + ydiff ** 2) ** 0.5


9  def bruteforce(punkte):
10     """Findet die zwei Punkte mit der geringsten Distanz
           per Brute Force"""
11     return min(
12         (abstand(*punkte_paar), punkte_paar)
13         for punkte_paar in combinations(punkte, 2)
14     )
```

Tatsächlich können wir diese Funktion in einem Ausdruck unterbringen. *combinations()* generiert alle Paarungen für uns und hält diese in einem Generator bereit. Wir entnehmen jeweils eine Paarung in *punkte_paar*. Wir berechnen danach den Abstand mit der zuvor definierten Funktion und erstellen ein Tuple mit dem Abstand und der Paarung als Generator. Letztlich müssen wir über *min()* nur den kleinsten Wert für den Abstand heraussuchen und haben die Lösung gefunden.

Soweit, so langsam. Wie zuvor erläutert arbeitet sich diese Funktion durch schlichtweg alle Punkte und liefert so garantiert das richtige Ergebnis. Doch wir können schneller sein, wenn wir *teilen und herrschen*. Die Idee ist simpel: Wir haben ein Problem, das wir nicht lösen können, da es zu groß oder zu komplex ist. Wir zerteilen das Problem daher in kleinere Teilprobleme. Entweder ist nun jedes Teilproblem lösbar, oder aber, wir teilen es erneut auf. Das machen wir so lange, bis wir ein Problem vorfinden, das wir tatsächlich lösen können. Die Lösung propagieren wir danach wieder nach oben zurück, bis wir den Ursprung erreichen. Das klappt in diesem Fall deshalb, weil der Aufwand der Testung bei unserem Problem im naiven Algorithmus nicht linear wächst, sondern quadratisch. Doppelt so viele Punkte bedeuten eine *Vervierfachung* der Operationen.

Das Vorgehen ist nun wie folgt: Wir nehmen die Punkteliste und prüfen, wie viele Elemente sie enthält. Sind es weniger als fünf, so nutzen wir den naiven Algorithmus und geben das Ergebnis aus. Sind es aber mehr, so sortieren wir zunächst die Punkte nach ihrer x-Koordinate. Danach teilen wir die Punkte auf zwei gleich große Listen auf, die linke und die rechte Seite. Nun wenden wir den Algorithmus rekursiv auf jede Teilliste an. Entweder jede Liste ist kurz genug und wir erhalten direkt ein Ergebnis, oder aber wir teilen die Liste erneut. Letztlich erhalten wir so für jede Teilliste den minimalen Abstand. Nun können wir beide vergleichen und wissen somit, ob die somit gefundene obere Grenze auf der linken oder rechten Seite liegt. Damit bleibt nur ein Problem. Theoretisch kann der kürzeste Abstand auch zwischen Punkten bestehen, die in der jeweils anderen Liste liegen. Also P1 liegt links der Grenze, P2 liegt rechts davon und der Abstand P1-P2 ist kürzer als der, der in der linken und rechten Liste gefunden wurde. Hierbei nutzen wir eine einfache Überlegung. Wir nehmen die kürzeste bisher gefundene obere Schranke entweder aus der linken oder rechten Teilliste und bezeichnen diese mit δ. Wenn diese Schranke nun nicht auch die untere Schranke ist, muss demnach die noch zu findende Differenz kleiner als δ sein. Es kommen demnach nur Punkte in Frage, deren Abstand von der „Mittellinie" kleiner als δ ist (Abbildung 2.11).

Wir sammeln diese Punkte in L1 (links der Mitte) und L2 (rechts der Mitte). Im Mittel wird die Anzahl der Punkte in beiden Listen erheblich kleiner sein als die Gesamtpunktzahl, sodass wir hier nun wieder alle Paarungen testen können. Zudem müssen wir nur solche Paare testen, die auch tatsächlich auf verschiedenen Seiten der Mitte liegen, ansonsten wurden sie ja vorher schon getestet. Tatsächlich kann gezeigt werden, dass es sogar noch besser geht.

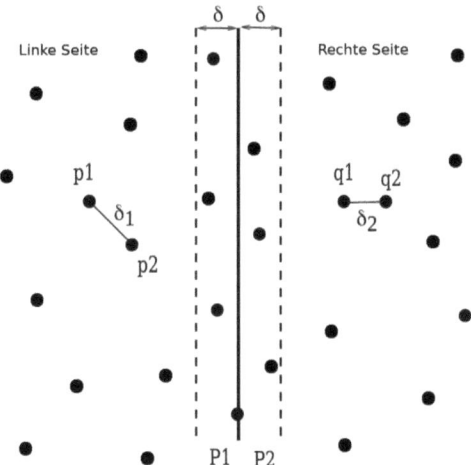

Abbildung 2.11: Sofern die Distanz eines Paares, deren Punkte auf verschiedenen Seiten der Mittellinie liegen kleiner sein sollen als die bisher kürzeste Distanz, so müssen sie innerhalb der gezeigten Box liegen. Es gilt: $\delta = min(\delta_1, \delta_2)$.

Urheber: *Subhash Suri*, UC Santa Barbara.

Da der Beweis an dieser Stelle jedoch nicht knapp dargestellt werden kann, wird auf die Literatur verwiesen.[10] Wir können diesen Ansatz nun ohne Probleme umsetzen. Da es sich um eine rekursive Funktion handelt, müssen wir daran denken, den *base case* festzulegen. Wird dieser erreicht, müssen die aufgerufenen Funktionen anfangen, *returns* zu produzieren, ansonsten ist die Rekursion unendlich. In unserem Fall ist der *base case*, dass eine Liste weniger als fünf Punkte enthält.

```
1  def mindistanz(punktliste):
2      """Findet die zwei Punkte mit der geringsten Distanz
           ueber Teilen und Herrschen"""
```

---

[10]Für eine Darstellung der verbesserten Suche siehe http://people.csail. mit.edu/indyk/6.838-old/handouts/lec17.pdf oder https://www.cs.cmu. edu/~ckingsf/bioinfo-lectures/closepoints.pdf.

```
3      laenge = len(punktliste)
4      if laenge < 5:        #Base Case
5          return bruteforce(punktliste)

7      punkte_links = punktliste[:laenge // 2]
8      punkte_rechts = punktliste[laenge // 2:]
9      min_links = mindistanz(punkte_links)
10     min_rechts = mindistanz(punkte_rechts)
11     d = min(min_links, min_rechts)[0]
12     limit_links = [p for p in punkte_links if abs(p[0] -
           punkte_rechts[0][0]) <= d]
13     limit_rechts = [p for p in punkte_rechts if abs(p[0]
           - punkte_links[-1][0]) <= d]
14     distanzen = [min_links, min_rechts]
15     for x in limit_links:
16         for y in limit_rechts:
17             distanzen.append((abstand(x, y), (x, y)))
18     return min(distanzen)
```

Die Funktion ist erstaunlich kompakt. Wir definieren den *base case* und rufen die naive Funktion auf, wenn die zu lösende Punkteliste sehr kurz ist. Ansonsten teilen wir die Liste (wir gehen davon aus, dass diese bereits sortiert ist!) in der Mitte. Hier setzt nun die Rekursion ein: Wir lassen jede Teilliste (*punkte_links* und *punkte_rechts*) mit genau der Funktion lösen, die wir gerade schreiben! Damit sind wir wie Baron Münchhausen und ziehen uns selbst am Schopf aus dem Sumpf, wir nehmen an dieser Stelle ja bereits an, dass unsere Funktion funktioniert. Wir „erhalten" somit direkt das Ergebnis für beide Teillisten und speichern in *d* den kürzesten Wert ab. Nun definieren wir zwei neue Liste, die wiederum Teillisten der anderen Listen sind. Dabei setzen wir jeweils den Punkt, der der Mitte am nächsten ist (also jeweils die Enden der Liste darstellen) als Referenzen und messen von diesem Wert aus den Abstand. Wir nehmen also nur Punkte auf, die innerhalb der gezeigten Box liegen können. Wir erzeugen dann eine neue, letzte Liste, *distanzen*. In dieser speichern wir nun alle Paarungen aus *limit_links* und *limit_rechts*. Wir iterieren über alle Elemente und berechnen die Distanzen. Am Ende müssen wir nur noch den kleinsten Wert ausgeben und sind fertig.

Wer bei Rekursionen Kopfschmerzen bekommt sollte sich ein einfaches Beispiel mit einer kurzen Liste ausdenken und dieses entweder mit Stift und Papier oder in der Konsole selbst unter Einbezug von print-Statements nachvollziehen. Nun bleibt uns nichts mehr Anderes übrig, als zu testen, ob wir halten können, was wir versprochen haben. Sind wir wirklich schneller, hat es sich gelohnt? Dazu schreiben wir eine Hauptfunktion mit einem Test.

```
1  import time
2  import random

4  def timetest():
5      random.seed(1234)
6      allepunkte = [(random.random() * 100, random.random
           () * 100) for i in range(5000)]
7      start = time.monotonic()
8      print(bruteforce(allepunkte))
9      print(time.monotonic() - start)

11     start = time.monotonic()
12     allepunkte.sort()
13     print(mindistanz(allepunkte))
14     print(time.monotonic() - start)
```

Wir legen einen Seed fest, damit wir die Zufallspunkte bei einem wiederholten Aufruf nachvollziehen können und bauen eine Liste, die zufällige Punkte enthält. Dann stoppen wir die Zeit, einmal naiv, einmal mit Rekursion. Bei der Rekursionsvariante müssen wir noch daran denken die Liste zu sortieren. Was ist der Unterschied?

```
>>> timetest()
(0.012268040707845339, ((88.13955858203019,
    90.2421702279523), (88.14403029179554,
    90.23074619037429)))
7.409728050231934
(0.012268040707845339, ((88.13955858203019,
    90.2421702279523), (88.14403029179554,
```

```
    90.23074619037429)))
0.06520891189575195
```

Tatsächlich haben wir uns von 7.41 auf 0.065 Sekunden verbessert, also um den Faktor 113! Das ist nicht unerheblich und zeigt auf, was sich durch etwas Nachdenken erreichen lässt. Zudem haben wir nicht einmal die *beste* Version implementiert, sodass noch Luft nach oben ist.

Aufgaben

1. Im gezeigten Beispiel sortieren wir die Punkteliste in der Hauptfunktion und nicht in der eigentlichen Rekursionsfunktion, was ein Problem darstellt. Möchte jemand etwa die Funktion in sein Skript laden und importiert dabei die Datei als Modul, so wird es falsche Ergebnisse geben, da die Liste nicht zwangsläufig am Anfang sortiert wird. Eine einfache Lösung wäre es, das Sortieren in die Rekursion aufzunehmen, hat aber den Nachteil, dass jedes Mal, wenn die Funktion sich selbst aufruft, wieder sortiert wird, was unnötig ist, da die Sortierung sich ja, selbst nach dem Teilen, nicht ändert. Somit würde dies eine unnötige Verlangsamung darstellen. Schreiben Sie die Funktion *mindistanz()* so um, dass eine Sortierung nach x-Koordinate gewährleistet ist und dennoch die Geschwindigkeit nicht leidet. Tipp: Sie werden eine Funktion innerhalb der Funktion definieren müssen.

Nachtrag: *args und **kwargs

In dieser Aufgabe haben wir den *unpacking operator* benutzt, der meist als *args* bezeichnet wird (die Bezeichnung *args* ist beliebig, die Kennzeichnung im Code erfolgt über den Operator *). Dieser Operator ist dann sehr nützlich, wenn wir eine Funktion definieren, aber eine *beliebige* Anzahl an Argumente zulassen wollen. Wir haben bereits mehrfach gesehen, wie wir eine einfache Funktion erstellen können, die genau zwei Zahlen addiert. Was ist, wenn wir mehr als zwei haben? Zudem, was ist, wenn wir nicht nur eine Addition, sondern beispielsweise auch eine Multiplikation erlauben wollen? Durch *args* sind wir hier flexibel.

```
1  def rechenmaschine(operator, *args):
2      if operator == "plus":
3          return sum(args)
4      if operator == "mal":
5          res = 1
6          for element in args:
7              res *= element
8          return res
```

Unsere Funktion akzeptiert allem Anschein nach nur genau zwei Argumente, die Art der Rechenoperation sowie *args*. Wir benutzen hier das Sternchen und signalisieren damit, dass wir eine beliebige Anzahl an weiteren Argumenten zulassen. Python wird später für uns alle zusätzlichen Argumente in einem Tuple sammeln. Je nach Art der Operationen führen wir dann entweder eine Addition oder eine Multiplikation durch. Wie man sieht behandeln wir intern *args* wie eine ganz normale Liste bzw. ein Tuple und können es als *iterator* auffassen. Testen wir nun diese Funktion.

```
>>> rechenmaschine("plus", 1, 2, 3)
6
>>> rechenmaschine("mal", 1, 2, 3, 4)
24
```

Wie wir sehen, ist es egal, wie viele Argumente wir hinzufügen. Zu betonen ist dabei, dass wir diese nicht vorher in einer Liste oder einem Tuple sammeln, wir übergeben also *nicht* eine Liste mit beliebig vielen Elementen, sondern tatsächlich eine beliebige Anzahl an Parametern selbst. Indem wir die Funktion mit *args* definiert haben, kann Python dies flexibel handhaben. Dies zeigt auch auf, dass dieser Trick nur funktioniert, wenn dies bei der Definition berücksichtigt wurde. Sofern wir Pythons interne Funktionen be-

107

nutzen müssen wir daher vorher nachsehen oder ausprobieren, ob *args* erlaubt ist.

Analog dazu existieren noch **kwargs*, die quasi wie ein *Dict* behandelt werden. Dies kann sinnvoll sein, wenn man beispielsweise eine Funktion schreibt, die verschiedene Optionen akzeptiert, aber vorher nicht klar ist, wie genau diese heißen bzw. wie viele vorhanden sind.

```
def anzeiger(name, **kwargs):
    print("Hallo", name)
    for key, value in kwargs.items():
        print(key, value)

>>> anzeiger("User", Tag = 1, Ort = "Westen", Flag =
    True)
Hallo User
Tag 1
Ort Westen
Flag True
```

Grundsätzlich dürfen *args* und **kwargs* auch beide gleichzeitig in einer Funktion vorkommen, müssen jedoch immer am Ende stehen.

2.11 Backtracking

Unter Backtracking versteht man das Lösen eines Problems durch systematisches Ausprobieren aller Möglichkeiten. Es handelt sich hierbei also um eine Brute-Force Methode, die in bestimmten Fällen sehr nützlich sein kann. Sofern die Aufgabe nicht zu viele Möglichkeiten umfasst, kann Backtracking ein intelligenter Lösungsansatz sein. Als Beispiel kann man etwa das Lösen eines Labyrinths anführen. An einer Weggabelung wählt man immer die Wege von rechts nach links und markiert einen bereits gewählten Weg. Erreicht man eine Sackgasse, so kehrt man bis zur letzten ungenutzten Abzweigung zurück. Bei konsequenter Anwendung wird man somit irgendwann garantiert das Ende erreichen (wobei man im schlechtesten Falle alle Gänge ausprobieren musste). Notwendig sind dazu nur eine Entscheidungsregel und das Speichern bzw. Notieren aller bereits beschrittenen Pfade. Ein Pfad wird auf diese Weise maximal ein Mal begangen.

Als angewandtes Beispiel wollen wir das Problem des Springers betrachten (Abbildung 2.12). Dabei geht es darum, auf einem leeren Schachfeld den Springer so zu bewegen, dass er jedes der 64 Felder genau ein Mal betritt. Der Start ist dabei in einer der Ecken. Durch Ausprobieren wird man feststellen, dass dies nicht einfach ist und man oftmals eine Position erreichen wird, in der kein gültiger Zug auf ein bisher nicht betretenes Feld mehr möglich ist. Die Idee zur Lösung ist folgende: der Springer startet und wählt zufällig ein nicht betretenes Feld aus. Dies wird so lange durchgeführt, bis er eine „Sackgasse" erreicht, also nicht mehr ziehen kann, ohne die Regel zu verletzen. Er geht dann zurück zum letzten Feld, in dem noch eine Abzweigung nicht betreten wurde. Die Sackgasse wird „gespeichert" und nie wieder betreten.

Die Aufgabe wird zunächst in verschiedene Unteraufgaben bzw. Funktionen aufgeteilt. Zunächst muss das Schachbrett numerisch repräsentiert werden. Eine Möglichkeit ist dabei ein kartesisches Koordinatensystem, wobei jedes Spielfeld über zwei Koordinaten (Zeile und Spalte) definiert ist. Zur Beschleunigung der Berechnung betrachten wir im Beispiel ein Schachfeld mit nur 25 Feldern, also fünf Zeilen und Spalten. Wir werden das Programm allerdings so gestalten, dass die Feldgröße beliebig festgelegt werden kann, wobei zu beachten ist, dass nicht für alle Feldgrößen auch Lösungen existieren. Feld $(0, 0)$, das wir in der oberen linken Ecke betrachten wollen, hätte damit die Feldnummer 0, das Feld $(4, 4)$ liegt in der unteren rechten Ecke mit Feldnummer 24.

Dann benötigen wir eine Hilfsfunktion, die alle noch möglichen Züge ausgibt. Beachtet werden müssen dabei die Ränder des Spielbretts, die legalen Zugmöglichkeiten des Springers, sowie die bereits

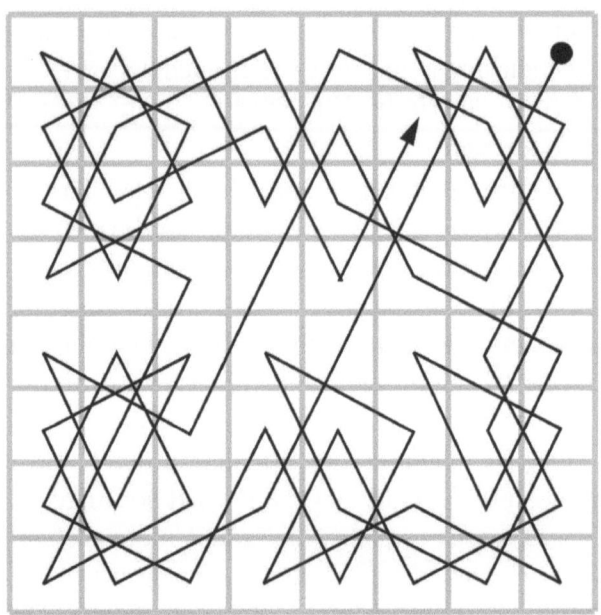

Abbildung 2.12: Ein möglicher Weg, den der Springer beschreiten kann und jedes Feld nur genau ein Mal besucht

Urheber: *Jan.Kamenicek* (Wikimedia Commons)

besuchen Felder.

```
1 def feldfinder(position, pfad, sackgassen, size):
2     """ Findet alle Felder auf die ein Springer von
          Position aus springen kann.
3         Felder, die schon auf dem Pfad liegen oder in
              einer Sackgasse enden werden ignoriert.
4     """
5     posfelder = []
6     for a, b in [(-2, -1), (-2, 1), (-1, -2), (-1, 2),
7         (1, -2), (1, 2), (2, -1), (2, 1)]:
8         a += position[0]
9         b += position[1]
```

110

```
10        if 0 <= a <= size - 1 and 0 <= b <= size - 1:
11        # Position liegt noch innerhalb des Feldes
12            if (a, b) not in pfad and (pfad + [(a, b)])
                 not in sackgassen:
13                posfelder.append((a, b))
14     return posfelder
```

Die Funktion akzeptiert vier Argumente: die aktuelle Position des Springers, den aktuell beschrittenen Pfad (also eine Liste mit allen Feldern, die er seit dem Start betreten hat), eine Liste mit allen bereits beschrittenen Pfaden, die in einer Sackgasse geendet haben, sowie die Spielfeldgröße. Wir legen eine leere Liste an, in der mögliche Zugfelder gespeichert werden. Danach iterieren wir über alle denkbaren Positionen. Wie man leicht nachprüfen kann, gibt es für einen Springer maximal acht mögliche Züge (natürlich weniger, wenn er etwa am Rand steht). Diese können wir manuell durchgehen und speichern diese in einer Liste. Wir berechnen für jede Möglichkeit das neue Feld und prüfen, ob dieses überhaupt noch im Spielfeld liegt. Ist dies der Fall, so sehen wir nach, ob es auf der aktuellen Route bereits betreten wurde oder aber, ob es ein gesperrtes Feld ist, das nicht mehr betreten werden darf. Dazu „realisieren" wir den Zug und fügen diesen testweise dem aktuellen Pfad hinzu. Taucht aber diese Route dann bereits in *sackgassen* auf, so haben wir eine alte Sackgasse gefunden und der Zug muss aussortiert werden. Sind hingegen diese Eventualitäten ausgeschlossen, kann das Feld als potentielle Zugmöglichkeit in *posfelder* aufgenommen werden.

Nun kann die eigentliche Hauptfunktion *main()* erstellt werden. Diese benutzt *feldfinder()*, um die legalen Zugmöglichkeiten zu finden und implementiert ansonsten nur noch die allgemeine Logik des Backtrackings.

```
1  def springer_problem(size=5):
2      startpos = (0, 0)
3      pfad = [startpos]
4      sackgassen = []
```

```
5      iteration = 1
6      while len(pfad) < size ** 2:
7          iteration += 1
8          # Alle weiteren moeglichen Zuege generieren:
9          moves = feldfinder(pfad[-1], pfad, sackgassen,
               size)
10         if moves:
11             pfad.append(moves[0])
12         elif pfad == [startpos]:
13             raise ValueError("Spielfeld nicht loesbar")
14         else:
15             #Backtrack wenn Sackgasse:
16             sackgassen.append(pfad)
17             pfad = pfad[:-1]
18     print("Iterationen:", iteration)
19     print(pfad)
20     print([b * size + a for a, b in pfad])
```

Unsere Funktion akzeptiert als Argument nur die Spielfeldgrö-ße, die wir hier als Default auf 5 setzen. Wir initialisieren die Startposition des Springers und legen in *pfad* eine Liste an, in der die aktuelle Route gespeichert wird. Zu Beginn enthält diese nur die Startposition. Mit *sackgassen* benutzen wir eine zweite Liste, in der wir Pfade abspeichern, die wir ausprobiert haben und nicht mehr benutzt werden sollen. In *iterationen* speichern wir ab, wie oft die Hauptschleife durchlaufen wurde. Diese läuft dann so lange, bis der Pfad eine maximale Länge erreicht hat. Dies ist offenbar dann der Fall, wenn jedes Feld genau ein Mal betreten worden ist.

Wir erhöhen den Zähler um 1 und nutzen unsere zuvor definierte Hilfsfunktion, um in *moves* mögliche Nachfolgezüge abzuspeichern. Sollte diese Liste nicht leer sein, wählen wir den erstbesten Zug aus, fügen diesen an unseren aktuellen Pfad an und können die Schleife von vorne beginnen. Da unsere Hilfsfunktion bereits prüft, dass der Zug auch wirklich legal und noch nicht betreten ist, sind keine weiteren Prüfungen notwendig. Ist die Liste allerdings leer, so zeigt dies, dass kein legaler Zug von der aktuellen Position mehr möglich ist. Dann prüfen wir, ob wir auf dem Startfeld stehen. Ist dies der Fall, so haben wir eine Situation erreicht, in der eine Lösung unmöglich ist. Dies kann bei bestimmten Feldgrößen auftreten. Stehen wir allerdings nicht auf dem Startfeld, so sind wir in einer Sackgasse gelandet. In diesem Fall führen wir nun das eigentliche Backtracking durch. Wir fügen die aktuelle Route den *sackgassen* hinzu um zu speichern, dass wir diese in Zukunft nicht mehr benutzen wollen. Danach löschen wir den zuletzt gemachten Zug und starten die Schleife neu. Da wir *sackgassen* mit einem Update versehen haben, kann beim nächsten Durchlauf *feldfinder()* nicht mehr den gleichen Zug finden.

Haben wir auf diese Weise alle Möglichkeiten durchprobiert, so ist das Feld entweder als unlösbar deklariert oder wir haben einen Weg gefunden. In diesem Fall lassen wir uns einige Statistiken ausgeben und zeigen den Weg des Springers an, damit wir ihn bei Bedarf nachvollziehen können. Nun können wir die Funktion testen.

```
>>> springer_problem()
Iterationen:  9995
[(0, 0), (1, 2), (0, 4), (2, 3), (0, 2), (1, 0), (3, 1),
   (4, 3), (2, 4), (0, 3), (1, 1), (3, 0), (2, 2), (1,
   4), (3, 3), (4, 1), (2, 0), (0, 1), (1, 3), (3, 4),
   (4, 2), (2, 1), (4, 0), (3, 2), (4, 4)]
[0, 11, 20, 17, 10, 1, 8, 19, 22, 15, 6, 3, 12, 21, 18,
   9, 2, 5, 16, 23, 14, 7, 4, 13, 24]
```

Aufgaben

1. Nach H. C. von Warnsdorf gibt es eine einfache Heuristik, um die Lösung zu beschleunigen. Dabei soll der Springer immer auf das Feld ziehen, von dem er anschließend die wenigsten weiteren Züge zur Verfügung hat. Ergänzen Sie diese Regel in dem vorliegenden Programm und prüfen Sie, ob sich die Geschwindigkeit dadurch verbessern lässt.

2. Die aktuelle Aufgabe wurde zur Abwechslung einmal *nicht*

113

mittels Rekursion gelöst. Schreiben Sie eine Funktion, die Backtracking und Rekursion kombiniert und ebenfalls zum Ziel führt.

3. Sudoku ist ein beliebtes Rätsel, bei dem in einem 9x9 Felder großem Quadrat die Zahlen von 1 bis 9 in jeder Zeile, Spalte und in jedem der neun Quadranten nur genau ein Mal vorkommen dürfen. Schreiben Sie eine Funktion, die ein ungelöstes Sudoku akzeptiert und es mittels Backtracking löst. Tipps:

   (a) Überlegen Sie sich zunächst, wie ein Sudoku-Spielfeld in Python repräsentiert werden kann.

   (b) Schreiben Sie eine Funktion, die prüft, ob das Sudoku erfolgreich gelöst wurde und jedes Feld mit einer Nummer versehen ist.

   (c) Schreiben Sie eine Funktion, die für ein gegebenes Feld prüft, welche Zahlen noch in Frage kommen. Diese können dann systematisch durchprobiert werden.

Kapitel 3

Statistik und Simulationen

Python eignet sich ausgezeichnet für statistische Analysen und genießt in der jungen Wissenschaft der *Data Sciences* einen hervorragenden Ruf. Für die folgenden Beispiele verzichten wir aber auf die enormen Möglichkeiten, die zusätzliche Pakete wie beispielsweise *NumPy* oder *Pandas* bieten und beschränken uns auf die Bordmittel, die bereits vielerlei Auswertungen zulassen. Auch umfassende Simulationen lassen sich in Python schnell konstruieren und erlauben so den Verzicht auf analytische Berechnungen. Das ist sehr nützlich, wenn eine solche analytische Lösung nicht vorhanden oder äußerst komplex ist. Simulationen basieren letztlich auf Zufallszahlen und davon abgeleitete Funktionen, die in Python im Modul *random* verfügbar sind.

3.1 Speedtest

Bereits in früheren Aufgaben sollte die Laufzeit von Programmen gemessen werden. Dies kann äußerst hilfreich sein, beispielsweise für Benchmarks oder auch um festzustellen, welche Implementierung einer Aufgabe am schnellsten ist. Bisher waren die Messansätze allerdings naiv und basierten auf genau einem Durchgang.

Jedoch scheint es offensichtlich, dass ein solcher Wert verzerrt sein kann, beispielsweise, weil auf jedem Computer gleichzeitig viele Programme laufen und Rechenzeit beanspruchen. Verschiedene Methoden können angewandt werden, um ein besseres Ergebnis zu erhalten. Eine Möglichkeit besteht darin, die zu berechnende Aufgabe wiederholt durchzuführen und die gemessenen Zeiten zu mitteln. Somit kann der Effekt von extremen Zeiten bzw. Ausreißern gemindert werden. Zudem ist es bequemer, mehrere Funktionen direkt gegeneinander zu testen, statt diese einzeln aufrufen und timen zu müssen. Wir werden daher im Folgenden eine Funktion erstellen, die eine beliebige Anzahl zu testender Funktionen akzeptiert und deren Geschwindigkeit bestimmt. Ebenso können wir die Reihenfolge, in der die Testung der Funktionen erfolgt, randomisieren, um auf diese Weise Positionseffekte zu vermeiden.

```
1  import time
2  import random
3  import statistics as stats

5  def speedtest(funktionen, n):
6      assert isinstance(funktionen, list)
7      zeiten = {f: [] for f in funktionen}
8      for durchgang in range(n):
9          random.shuffle(funktionen)
10         for funktion in funktionen:
11             start_time = time.monotonic()
12             funktion()
13             end_time = time.monotonic()
14             zeiten[funktion].append(end_time -
                   start_time)
15     for funktion, laufzeit in zeiten.items():
16         print(f"{funktion}: {stats.mean(laufzeit):.4f} |
               {stats.median(laufzeit):.4f}")
```

Zunächst importieren wir drei Module, deren Funktionen wir benötigen. Lange Modulnamen können wir zur Vereinfachung abkürzen und ein eigenes Kürzel einführen. Die Funktion, die wir erstellen, akzeptiert zwei Argumente: eine Liste mit allen Funktionen, die wir testen wollen, sowie die Anzahl der Durchgänge. Hier wird deutlich, dass wir Funktionen in Python genau wie andere Objekte behandeln können und daher auch anderen Funktionen zuführen können. Je mehr Durchgänge wir wählen, desto präziser wird unser Ergebnis werden. Zudem prüfen wir, dass die Funktionen als Liste und nicht etwa als Tuple übergeben werden, da wir nur Listen zufällig durchmischen können. Danach initialisieren wir ein *Dict*, in dem wir die Ergebnisse der Durchgänge für jede Funktion abspeichern. Da Funktionen in Python *immutable* (unveränderlich) sind, können wir sie direkt als *keys* verwenden. Es startet eine Schleife, die so lange läuft, bis alle Durchgänge abgearbeitet sind. In jedem Durchgang wird dann die Reihenfolge der Funktionen randomisiert und jede Funktion ausgeführt. Die Zeit wird dabei über die Differenz der beiden Zeitstempel gemessen. Wir fügen die Zeiten in das *Dict* den jeweiligen Funktionen hinzu. Abschließend lassen wir uns die Ergebnisse ausgeben. Wir iterieren über alle *keys* und *values* im *Dict* und nutzen F-Strings für eine saubere Darstellung.

Aufgaben

1. Benutzen Sie den Speedtest, um verschiedene Implementierungen derselben Funktionen aus früheren Beispielen gegeneinander zu testen.

2. In einem früheren Beispiel haben wir Decorators kennengelernt (Seite 96). Schreiben Sie einen Decorator, der dynamisch an beliebigen Funktionen „angebracht" werden kann und dann die Zeitdauer angibt, wie lange die Ausführung einer Funktion gedauert hat.

3. Damit man an *speedtest()* auch Funktionen mit Argumenten übergeben kann, kann man beispielsweise *functools.partial()*

nutzen. Erstellen Sie ein solches Beispiel. Eine Anwendung findet sich auch auf Seite 206.

3.2 Pi (mal wieder)

Bereits in einer früheren Aufgabe haben wir die Kreiszahl Pi beliebig genau berechnet. Folgende Aufgabe hat eine ähnliche Zielsetzung, wird dabei allerdings statistisch vorgehen. Die Grundidee dabei ist es, wiederholt Zufallspunkte zu ziehen und zu testen, ob diese inner- oder außerhalb einer Kreisfläche liegen (Abbildung 3.1). Werden ausreichend viele Punkte gezogen, kann auf diese Weise Pi näherungsweise bestimmt werden.

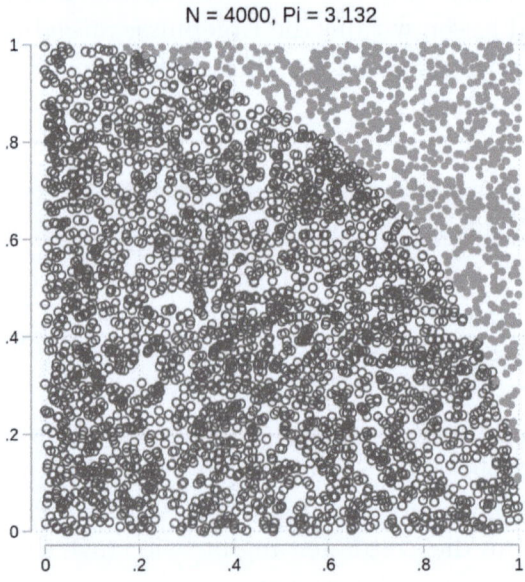

Abbildung 3.1: Simulation zufällig gezogener Punkte. Die hohlen liegen innerhalb des Kreises, die anderen außerhalb.

Die Grundidee ist wie folgt. In ein Quadrat mit der Seitenlänge 2 (also mit einer Fläche von 4) wird ein Inkreis mit Radius 1 eingezeichnet. Die Fläche des Kreises ist $r^2\pi$, die Fläche des Quadrats $(2r)^2$. Nun wählen wir zur Vereinfachung nur ein Viertel des Quadrats aus, welches somit die Fläche 1 hat. Es gilt:

$$A_{Total} = r^2 = 1 \qquad (3.1)$$

Die Fläche des Kreises innerhalb des Quadrats können wir folgendermaßen berechnen:

$$A_{Kreis} = \frac{1}{4}r^2\pi \qquad (3.2)$$

Offenbar taucht Pi in dieser Formel auf. Stellen wir die Gleichung um, so ergibt sich Pi als:

$$\pi = 4 \cdot \frac{A_{Kreis}}{r^2} = 4 \cdot A_{Kreis} \qquad (3.3)$$

Die Lösungsidee ist nun wie folgt. Wir ziehen aus dem Quadrat zufällig Punkte und prüfen für jeden Punkt, ob er innerhalb oder außerhalb des Kreises liegt. Wir brauchen dazu nur seinen Abstand zum Ursprung berechnen. Auf diese Weise können wir die Kreisfläche über den Anteil der innen liegenden Punkte approximieren. Haben wir diese Fläche gefunden, haben wir damit auch Pi. Eine Umsetzung als Funktion ist kompakt geschrieben.

```
1  import random
2  def pi2(n):
3      innen = 0
4      for i in range(n):
5          x, y = random.random(), random.random()
6          distanz = (x ** 2 + y ** 2) ** 0.5
7          if distanz <= 1:
8              innen += 1
9      return 4 * (innen / n)
```

Wir erstellen eine Schleife, in der jedes Mal ein zufälliger Punkt zwischen null und eins gezogen wird, was über eine x- und y-Koordinate umgesetzt wird. Dann berechnen wir über den Satz des Pythagoras den Abstand dieses Punktes vom Kreismittelpunkt. Ist dieser kleiner oder gleich dem Radius, so wissen wir, dass der Punkt innerhalb des Kreises liegt. Ist dies nicht der Fall, muss er logischerweise außerhalb liegen. Abschließend müssen wir nur auszählen, wie oft ein Punkt innerhalb gelandet ist.

```
>>> pi2(10**6)
3.141664574393
```

Auch wenn diese Methode funktioniert, ist sie nicht sonderbar effizient. Um eine halbwegs brauchbare Näherung von Pi zu erhalten, braucht es durchaus 10^6 Punktziehungen.

Aufgaben

1. Berechnen Sie Pi mittels statistischer Methode für 10^2, 10^3, 10^4, 10^5, 10^6 und 10^7 Ziehungen, jeweils 50 Mal. Wie viele korrekte Stellen werden dabei im Schnitt erzielt?

2. Das Monty-Hall-Problem, auch als Ziegenproblem in der Literatur bekannt, entstammt einer bekannten amerikanischen Spielshow. Der Ablauf ist dabei recht simpel: ein Gewinn und zwei Nieten (Ziegen) sind hinter drei Türen verborgen. Der Kandidat entscheidet sich für eine der Türen (z.B. Tür 2). Anschließend öffnet der Spielleiter eine Tür mit einer Niete (z.B. Tür 1). Nun hat der Kandidat die Möglichkeit, seine ursprüngliche Entscheidung zu revidieren oder an ihr festzuhalten. Die Frage ist nun: Kann der Kandidat seine Gewinnchancen erhöhen, wenn er nach der Öffnung der ersten Tür seine Wahl abändert? Wir gehen davon aus, dass der Spielleiter grundsätzlich eine Tür mit einer Niete öffnet. Definieren Sie eine Funktion, welche die Gewinnchancen des Kandidaten

für beide Entscheidungen (Wechsel oder Beibehalten) mittels Simulation approximiert.

3. Die Wahrscheinlichkeit, dass aus einer Gruppe von n Personen mindestens zwei am selben Tag Geburtstag haben, lässt sich mit folgender Formel berechnen:

$$P(G) = 1 - \frac{365!}{(365 - n!) \cdot 365^n} \tag{3.4}$$

Schreiben Sie ein Programm, das diese Aufgabenstellung statistisch löst und die Wahrscheinlichkeit approximiert. Implementieren Sie zusätzlich die gezeigte Formel und vergleichen Sie die Ergebnisse.

4. Bekannterweise sind die Gewinnchancen beim Lottospielen relativ gering. Implementieren Sie eine Funktion, die die Ziehung der Lottozahlen 6 aus 49 simuliert (inklusive der Zusatzzahl). Füttern Sie die Funktion mit ihren eigenen Lottozahlen und finden Sie heraus, welchen „Gewinn" sie nach 50 Jahren Lottospielen insgesamt erreicht haben. Nehmen Sie dabei an, dass ein Spiel 1.50 kostet. Die Gewinnquoten sind der nebenstehenden Tabelle (Tabelle 3.1) zu entnehmen.

Nachtrag: Modul Random

Simulationen und Zufallsziehungen werden in Python durch Funktionen im Modul *random* ermöglicht. In diesem Nachtrag werden einige der wichtigsten Funktionen vorgestellt, da sie im weiteren Verlauf immer wieder vorkommen.[1] Zunächst muss dazu das Modul importiert werden, danach können die einzelnen Funktionen

---

[1]Für eine vollständige Übersicht siehe docs.python.org/3.6/library/random.html

Anzahl Zahlen / Superzahl	Gewinn
6 / 1	8,949,642
6 / 0	574,596
5 / 1	10,022
5 / 0	3,340
4 / 1	190
4 / 0	42
3 / 1	20
3 / 0	10
2 / 1	5

Tabelle 3.1: Durchschnittlicher Lottogewinn in Abhängigkeit von den richtigen Zahlen.

aufgerufen werden. Schauen wir uns zunächst an, wie wir zufällige und doch reproduzierbare Ergebnisse erhalten können.

```
>>> import random
>>> random.seed(123)
>>> print(random.random())
0.052363598850944326
>>> random.seed(123)
>>> print(random.random())
0.052363598850944326
```

Immer, wenn Ergebnisse reproduzierbar sein müssen, etwa beim Debuggen oder in wissenschaftlichen Anwendungen, ist es notwendig, den Seed zu setzen. Computer erzeugen Zufallszahlen über Pseudozufallszahlengeneratoren, da sie per Konstruktion streng deterministische Maschinen sind und alle Operationen, wie sie in einer CPU stattfinden, nachvollziehbar sind. Dies bedeutet, dass Computer im Prinzip unheimlich schlecht darin sind, *Zufall* zu erzeugen. Dieses Manko kann jedoch umgangen werden, indem spezielle Algorithmen benutzt werden, die scheinbar zufällige Zahlen erzeugen. Dabei nutzen Computer bestimmte Faktoren, die vermutlich zufällig sind, wie beispielsweise die Anzahl der aktuell laufenden Prozesse, die Systemauslastung, der verfügbare Speicherplatz, die Eingaben und Mausbewegungen des Benutzers, usw... Diese vermutlich „echt" zufälligen Faktoren gehen in den Startwert bzw. Seed des Algorithmus ein, was garantiert, dass bei erneutem Aufruf andere Zahlen generiert werden. Ist dies aber nicht gewünscht, kann man diesen Seed vorgeben und somit immer die gleichen Zahlen erhalten. Wie viele Zahlen man letztlich entnimmt ist dabei unerheblich. Das obige Beispiel zeigt auf, wie diese Funktion genutzt werden kann. Allerdings muss auch beachtet werden, dass sich die Algorithmen über die Zeit hinweg ändern und daher nicht garantiert werden kann, dass verschiedene Versionen von Python auch unter Einbezug desselben Seeds immer gleiche Zahlen produzieren.

Wünschen wir Zufallszahlen aus einem bestimmten Bereich, ist *randrange()* nützlich. Es verbindet den bekannten *range()* Operator mit einem Zufallselement. So können wir beispielsweise Zufallszahlen zwischen 50 und 100 (exklusive) in einem Abstand von 5 auf folgende Weise erzeugen:

```
>>> z = [random.randrange(50, 100, 5) for i in range(10)
    ]
>>> print(z)
[55, 80, 70, 55, 50, 80, 90, 90, 75, 75]
```

Die Handhabung ist dabei analog zum bekannten *range()*. Möchten wir reelle Zufallszahlen aus dem Intervall $[0, 1[$ so nutzen wir das bekannte *random.random()* wie bereits oben gezeigt. Diese Zufallszahlen sind gleichverteilt, was bedeutet, dass jede Zahl im Bereich die gleiche Wahrscheinlichkeit hat, gezogen zu werden. Möchten wir hingegen normalverteilte Zahlen, so nutzen wir *random.normalvariate(mu, sigma)*, wobei *mu* der Mittelwert und *sigma* die gewünschte Standardabweichung sind. Zahlreiche andere Verteilungen stehen ebenfalls bereit. Geht es uns hingegen nicht um Zahlen, sondern um Elemente, etwa um Wörter, Spielkarten oder dergleichen, stehen weitere Funktionen zur Verfügung.

123

```
>>> daten = ["A", "B", "C", "D", "E", "F", "G", "H", "I"
   ]
#Genau ein Element ziehen
>>> print(random.choice(daten))
A
#Sample aus 5 Elementen ohne Zuruecklegen
>>> print(random.sample(daten, k=5))
['C', 'I', 'H', 'E', 'G']
#Sample aus 5 Elementen mit Zuruecklegen
>>> print(random.choices(daten, k=5))
['G', 'B', 'I', 'G', 'H']
```

3.3   Parallelisierung

Während die Taktfrequenz von Prozessoren seit einiger Zeit stagniert und offenbar eine physikalische Grenze erreicht hat, deren Überschreitung bisher nur bedingt erfolgreich war, nimmt die Anzahl der Prozessorkerne hingegen rasant zu. Heutzutage ist es nicht unüblich, dass auch Desktop-PCs acht oder mehr physische Kerne aufweisen. Server erreichen mittlerweile ganz andere Größenordnungen. Der Trend der Zukunft ist also eindeutig Parallelisierung. Dieser muss allerdings auch von neuen Programmiertechniken mitgetragen werden, da viele Algorithmen für eine serielle Verarbeitung ausgelegt sind und Architekturen bzw. Programmierparadigma angepasst werden müssen. Lässt sich eine Aufgabe jedoch parallelisieren, so sind die Leistungsgewinne oftmals enorm und skalieren bestenfalls linear mit der Anzahl der Kerne bzw. Prozesse. In diesem Beispiel wollen wir betrachten, wie wir mit Python einfache Aufgaben parallelisieren können.

Als Beispiel wollen wir erneut auf Primzahlen zurückgreifen und annehmen, dass wir für eine Anwendung viele sehr große Primzahlen benötigen. Wie diese recht einfach durch Ausprobieren zu finden sind, haben wir bereits zuvor gezeigt. Doch je größer die Zahlen werden, desto langsamer werden neue Zahlen produziert.

Können wir jedoch statt einem mehrere Kerne nutzen, so lässt sich der Prozess beschleunigen. Für diese Aufgabe passen wir die alte Funktion leicht an und Nutzen Pythons *multiprocessing* Modul. Dieses wird immer dann gebraucht, wenn tatsächlich mehr als nur ein physischer Kern genutzt werden sollen. Die Idee des Programms ist folgende: Anstatt eine Funktion bzw. den Generator nur ein Mal aufzurufen, tun wir dies mehrere Male und lassen die verschiedenen Instanzen nebeneinander laufen. Immer, wenn eine dieser Funktionen ein Ergebnis produziert, wird dieses in einer Warteschlange bzw. einer *Queue* abgelegt. Dass verschiedene Arten dieser Queues existieren, ist an dieser Stelle für uns belanglos.[2] Wir passen die Hauptfunktion so an, dass sie jedes neu ankommende Element aus dieser Queue entnimmt und in eine Liste schreibt. Sobald diese Liste eine vordefinierte Länge erreicht, werden alle laufenden Instanzen bzw. Prozesse beendet und die Liste ausgegeben. Dazu schreiben wir zunächst die eigentliche Primzahlfunktion.

```
1  def primgen(n, queue):
2      if n % 2 == 0:
3          n += 1
4      while True:
5          for i in range(3, int(n**0.5 + 1), 2):
6              if n % i == 0:
7                  break
8          else:
9              queue.put(n)
10         n += 2
```

Diese Funktion ist fast identisch zu der früheren Version, akzeptiert nun allerdings zwei Parameter. n gibt die Startzahl an, damit wir beliebig große Primzahlen generieren können, *queue* ist in diesem Falle das Objekt, dem später die Ergebnisse übergeben werden sollen. Die Hauptschleife läuft beliebig lange. Sobald eine Primzahl gefunden wurde, wird der Wert nun nicht mittels *return*

---

[2]Genauer gesagt ist *Queue* ein First-in-first-out Objekt (FIFO). Das Element, das zuerst eingeht, wird auch zuerst wieder ausgegeben.

ausgegeben, sondern über *put()* dem Queue-Objekt übergeben. Es folgt danach die Hauptfunktion.

```
1  from multiprocessing import Process, Queue
2  def multiprimgen(cores, nfinal):
3      schlange = Queue()
4      prozesse = []
5      for nummer in range(1, cores + 1):
6          startwert = 10**14 // nummer
7          prozess = Process(target=primgen, args=(
               startwert, schlange))
8          prozess.start()
9          prozesse.append(prozess)
10     primzahlen = []
11     while len(primzahlen) < nfinal:
12         primzahlen.append(schlange.get())
13     for prozess in prozesse:
14         prozess.terminate()
15     return primzahlen
```

Aus dem Modul importieren wir zwei Funktionen, die wir benötigen. Die eigentliche Funktion hat dann zwei Argumente, die Anzahl der Cores bzw. Threads, die genutzt werden sollen sowie die Anzahl der insgesamt zu generierenden Primzahlen. Wir legen in *schlange* ein Queue-Objekt an, in dem wir die Ergebnisse der einzelnen Prozesse sammeln. Die Prozesse selbst legen wir in einer Liste ab, damit wir sie verwalten können. Mit einer Schleife legen wir jeden einzelnen Prozess an. Zunächst muss beachtet werden, dass jeder Prozess eine andere Initialisierung erhält, ansonsten würden ja alle dieselben Primzahlen generieren, was sinnlos wäre. Hierbei nutzen wir eine krude Abschätzformel. In einer realen Anwendung wäre dieser Schritt sorgfältiger zu überlegen, damit die Auslastung aller Prozesse ungefähr gleich groß ist. Danach legen wir den Prozess an sich an. Dabei wird in *target* die Funktion genannt, die genutzt werden soll, alle Argumente der Funktion werden dann in einem Tuple oder einer Liste übergeben. Dies muss so erfolgen, selbst wenn nur ein Argument übergeben wird, ansonsten kommt es zu einer Fehlermeldung. Danach starten wir den Prozess und legen ihn in der zuvor definierten Liste ab. Auf diese Weise wird verfahren, bis alle Prozesse gestartet sind.

Anschließend legen wir eine weitere Liste an, in der die Ergebnisse gesammelt werden. Wir holen nun aus dem Queue-Objekt so lange neue Ergebnisse ab, bis unsere Liste gefüllt ist. Dazu nutzen wir die *get()* Methode des Objekts. Haben wir alle Ergebnisse vorliegen, können wir die Prozesse beenden. Wir iterieren dazu über alle Elemente in der anfangs angelegten Liste und nutzen *terminate()*. Letztlich geben wir die erzeugte Liste aus. Zeit für einen Testlauf.

```
>>> print(multiprimgen(2, 10))
[50000000000053, 100000000000031, 50000000000099,
    100000000000067, 50000000000113, 50000000000117,
    100000000000097, 50000000000143, 50000000000161,
    100000000000099]
```

Im vorigen Beispiel haben wir die Parallelisierung so angelegt, dass mehrere Instanzen derselben Funktion gleichzeitig arbeiten und ihre Ergebnisse in einer Queue sammeln. Wie gezeigt kann das sehr nützlich sein, wenn eine Funktion alleine zu langsam wäre. Was ist nun aber, wenn wir eine serielle Anordnung wünschen, also mehrere Funktionen zusammenarbeiten, um ein Endergebnis zu erzeugen? Dies könnte so aussehen, dass Funktion A eine Zahl produziert und diese in einer Queue ablegt. Sobald dort mindestens ein Element vorhanden ist, kann Funktion B dieses Element wieder entnehmen, es auf eine andere Weise modifizieren und somit ein Endergebnis produzieren. Auch eine derartige Anwendung ist keine große Herausforderung. Allerdings benötigten wir noch eine zweite Hilfsfunktion, die eine weitere Aufgabe übernimmt. In diesem Beispiel soll die zweite Funktion immer zwei Primzahlen miteinander multiplizieren und das Ergebnis bereitstellen, was ein Anwendungsszenario in der Kryptografie sein könnte.

```
1  def prime_product(inqueue, outqueue):
```

```
2      while True:
3          prime_a = inqueue.get()
4          prime_b = inqueue.get()
5          outqueue.put(prime_a * prime_b)
```

Das Prinzip dieser Hilfsfunktion ist sehr einfach. Aus einer Queue werden Primzahlen entnommen. Sofern zwei vorhanden sind, werden diese miteinander multipliziert und der zweiten Queue übergeben. Die eigentliche Hauptfunktion sieht dann wie folgt aus:

```
1   def serial(cores, nfinal):
2       prozesse = []
3       schlange1 = Queue()
4       schlange2 = Queue()
5       for nummer in range(1, cores + 1):
6           startwert = (10**14) // (nummer)
7           prozess = Process(target=primgen, args=(
                startwert, schlange1))
8           prozess.start()
9           prozesse.append(prozess)
10      prozess = Process(target=prime_product, args=(
            schlange1, schlange2))
11      prozess.start()
12      prozesse.append(prozess)

14      output = []
15      while len(output) < nfinal:
16          output.append(schlange2.get())
17      for prozess in prozesse:
18          prozess.terminate()
19      return output
```

Der Aufbau ist sehr ähnlich zur ersten gezeigten Funktion. Allerdings legen wir nun zwei Schlangen an. Mehrere Prozesse brauchen wir nur für die Funktionen, die Primzahlen generieren, da dies rechenintensiv ist. Hier erstellen wir wieder eine Schleife. Die Funktion, die am Ende Primzahlen multipliziert, wird nicht parallelisiert, da diese Funktion sehr schnell arbeitet. Für diese legen wir immer genau einen Prozess an. Der Rest der Funktion ist dann analog. Nun können wir einen Testlauf wagen.

```
>>> print(serial(2, 10))
[500000000006850000000001643,
   500000000013250000000006633,
   250000000011500000000013221,
   500000000019150000000013871,
   500000000021050000000015939,
   500000000024350000000023541,
   250000000024100000000057681,
   500000000033250000000036557,
   500000000035150000000045123,
   500000000040050000000056547]
```

3.4 Random Walk

Unter einem Random Walk versteht man einen Punkt oder ein Objekt, das sich, ausgehend von seinem Ursprung, zufällig und damit unberechenbar bewegt. Für praktische Anwendungen ist dies nicht unbedingt sinnvoll, stellt aber eine wunderbare Übung unter Einbezug von Trigonometrie dar. Wir wollen eine solche Zufallsbewegung in der Ebene, also in zwei Dimensionen, simulieren. Dabei legen wir fest, dass sich unser Objekt in einem cartesischen Koordinatensystem bewegt und am Nullpunkt startet. Es kann sich bei jedem Schritt in eine beliebige Richtung bewegen und muss dabei immer exakt eine Distanz von 1 zurücklegen. Es werden sonst keine Beschränkungen vorgenommen, weshalb damit praktisch jeder beliebige Punkt auf der Ebene erreicht werden kann. Somit muss bei jedem Schritt ein Winkel ausgesucht werden, in dessen Richtung der Schritt erfolgt. Würde beispielsweise die Funktion den Winkel 90 Grad auswählen, so käme man nach dem ersten Schritt zum Punkt $(0, 1)$.

Betrachten wir zunächst den Einheitskreis mit dem Radius 1 (Abbildung 3.2). Wie finden wir nun den Punkt, in dem der Winkel α den Einheitskreis schneidet? Dazu nutzen wir den Sinus und

Cosinus. Wie eingezeichnet ist der Sinus die vertikale Distanz vom Ursprung zum Punkt. Der Cosinus gibt die horizontale Distanz an. Je nachdem, wie weit wir uns auf dem Kreis bewegen werden diese Werte entweder positiv oder negativ sein. Aufbauend auf diesen einfachen Zusammenhängen können wir den neuen Punkt bestimmen.

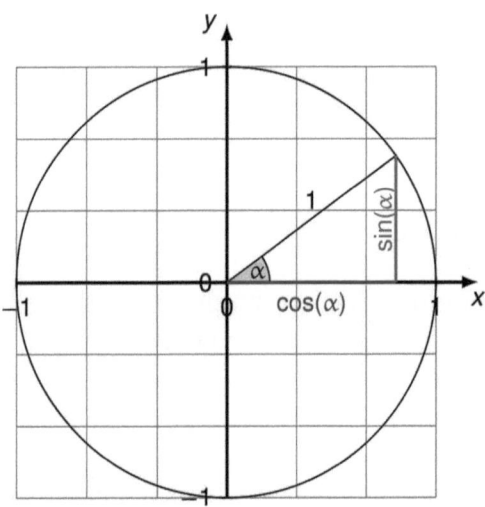

Abbildung 3.2: Sinus und Cosinus am Einheitskreis
Urheber: *MartinThoma* (Wikimedia Commons)

```
1  import time
2  import math
3  import random

5  def randomwalk(steps):
6      position = (0, 0)
7      for i in range(steps):
8          winkel = random.random() * 360
9          xpos = position[0] + math.cos(math.radians(
               winkel))
```

```
10        ypos = position[1] + math.sin(math.radians(
             winkel))
11        position = (xpos, ypos)
12    return position
```

Die Funktion hat nur ein Argument, die Anzahl der zu gehenden Schritte. In der Funktion legen wir zunächst den Startpunkt als Tuple fest und beginnen dann die eigentliche Schleife, die so viele Schritte geht wie gewünscht. Wir bestimmen eine Zufallszahl, welche dem Intervall $[0, 1[$ entnommen wird (als *float*). Diese Zahl multiplizieren wir mit 360, um auf diese Weise immer einen Wert zwischen 0 und 360 zu erhalten. Damit sind alle Möglichkeiten abgedeckt, sofern man in Grad rechnet. Dieser Winkel wird nun benutzt, um die neue Position zu finden. Wir verwenden dazu zwei Funktionen aus dem Modul *math*. Zunächst ist der gezogene Winkel von Grad nach Radiant umzurechnen, da Python standardmäßig mit dieser Winkeleinheit rechnet. Anschließend können wir den konvertierten Winkel in die gewünschte trigonometrische Funktion einsetzen und erhalten so eine Zahl. Diese wird zur aktuellen Position hinzugezählt. Aufpassen müssen wir dabei nur, dass jeweils auf die richtige Achse geachtet wird. Diese Koordinaten werden dann als neue Position festgelegt. Wenn wir die Funktion mit einer hinreichend langen Schrittfolge ausführen werden wir feststellen, dass unsere Ergebnisse sehr stark variieren können.

Nun gibt diese Funktion nur am Ende ein Ergebnis aus, was wenig spektakulär ist. Wäre es nicht möglich, den Walk auch grafisch darzustellen? Sofern man sich nur auf die Konsolenausgabe beschränken will ist dies zweifelsohne nicht gerade sehr hübsch, aber möglich. Dazu müssen wir die Funktion allerdings etwas abändern. Zudem sind verschiedene Hilfsfunktionen notwendig. Die Idee ist folgende: In der Konsole wird eine bestimmte Anzahl an Zeichen, aufgeteilt in Zeilen und Spalten, reserviert und der Walk wird durch ein Objekt simuliert, das durch dieses Grid wandert. Ein solches Grid können wir über eine Liste mit Unterlisten abbilden. Dabei steht die Anzahl der Unterlisten in der Hauptliste für die Anzahl der Zeilen, die Länge der Unterlisten ist die Anzahl der Spalten, also die Breite der Anzeige. Erschwerend kommt hinzu, dass wir eine Umrechnung aus dem ursprünglichen cartesischen Koordinatensystem vornehmen müssen. Ein Punkt mit den Koordinaten (0, 0) sollte demnach in der Mitte des Grids angezeigt werden. Es ist also eine Funktion notwendig, welche die zugehörige Position in der Listenmatrix findet. Ebenso muss bedacht werden, was mit dem Punkt geschieht, sofern er das Grid verlässt und daher nicht mehr angezeigt werden kann. Entweder ist er dann verschwunden und die Anzeige endet, oder aber man hindert ihn daran, das Spielfeld zu verlassen, was einer Art „Mauer" gleichkommt, die nicht überwunden werden kann. Beginnen wir mit der abgeänderten Funktion *randomwalk()*. Da wir nun die Anzahl der Schritte nicht zu Beginn festlegen, kann die Funktion so oft laufen, wie sie aufgerufen wird.

```
1  def random_pos(position, nzeilen, nspalten):
2      while True:
3          winkel = random.random() * 360
4          xpos = position[0] + math.sin(math.radians(
               winkel))
5          ypos = position[1] + math.cos(math.radians(
               winkel))
6          position = (xpos, ypos)
7          gridpos = postogrid(position, nzeilen, nspalten)
8          if 0 <= gridpos[1] <= nzeilen - 1 and 0 <=
               gridpos[0] <= nspalten - 1:
9              return position
```

Die Funktion akzeptiert als Argument die aktuelle Position des Objekts und gibt als Ausgabewert die neue, veränderte Position des Objekts zurück. Zusätzlich geben wir die Größe des Spielfeldes mit an. Wir benutzen hier eine Schleife, die so lange läuft, bis eine legale Position gefunden ist, also eine solche, die innerhalb der Spielfeldgrenzen liegt. Wir wählen damit eine Version, in der das Objekt das Spielfeld nicht verlassen kann. Im Prinzip ist die Funktion der ersten Walkfunktion sehr ähnlich. Als großen Unterschied sieht man die noch zu definierende Funktion *postogrid()*, die dazu dient, die Position aus dem cartesischen Koordinatensystem in das Matrixsystem umzurechnen. Anschließend wird geprüft, ob die so erzeugte Position innerhalb der Grenzen des Grids liegt. Ist dies der Fall, so wird diese ausgegeben, falls nicht, beginnt die Funktion erneut mit der zufälligen Suche. Im Zweifelsfall kann die Funktion also mehrmals durchlaufen werden. Allerdings wird am Ende auf diese Weise garantiert ein legaler Zug gefunden, der das Objekt innerhalb des Spielfeldes behält.

Gehen wir dies an einem Beispiel durch. Wir legen testweise ein Spielfeld mit fünf Zeilen und neun Spalten fest. Dies wird nun in einer Liste mit Unterlisten symbolisiert. Die Anzahl der Unterlisten entspricht der Anzahl der Zeilen, die Länge jeder Unterliste der Anzahl der Spalten. Dies würde beispielsweise so aussehen:

```
matrix = [  [0,0,0,0,0,0,0,0,0],
            [0,0,0,0,0,0,0,0,0],
            [0,0,0,0,0,0,0,0,0],
            [0,0,0,0,0,0,0,0,0],
            [0,0,0,0,0,0,0,0,0]]
```

Hier wird nun deutlicher, was gemeint ist, da die Anordnung bereits an eine Matrix erinnert. Ein Punkt, der im cartesischen System im Nullpunkt $(0,0)$ läge, wäre demnach genau in der „Mitte" der Matrix zu finden, was der Zeile 3 und der Spalte 5 entspräche. Da in Python das erste Element mit 0 angesprochen wird, wäre die Position damit *matrix[2][4]*. Der größte Stolperstein neben der eigentlichen Umrechnung ist hierbei, dass durch diese Anordnung sozusagen x- und y-Koordinate vertauscht werden. Der erste Wert ([2]) gibt die Zeile, also die y-Koordinate an, der zweite Wert ([4]) die Spaltenposition, also die x-Koordinate. Dies muss man immer im Auge behalten, ansonsten kommt es zu Fehlern. Die eigentliche Funktion kann dann wie folgt aussehen:

```
1  def postogrid(position, nzeilen, nspalten):
```

```
2    xpos, ypos = position    #tuple unpacking
3    spaltenpos = int(xpos + nspalten / 2)
4    zeilenpos = int(-ypos + nzeilen / 2)
5    return (spaltenpos, zeilenpos)
```

Die Eingabe erfolgt als Tuple im Format (x, y). Die jeweiligen Werte werden extrahiert und dann umgerechnet. Man kann an dem eben gezeigten Beispiel nachrechnen, dass dies korrekt ist. Da *int()* bei einer Kommazahl den Nachkommaanteil einfach abschneidet, tut sie genau das, was wir wünschen, und rundet immer ab. Bei der Zeilenposition muss man zudem daran denken, das Vorzeichen umzudrehen, da ein negativer Wert im cartesischen Koordinatensystem „weiter unten" liegt, was aber bedeutet, dass ein numerisch *größerer* Index notwendig wird, weil damit eine Zeile gemeint ist, die in der Matrix eher am Ende der Liste liegt. Nehmen wir als Beispiel die Position $(0, -1)$. Dieser Punkt liegt also direkt auf der y-Achse im negativen Bereich. Bei einer Matrix mit fünf Zeilen und fünf Spalten wird dieser Punkt dann in der Zeile $(-(-1) + 2.5) = 3.5$, also abgerundet 3, angezeigt. Das ist korrekt. Die beiden Referenzmarken *n_spalten* und *n_zeilen* werden explizit übergeben. Damit fehlt nun noch eine Hilfsfunktion, die am Ende das Spielfeld grafisch anzeigt.

```
1    def partikel_anzeigen(partikel, n_zeilen, n_spalten):
2        screen = [[" "] * n_spalten for i in range(n_zeilen)
             ]
3        for element in partikel:
4            xgrid, ygrid = postogrid(element, n_zeilen,
                 n_spalten)
5            screen[ygrid][xgrid] = "*"
6        print("#" * (n_spalten + 2))
7        for zeile in screen:
8            print(f"#{''.join(zeile)}#")
9        print("#" * (n_spalten + 2))
```

Die Funktion nimmt als Eingabe eine Liste mit allen Objekten bzw. Partikeln entgegen, die simuliert werden sollen. Somit können auch mehrere Objekte gleichzeitig angezeigt werden. Es wird zunächst in *screen* ein leeres Grid erstellt, was über eine verschachtelte Comprehension erfolgt. Danach iterieren wir über alle Elemente in *partikel* und rechnen mit der Hilfsfunktion die Position korrekt um. Danach wird an der neu berechneten Stelle im Grid ein Sternchen eingefügt um das Feld als besetzt anzuzeigen. Nach Abschluss dieser Schleife ist für jeden Partikel an der korrekte Position im Grid ein Sternchen, die Datenmatrix ist vollständig. Nun muss diese nur noch angezeigt werden.

Dazu lassen wir uns zunächst oben und unten am Rand eine Grenze anzeigen, was mit Rautensymbolen erfolgt. Danach iterieren wir über alle Zeilen in *screen* und nutzen F-Strings, um jede Zeile darzustellen. Am Anfang und Ende jeder Zeile lassen wir uns wieder eine Raute als Grenze einzeichnen, es folgt dann der Inhalt einer jeden Zeile, der über *join()* zu einem String zusammengesetzt wird. Zum Abschluss wieder die untere Spielfeldgrenze. Damit wäre diese Funktion vollständig und wir können nun alle Aspekte in der Hauptfunkion zusammensetzen.

```
1  FPS = 10
2  def main(n, n_zeilen=18, n_spalten=50):
3      partikel = [(0, 0)] * n # hier erlaubt, weil Tuple
           unveraenderlich sind.
4      while True:
5          partikel = [
6              random_pos(p, n_zeilen, n_spalten)
7              for p in partikel
8          ]
9          partikel_anzeigen(partikel, n_zeilen, n_spalten)
10         time.sleep(1 / FPS)
```

Wir definieren die FPS, also die Frames pro Sekunde, als Konstante außerhalb der eigentlichen Funktion. Diese hat drei Argumente, die Anzahl der Partikel, die Anzahl der Zeilen sowie die Anzahl der Spalten, welche wir als Defaults vorgeben. Wir legen eine Liste der Partikel an, die anfangs alle im Ursprung starten. Es folgt die Hauptschleife, die beliebig lange läuft. Hierbei iterieren

135

wir über alle Partikel und wenden den Zufallsalgorithmus auf jeden an, sodass eine neue, zufällige Position generiert wird. Danach lassen wir uns das Spielfeld anzeigen und pausieren, damit eine schöne Darstellung in der Konsole erfolgt. Anschließend startet die Schleife neu.

Beim Aufruf wird erkennbar, dass alle Punkte nahe beim Ursprung starten und sich dann zufällig und annähernd gleichmäßig über das Spielfeld verteilen. Dies ist eine schöne Visualisierung dafür, wie sich Partikel in einer Lösung verhalten (Brown'sche Molekularbewegung). Alleine durch den Zufall nimmt dabei die Entropie zu und die Entfernung der Partikel voneinander wird dabei im Schnitt größer. Nur die von uns gesetzten Grenzen verhindern, dass dieser Prozess unendlich weitergeht.

Aufgaben

1. Schreiben Sie die Funktion so um, dass intern direkt in Radiant statt in Grad gerechnet wird und somit eine Konvertierung überflüssig wird.

2. Ändern Sie die Funktion so ab, dass verschiedene Partikel mit verschiedenen Symbolen dargestellt werden, sodass diese in der Simulation unterschieden werden können. Beschränken Sie sich dabei auf eine eher geringe Anzahl an Partikeln.

3. Ändern Sie die Funktion so ab, dass die einzelnen Partikel an zufällig ausgesuchten Orten starten und nicht alle am Ursprung des Koordinatensystems.

3.5   Game of Life

Das *Spiel des Lebens* ist eine von John Conway im Jahre 1970 erdachte Simulation in zwei Dimensionen. Dabei geht es um Zellen, die in einem cartesischen Koordinatensystem existieren und aufgrund einfacher Regeln entweder geboren werden, weiterleben oder sterben. Trotz dieses einfachen Regelwerks kommt es mitunter zur Herausbildung von komplexen, sich zyklisch regenerierenden Mustern bzw. Elementen, die sich über den Bildschirm bewegen und damit an echtes Leben erinnern. Das Spiel ist damit eine Veranschaulichung, wie höhere Strukturen durch simple Grundelemente erzeugt werden können.

Das Spielfeld basiert auf einer im Idealfall unendlich großen Ebene, welche sich in Kästchen oder Zellen aufteilt. Eine solche Zelle kann entweder leer (tot) oder gefüllt (lebendig) sein. Am Anfang steht meistens ein Spielfeld, in dem eine bestimmte Anzahl an Zellen zufällig gefüllt ist. Jede Zelle auf dem Spielfeld hat genau acht Nachbarzellen. Es gelten folgende Regeln:

- Hat eine lebendige Zelle weniger als zwei lebendige Nachbarzellen, so stirbt sie (Einsamkeit).

- Hat eine lebendige Zelle mehr als drei lebendige Nachbarzellen, so stirbt sie (Überbevölkerung).

- Hat eine lebendige Zelle genau zwei oder drei lebendige Nachbarzellen, so lebt sie weiter (Gesellschaft).

- Hat eine leere Zelle genau drei lebendige Nachbarzellen, so wird sie zu einer lebendigen Zelle (Reproduktion).

Eine Umsetzung dieser Regeln ist recht einfach. Bei diesem Beispiel gehen wir einmal von der Hauptfunktion aus und erstellen danach die Hilfsfunktionen.

```
1  import time
2  import random
3  def game_of_life(runden):
4      spielfeld = [
5          [random.random() < 0.10 for x in range(50)]
```

```
6              for y in range(18)
7          ]
8      for i in range(runden):
9          zeichne_feld(spielfeld)
10         spielfeld = erzeuge_naechsten_schritt(spielfeld)
11         time.sleep(0.6)
```

Wir importieren zunächst notwendige Module und erstellen dann die Hauptfunktion, deren einziges Argument die Anzahl der Runden ist. Wir generieren das Spielfeld am Anfang zufällig mit einer verschachtelten *list comprehension*. Jede Zeile wird dabei über eine Liste mit 50 Einträgen dargestellt. *random.random()* erzeugt eine Zufallszahl in $[0, 1[$. Ist diese Zahl kleiner als 0.10, so wird *True* in die Liste geschrieben, ansonsten *False*. Auf diese Weise werden im Schnitt 10% aller Zellen mit *True* befüllt, was wir als lebendige Zelle interpretieren. Danach startet die eigentliche Hauptschleife. Zunächst wird das aktuelle Spielfeld dargestellt. Danach wird, aufbauend auf den oben definierten Regeln, das Spielfeld der nächsten Runde berechnet. Danach pausiert die Funktion kurz und die Schleife beginnt erneut. Fehlen nur noch die beiden Hilfsfunktionen *zeichne_spielfeld()* und *erzeuge_naechsten_schritt()*. Wir beginnen hier mit der Funktion, die das Spielfeld updated.

```
1   def erzeuge_naechsten_schritt(spielfeld):
2       neues_spielfeld = []
3       for y, zeile in enumerate(spielfeld):
4           neue_zeile = []
5           for x, feld in enumerate(zeile):
6               nachbarn = zaehle_nachbarn((x,y), spielfeld)
7               if feld and nachbarn == 2:
8                   feld = True
9               elif nachbarn == 3:
10                  feld = True
11              else:
12                  feld = False
13              neue_zeile.append(feld)
14          neues_spielfeld.append(neue_zeile)
15      return neues_spielfeld
```

Diese Funktion nimmt das alte Spielfeld als Argument entgegen, also die Liste mit Unterlisten. Wir erzeugen das neue Spielfeld
als leere Liste und werden es nun nach und nach befüllen. Dazu
iterieren wir zunächst über alle Zeilen in der Datenmatrix. Da wir
sowohl den Inhalt der Zeile benötigen als auch den Index der jeweiligen Zeile nutzen wir *enumerate()*. Diese Funktion erzeugt aus
einer Liste immer ein Tuple mit dem jeweiligen Element der Liste
sowie seinem Index. Sehen wir uns ein Beispiel an:

```
>>> daten = ["A", "B", "C"]
>>> for index, element in enumerate(daten):
>>>     print(index, element)
(0, 'A')
(1, 'B')
(2, 'C')
```

Genau diese Funktion benötigen wir hier. Danach legen wir eine neue Zeile an, die wir nun schrittweise befüllen. Um dies zu
erreichen müssen wir nun über jedes Element der Zeile iterieren,
was nach dem gleichen Schema erfolgt. In den Variablen x und y
wird nun die Position einer jeden Zelle in der Datenmatrix dargestellt. Wir nutzen nun eine noch zu definierende Funktion *zaeh-
le_nachbarn()*, die uns für jede Zelle die Zahl der lebendigen Nachbarn angibt. Diese Zahl, die zwischen 0 und 8 liegen kann, speichern wir in *nachbarn* ab. Nun kommen die Entscheidungsregeln
zum Zug. Ist eine Zelle lebendig (*True*) und hat genau zwei Nachbarn, so bleibt sie am Leben. Ist die Zelle aber leer und hat genau
drei Nachbarn, so wird sie geboren, also auf lebendig gesetzt. Treffen beide Bedingungen nicht zu, so ist sie auf jeden Fall in der
nächsten Runde leer (tot). Haben wir so eine Zelle einer Zeile ab-
gehandelt, wird das Ergebnis in *neue_zeile* geschrieben. Haben wir
auf diese Weise die gesamte alte Zeile durchgegangen, wird die neue
Zeile dem Spielfeld angefügt. Auf diese Weise arbeiten wir Zeile für
Zeile und innerhalb einer Zeile Zelle für Zelle ab, bis das neue Spielfeld komplett generiert ist. Dieses wird am Ende zurückgegeben.
Allerdings müssen wir noch die Hilfsfunktion *zaehle_nachbarn()*

erstellen.

```
1  def zaehle_nachbarn(position, spielfeld):
2      nachbarn = 0
3      for x in (-1, 0, 1):
4          for y in (-1, 0, 1):
5              if x == y == 0:
6                  continue
7              xpos, ypos = position[0] + x, position[1] +
                   y
8              if 0 <= xpos < len(spielfeld[0]) and 0 <=
                   ypos < len(spielfeld):
9                  nachbarn += spielfeld[ypos][xpos]
10     return nachbarn
```

Die Position nimmt die zu testende Position als Liste oder Tuple entgegen sowie das aktuelle Spielfeld. Wir initialisieren den Zähler und gehen dann alle denkbaren Möglichkeiten für x- und y-Koordinate durch. Offenbar kommen nur 8 Positionen in Frage. Die eigene Position, also wenn sowohl x als auch y gleich 0 sind, überspringen wir. Danach legen wir die zu testende Position fest. Ist diese noch in den Spielfeldgrenzen, so addieren wir den jeweiligen Spielfeldinhalt zu *nachbarn* hinzu. Da *True* als 1 und *False* als 0 gewertet wird, ist diese Operation valide. Letztlich können wir die Anzahl der Nachbarn zurückgeben. Fast geschafft! Fehlt zum Abschluss noch die Funktion, die das Spielfeld anzeigt. Hier ist die Logik sehr ähnlich zur vorherigen Aufgabe, bei der eine ähnliche Datenmatrix angezeigt werden sollte.

```
1  def zeichne_feld(spielfeld):
2      for zeile in spielfeld:
3          print("".join("#" if zelle else " " for zelle in
               zeile))
4      print("#" * len(zeile))
```

Wir iterieren über alle Unterlisten in der Hauptliste und nutzen einen F-String, um diese zusammenzusetzen. Ist ein Feld gefüllt, so zeigen wir eine Raute an, ansonsten einen leeren String. Am Ende kommt noch eine Trennzeile, damit wir bei jedem Update des Spielfeldes auch eine ansehnliche Anzeige erhalten. Zeit für einen Testlauf.

```
>>> game_of_life(30)
```

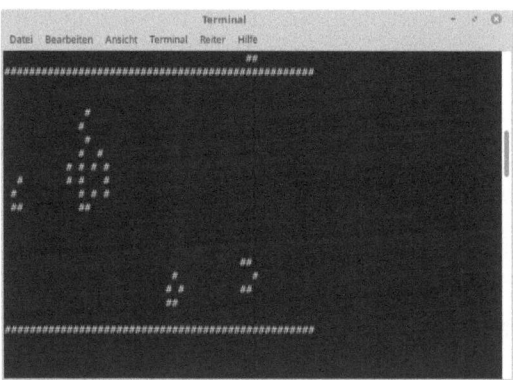

Abbildung 3.3: Lebende Zellen, manche sind statisch (mittig, unten), andere bewegen sich

Aufgaben

1. Schlagen Sie auf der Wikipedia den Artikel zum Spiel des Lebens nach und sehen Sie sich das Muster eines *Gleiters* an.[3] Dies ist eine Figur, die sich scheinbar fliegend über das Spielfeld bewegt. Erstellen Sie eine Funktion, die vor dem Spielstart an beliebiger Position ein Muster einfügt, das einen Gleiter erzeugt.

3.6 Populationsmodell

In diesem Beispiel wollen wir ein ökologisches Modell bauen und eine Population simulieren. Dabei benutzen wir die Technik der

---

[3]https://de.wikipedia.org/wiki/Conways_Spiel_des_Lebens

agentenbasierten Modellierung (*agent based modelling*). Die Grundidee ist, eine Vielzahl von Agenten zu simulieren, die mehr oder weniger unabhängig voneinander handeln, in ihrer Summe aber ihre Umwelt beeinflussen. Dabei sind vor allem Zufallsprozesse im Spiel, die beliebig komplex simuliert werden können. Wir stellen uns eine Herde Schafe auf einer Weide vor, die letztlich nur drei Handlungen ausführen können: bewegen, fressen und sich paaren. Die Grundregeln der Simulation sind in folgender Aufzählung zusammengefasst.

- Die Weide ist eine quadratische Fläche beliebiger Größe, die feste Grenzen hat. Die Tiere können die Weide bzw. die Simulation nicht verlassen. Die Weide ist wiederum in Zellen von einem Quadratmeter Größe aufgeteilt. Jede Zelle ist dabei eindeutig über eine Nummer, etwa über eine x- und y-Koordinate, gekennzeichnet.

- Die Weide ist mit Gras bewachsen, welches die Schafe fressen. Ist das Gras in einer Zelle abgefressen, so dauert es zwei Tage, bis erneut ein Schaf davon fressen kann. Wenn ein Schaf auf einer bewachsenen Zelle steht und frisst, wird alles Gras in dieser Zelle gefressen. Jedes Schaf möchte täglich fressen. Kann es zwei Runden lang nicht fressen, so verhungert es.

- Jedes Schaf bewegt sich in jeder Runde bis zu zwei Meter weit (jeweils in x- und y-Koordinate; die somit maximal zurückgelegte Distanz innerhalb einer Runde ist damit $2\sqrt{2}$).

- Ist der Abstand zweier Schafe geringer als ein Meter, so können sich diese paaren. Erfolgt eine Paarung, so wird einer der beiden Partner zufällig als „Muttertier" ausgewählt und wird für acht Tage trächtig. Während dieser Periode kann es sich nicht mehr paaren. Am Ende der Periode wird ein neues Schaf „geboren". Der Partner, der nicht trächtig wird, kann sich in der gleichen Runde nicht noch einmal paaren. Schafe, die hungrig sind, können sich nicht paaren.

- Schafe haben eine Lebensdauer von 20 Tagen und sterben danach.

Bei der Programmierung machen wir erstmals Gebrauch von Klassen. Klassen sind ein sehr mächtiges Werkzeug der objektorientierten Programmierung. Die in dieser Einführung besprochenen Beispiele sind in der Regel jedoch so knapp zu bearbeiten, dass es oftmals nicht sinnvoll ist, hierbei Klassen zu benutzen. Diese eigenen sich hervorragend für größere oder komplexere Programme. In diesem Beispiel sind sie nützlich, weil wir somit eine große Menge von Objekten erzeugen können, die alle ähnliche Eigenschaften haben. Wir werden demnach eine Schaf-Klasse erzeugen. Jedes Schaf ist dann eine Instanz dieser Klasse. Dabei werden wir zudem verschiedene *Methoden* benutzen. Eine Methode ist in Python, grob gesagt, eine Funktion, die zu einem Objekt gehört. Wir haben schon verschiedene Methoden benutzt. Listen sind in Python natürlich auch Objekte. Eine zugehörige Methode ist *append()*. Immer, wenn wir einer Liste ein Objekt hinzufügen wollen, wenden wir diese Methode auf die konkrete Liste an. Wenn wir eigene Klassen erstellen, können wir ebenso zugehörige Methoden definieren, die nur mit den jeweiligen Klasseninstanzen benutzt werden können. Sehen wir uns zunächst ein einfaches Beispiel für unsere Klasse an.

```
1  class Schaf:
2      def __init__(self):
3          self.position = [random.random() * SIZE, random.
               random() * SIZE]
4          self.hunger = 0
5          self.traechtig = 0
6          self.alter = 0
```

Im Prinzip ist dieses Beispiel eine vollständige Klasse. Wir benutzen hierbei *class*. Klassennamen werden üblicherweise großgeschrieben. In der Klasse definieren wir als erstes ___init___ (). Immer, wenn wir eine neue Instanz einer Klasse erzeugen, sozusagen ein Schaf „geboren" wird, wird automatisch diese Funktion ausgeführt. Sie dient also dazu, bestimmte Grundwerte bzw. Eigenschaften zu erzeugen, die immer vorhanden sein müssen. Alle Argumente, die wir in dieser Funktion benutzen, müssen wir demnach übergeben, wenn wir eine Instanz erzeugen wollen. Die doppelten Unterstriche vor und nach *init()* zeigen an, dass es sich hierbei um eine spezielle Funktion handelt, die in Python auf diese Weise gekennzeichnet werden („dunder methods").

Was genau ist hier nun *self*? Bei Funktionen, die innerhalb einer Klasse definiert werden und damit per Definition Methoden sind, ist immer das implizite Objekt zu nennen, auf das die Funktion angewandt wird. Dabei ist schlichtweg zu beachten, dass dieses Argument immer eingebaut werden muss. Ansonsten können wir Funktionen wie gehabt programmieren, müssen aber dabei beachten, dass die Wirkung dieser Funktion immer in Bezug auf das Objekt erfolgt, für das wir die Funktion aufrufen. Dies wird weiter unten klarer werden.

In ___init___ () selbst definieren wir eine Reihe von Variablen, die die „Eigenschaften" des Schafes kennzeichnen. Wir benutzen hierbei stets *self.VAR*. Wenn wir später die Eigenschaften eines bestimmten Schafes abfragen wollen, ist somit klar, dass die Variable nicht lokal ist, sondern zu einer bestimmten Instanz gehört. Diese Eigenschaften sind die Position des Schafes, die zu Beginn zufällig festgelegt wird, das aktuelle Hungerlevel, ob es trächtig ist und sein Alter. Wie können wir nun ein bestimmtes Schaf, also eine Instanz der Schaf-Klasse, erzeugen? Etwa so:

```
>>> shaun = Schaf()
>>> shaun.hunger
0
>>> shaun.hunger = 1
>>> shaun.hunger
1
```

Wir erzeugen eine neue Instanz namens *shaun* und rufen dazu die Klasse auf. Dabei müssen wir keine weiteren Argumente übergeben. Auch wenn mit *self* in der __init__*()* Methode ein Argument vorhanden ist, können wir *self* immer ignorieren und müssen daher kein Argument einfügen. Sobald wir die Instanz erzeugen, werden die zugehörigen Variablen erzeugt. Hier wird nun auch klar, wie man Werte einer bestimmten Instanz abfragen oder auch verändern kann, nach dem Schema *Instanzname.Variablenname*. Nun wird es Zeit, verschiedene Methoden zu definieren, damit die Eigenschaften eines Schafes verändert werden können. So soll sich das Schaf bewegen und fressen können.

```
1  [Innerhalb class Schaf]
2  def bewegen(self):
3      while True :
4          x = self.position[0] + random.random() * 4 - 2
5          y = self.position[1] + random.random() * 4 - 2
6          if 0 <= x < SIZE and 0 <= y < SIZE:
7              break
8      self.position = (x, y)
```

Wir definieren die Funktion innerhalb der Klasse *Schaf*, weshalb wir wieder das implizite Argument *self* benutzen müssen. Andere Eingaben sind für diese Funktion nicht notwendig. Wir definieren eine Dauerschleife, die so lange läuft, bis ein legaler Zug gefunden wurde. Dies ist notwendig, weil das Schaf die definierten Weidengrenzen nicht verlassen darf und deshalb manche Züge illegal sein können. Es sind insgesamt zwei Koordinaten zu bestimmen, x und y. Jeweils kann die Veränderung positiv oder negativ sein. Wir ziehen somit eine Zufallszahl aus $[0, 1[$ und multiplizieren diese mit 4, sodass wir einen Wert aus $[0, 4[$ erhalten. Davon ziehen wir dann wieder 2 ab, was dafür sorgt, dass positive und negative Zahlen entstehen können. Danach prüfen wir ob der somit ausgewählte Zug noch in den Grenzen liegt. Falls ja, verlassen wir die Schleife und realisieren den Zug, ansonsten startet die Schleife erneut und es werden andere Zufallszahlen probiert. Wir verbleiben also so lange wie nötig in der Schleife. Da alle Werte zufällig ausgesucht werden, müssen wir die Funktion einfach nur aufrufen bzw. die Methode auf eine Instanz anwenden und die Position dieser Instanz wird verändert. Anschließend fehlen noch zwei weitere Methoden der Klasse: eine fürs fressen und eine Hilfsfunktion, die den Abstand zu einer anderen Instanz berechnet.

```
1  [Innerhalb class Schaf]
2  def fressen(self, gras):
3      xpos, ypos = map(int, self.position)
4      if gras[xpos, ypos] == 2:
5          self.hunger = 0
6          gras[xpos, ypos] = 0
```

Zunächst zum Fressen. Hier wird ein Argument benötigt, nämlich die Information über den Graszustand des Spielfeldes. Die Idee ist, dass der Zustand der aktuellen Graszelle in *gras* gespeichert ist. Wir müssen daher zunächst ausgehend von der aktuellen Position ausrechnen, auf welcher Zelle das Schaf gerade steht. Dazu müssen wir schlichtweg von der reellen Zahl den Nachkommaanteil abschneiden. Ist das Gras hoch genug gewachsen, was durch den Wert 2 angezeigt wird, so kann das Schaf fressen und der Hunger sinkt auf 0. Gleichzeitig wird die jeweilige Graszelle als abgefressen gekennzeichnet und erhält den Wert 0. Sofern die aktuelle Zelle bereits abgefressen ist und die if-Bedingung nicht erfüllt ist, passiert nichts. Hier haben wir *map()* benutzt. Diese Funktion nimmt eine Funktion und ein *iterable* entgegen (etwa eine Liste) und iteriert über alle enthaltenen Elemente und wendet die Funktion auf jedes Element an. Danach werden alle veränderten Elemente ausgegeben. Sehen wir uns ein Beispiel an, um die Funktionsweise darzustellen:

```
>>> zahlen = [-5, 33, -1, 1, 9.22]
>>> list(map(abs, zahlen))
[5, 33, 1, 1, 9.22]
```

In diesem Fall ist eine Liste das *iterable* und die Funktion ist *abs()*, gibt also den absoluten Betrag einer Zahl an. Jetzt können wir uns der Abstandsfunktion zuwenden.

```
1  [Innerhalb class Schaf]
2  def abstand(self, other):
3      xdiff = self.position[0] - other.position[0]
4      ydiff = self.position[1] - other.position[1]
5      return (xdiff ** 2 + ydiff ** 2) ** 0.5
```

Interessant ist, dass wir hier zwei implizite Argumente benutzen. Wir folgen der Konvention und nennen diese *self* und *other*. *Self* bezieht sich dabei wieder auf die Instanz, auf die die Methode angewandt wird, *other* ist eine *andere* Instanz *derselben* Klasse, also ein anderes Schaf. Über den Satz des Pythagoras berechnen wir hierbei einfach den Abstand beider Objekte aus den jeweiligen Positionen im Koordinatensystem. Wir werden diese Funktion benötigen, um zu testen, ob sich zwei Schafe paaren können. Wir legen noch zwei Methoden an, um bestimmte Zustände schnell abfragen zu können.

```
1  [Innerhalb class Schaf]
2  def lebendig(self):
3      return self.alter < 20 and self.hunger < 3

5  def willig(self):
6      return self.traechtig == 0 and self.hunger == 0
```

Somit können wir direkt testen, ob ein Schaf noch lebendig ist oder ob es als potentieller Paarungspartner in Frage kommt. Zum Abschluss ergänzen wir noch eine Hilfsfunktion, die dazu dient, nach jeder Runde die aktuellen Statistiken anzuzeigen. Somit können wir über die Zeit hinweg verfolgen, wie viele Schafe gerade auf der Weide sind und derartige Infos mehr. Diese Funktion ist keine Methode, wir definieren sie ganz normal außerhalb der Klasse. Dies ist der Fall, da diese Funktion nicht auf eine bestimmte Instanz angewendet werden soll, sondern Informationen von allen Schafen einbezieht.

```
1  def statistik(schafe, runde):
2      hunger = traechtig = gras = alter = 0
```

```
3      for schaf in schafe:
4          hunger += schaf.hunger
5          alter += schaf.alter
6          if schaf.traechtig > 1:
7              traechtig += 1
8      print("Runde: ", runde)
9      print("Schafe auf der Weide: ", len(schafe))
10     print(f"Durchschnittlicher Hunger: {hunger / len(
           schafe):.2f}")
11     print(f"Durchschnittliches Alter: {alter / len(
           schafe):.2f}")
12     print("Traechtig: ", traechtig)
13     print("#" * 40)
```

Die Funktion benötigt zwei Argumente: die Liste, in der alle Schafe gespeichert sind (diese werden wir weiter unten anlegen), sowie die aktuelle Runde. Die Werte werden mit 0 initialisiert und dann einfach aufsummiert, sodass Mittelwerte gebildet werden können. Diese werden dann in einer für uns recht übersichtlichen Form ausgegeben und präsentiert, sodass wir nach jeder Runde einen Überblick über die Population bekommen. Wie viele Schafe leben aktuell, wie alt sind sie im Schnitt und wie hungrig sind sie? Mit diesen Werkzeugen können wir nun die eigentliche Hauptfunktion schreiben.

```
1  import time
2  import random
3  from itertools import combinations
4  SIZE = 10
5  def simulation(runden):
6      gras = {(x, y): 2 for x in range(SIZE) for y in
           range(SIZE)}
7      schafe = [Schaf() for i in range(10)]
8      for runde in range(runden):
9          # Gras waechst
10         for pos in gras:
11             if gras[pos] < 2:
12                 gras[pos] += 1
13         random.shuffle(schafe)
```

```
15      # Bewegungsphase und fressen
16      laemmer = 0
17      for schaf in schafe:
18          schaf.alter += 1
19          schaf.hunger += 1
20          schaf.bewegen()
21          schaf.fressen(gras)
22          if schaf.traechtig == 8:
23              schaf.traechtig = 0
24              laemmer += 1
25          elif schaf.traechtig > 0:
26              schaf.traechtig += 1
27      schafe.extend(Schaf() for i in range(laemmer))
28      statistik(schafe, runde)

30      # Paaren
31      willige_schafe = [schaf for schaf in schafe if
            schaf.willig()]
32      muede_schafe = set()
33      for schaf, partner in combinations(
            willige_schafe, 2):
34          if schaf in muede_schafe or partner in
                muede_schafe:
35              pass
36          elif schaf.abstand(partner) <= 1:
37              schaf.traechtig = 1
38              muede_schafe.update([schaf, partner])

40      # Sterbephase
41      schafe = [schaf for schaf in schafe if schaf.
            lebendig()]
42      if not schafe:
43          break
44      time.sleep(0.7)
```

Wir importieren zunächst alle notwendigen Module und definieren dann die eigentliche Funktion, deren einziges Argument die Anzahl der zu berechnenden Runden ist. Danach definieren wir das *Dict*, in dem für jedes Feld der Zustand des Grases gespeichert wird. Am Anfang ist jedes Feld voll bewachsen, bekommt also den Wert 2. Danach legen wir eine Liste mit allen Schafen an. Es startet die Hauptschleife, die läuft, bis alle Runden berechnet wurden oder alle Schafe gestorben sind. Am Anfang in jeder Runde lassen wir das Gras wachsen, beachten dabei allerdings, dass es maximal den Wert 2 haben kann. Danach wird die Reihenfolge der Schafe in der Liste randomisiert, damit es bei den nachfolgenden Berechnungen keine Positionseffekte geben kann.

Wir legen mit *laemmer* eine Variable an in der wir zählen, wie viele Schafe in der aktuellen Runde geboren werden. Wir iterieren dann über alle Schafe und lassen diese altern und hungern, was schlichtweg Zeiteffekte sind. Danach erfolgt die Bewegung. Dazu wenden wir die vorher definierte Methode auf das Schaf an. Danach frisst das Schaf mit der anderen Methode. Nun prüfen wir: wenn ein Schaf seit 8 Runden trächtig war, erfolgt nun die Geburt. Das Schaf ist danach offenbar nicht mehr trächtig und *laemmer* wird um den Wert 1 erhöht. Wenn ein Schaf allerdings trächtig ist, aber noch nicht lange genug, wird der Wert einfach um 1 erhöht. Nachdem wir auf diese Weise alle Schafe behandelt haben, können wir nun die Lämmer offiziell der Population zufügen. Dazu nutzen wir erst eine *comprehension*, um eine Liste mit den neuen Schafen zu erstellen. Diese wird dann an die Hauptliste mittels *extend()* angefügt. Danach lassen wir uns die aktuelle Rundenstatistik ausgeben.

Es folgt nun die Paarungsphase. Hierbei legen wir zunächst eine Hilfsliste an, in der wir alle Schafe auflisten, die potentiell für eine Paarung in Frage kommen. Das heißt, die Schafe dürfen nicht hungrig sein und natürlich nicht bereits trächtig. Zudem legen wir mit *muede_schafe* ein Set an. Hier speichern wir alle Schafe ab, die sich bereits gepaart haben und daher in dieser Runde nicht mehr zum Zug kommen können. Danach lassen wir uns mittels *combinations()* alle denkbaren Paarungen ausgeben und iterieren über diese. Wenn einer der potentiellen Partner in *muede_schafe* auftaucht, so wird diese Paarung direkt übersprungen mittels *pass*. Sind aber beide Partner nicht in diesem Set vorhanden und ist ihr Abstand kleiner gleich 1, so kommt es zu einer Paarung. Man beachte, wie diese Methode aufgerufen wird, die ja zwei Argumente hat (*self* und *other*). Da wir die Methode auf ein bestimmtes Schaf anwenden, ist *self* damit bereits implizit übergeben, wir müssen daher nur den Partner als Argument einfügen. Ein Tier wird im Anschluss trächtig. Da wir die Liste bereits am Anfang randomisiert haben ist hier die Reihenfolge unerheblich. Abschließend fügen wir beide Schafe dem Set hinzu, wozu wir die *update()* Methode benutzen. Wichtig ist, dass wir die beiden Instanzen in einer Liste übergeben (andere Optionen wären in einem Tuple, einem *Dict* oder einem Set).

Es folgt zuletzt die Sterbephase. Wir machen ein dynamisches Update der Schafliste, indem wir mit einer *comprehension* über die alte Liste iterieren und nur die Schafe auswählen, die noch leben (andere sind entweder überaltert oder verhungert). Dann wird diese neue Liste zur eigentlichen Schafliste. Sollte diese Liste dadurch nun leer sein, so können wir die Simulation beenden, da in der nächsten Runde keine Tiere mehr vorhanden sind. Ansonsten warten wir 0.7 Sekunden, damit die Anzeige des Spielfeldes auch gelesen werden kann und starten danach in die nächste Runde.

Anhand der Simulation kann man erkennen, wie sich die Population verändert, wenn wir an den einzelnen Parametern drehen. Wird die Weide zu klein und die Anzahl der Schafe zu groß, so werden diese verhungern. Es gibt daher auf lange Sicht nur zwei Szenarien: entweder die Population stirbt aus oder es bildet sich ein Gleichgewicht, in dem die Anzahl der Schafe ungefähr konstant bleibt. Allerdings ist dies nicht wahrscheinlich, da ein Aussterben grundsätzlich leichter möglich ist. Wird das Spielfeld beispielsweise zu groß, verhungern die Schafe nicht, aber werden sich auf Dauer voneinander entfernen (alleine durch den Zufall), sodass Paarungen seltener werden und am Ende die Population an Überalterung ausstirbt. Dies zeigt auf, wie empfindlich selbst sehr simple ökologische Systeme sein können. Natürlich ist diese Simulation nicht sehr realistisch, da wir zahlreiche Aspekte nicht modelliert haben. So werden sich in der Realität Schafe nicht zufällig bewegen, sondern als Herden in größeren Verbänden zusammenbleiben, was natürlich die Chance auf Paarungen erhöht. Auch könnten wir das Auftreten einer zweiten Tierart simulieren, sodass diese als Jäger die Population dezimieren könnte. Der Phantasie sind hier kaum Grenzen gesetzt.

Aufgaben

1. Generieren Sie ein Modell um die Verbreitung einer Infektionskrankheit in einer Population zu simulieren. Legen Sie dabei Faktoren wie beispielsweise Ansteckungswahrscheinlichkeit, Mobilität der Agenten und Mortalität fest. Wie viele Agenten werden infiziert? Was passiert, wenn sich die Anzahl der bereits immunen Personen in der Population verändert?

3.7 Schnelles Geld

Mit welcher Strategie kommt man am schnellsten an seine Ziele? Diese Frage ist sicherlich bei vielen Aufgaben im Leben von großer Relevanz. Eine systematische Lösung gibt es hingegen meistens nur dann, wenn das Problem vergleichsweise simpel ist und strenge Regeln vorliegen. Dies trifft beispielsweise auf viele Spiele zu. Auch wenn diese oft eine geringe Komplexität aufweisen und schon Kinder sie begreifen können, ist dennoch in vielen Fällen eine „optimale" Strategie nicht ohne weiteres erkennbar. Auch in diesen Fällen kann Python hilfreich sein. So gehen wir davon aus, dass kein Algorithmus vorliegt, mit dem eine perfekte Lösung gefunden werden kann. Ein reines Brute-Force ist ebenfalls nicht möglich, da ein Durchprobieren aller Möglichkeiten selbst mit modernen Systemen nicht machbar ist. In diesen Fällen können andere Methoden genutzt werden. Im folgenden Beispiel wenden wir einen Zufallsalgorithmus an, der zwar wahrscheinlich nicht die beste Lösung findet, aber vielleicht eine ziemlich gute, was in vielen Fällen bereits hilfreich sein kann. Wenden wir uns nun dem Regelwerk des Spiels zu.

1. Man eröffnet eine Bankfiliale und soll so schnell wie möglich einen gewissen Geldbetrag x erwirtschaften. Das Spiel basiert auf Runden und startet mit Runde 1. In jeder Runde erhält der Spieler einen Betrag von 20 sowie zusätzlich einen Bonus, welcher der aktuellen Rundenzahl entspricht (in Runde 1 bekommt man daher den Gesamtwert 21 gutgeschrieben). Dieser Betrag wird direkt am Anfang der Runde ausgezahlt.

2. Der Spieler kann Gelddruckmaschinen kaufen. Jede Maschine erwirtschaftet in jeder Runde einen Zins von 5% des aktuellen Guthabens. Hat man demnach eine Maschine und ein Guthaben von 100, so erwirtschaftet die Maschine zusätzlich ein Guthaben von 5. Die Maschinen erzeugen den Zins direkt nach Eingang der Rundensumme.

3. Zehn Runden nach Kauf der Maschine sinkt der von ihr erwirtschaftete Zins von 5% auf 3% (durch Abnutzungserscheinungen).

4. Man startet ohne jede Maschine, kann aber bis zu fünf Stück besitzen. Die erste Maschine kostet 50, danach verdoppelt sich der Kaufpreis für jede weitere Maschine.

Eine Umsetzung dieser Regeln ist nicht sehr schwierig. Wir gehen in unserem ersten Entwurf davon aus, dass wir eine neue Maschine kaufen, sobald der nötige Betrag erreicht wird.

```
1  def spiel(zielsumme):
2      einkommen = 20
3      runde = 0
4      guthaben = 0
5      kaufzeitpunkt_maschinen = []
6      while guthaben < zielsumme:
7          runde += 1
8          guthaben += einkommen + runde
9          zinsen = sum(0.05 if runde - t <= 10 else 0.03
                for t in kaufzeitpunkt_maschinen)
10         guthaben += guthaben * zinsen
11         preis = 50 * 2 ** len(kaufzeitpunkt_maschinen)
12         if guthaben >= preis and len(
                kaufzeitpunkt_maschinen) < 5:
13             kaufzeitpunkt_maschinen.append(runde)
14             guthaben -= preis
15     return runde, kaufzeitpunkt_maschinen
```

Die Funktion hat nur ein Argument, die zu erreichende Zielsumme. Wir definieren dann zunächst einige Werte, wie das Rundeneinkommen, die aktuelle Runde, das Guthaben sowie eine leere Liste, in der wir den Kaufzeitpunkt der Maschinen abspeichern. Es folgt eine Schleife, die so lange läuft, bis die Zielsumme erreicht wurde. Wir erhöhen den Rundenzähler um 1 und erhalten unser Einkommen, das auch auf der Rundenzahl basiert. Die Zinsen berechnen wir in einer *list comprehension*. Dazu iterieren wir über alle vorhandenen Kaufzeitpunkte und berechnen, wie lange eine Maschine bereits vorhanden ist. Darauf aufbauend lässt sich der Zins feststellen, welche alle aufsummiert wird. Im nächsten Schritt wenden wir diesen Zinssatz auf das aktuelle Guthaben an. Ist die Liste leer, so ist der Wert 0. Danach prüfen wir, wie hoch der Kaufpreis einer neuen Maschine ist. Dieser basiert nur auf der Anzahl der bereits vorhandenen Maschinen. Danach testen wir: wenn unser Guthaben größer ist als der Kaufpreis und wir noch weniger als 5 Maschinen besitzen, so kaufen wir eine. Diese Information wird anschließend der Liste zugefügt und zwar als Runde, in der der Kauf erfolgt ist. Den Preis müssen wir natürlich vom Guthaben abziehen. Auf diese Weise geht das Spiel dann weiter, bis das Zielguthaben erreicht wurde. Gehen wir nun davon aus, dass wir ein Ziel von 5,000 haben. Lassen wir diese erste, streng deterministische Version laufen, erhalten wir folgende Ausgabe:

```
>>> print(spiel(5000))
(44, [3, 6, 12, 18, 27])
```

Es dauert also 44 Runden, bis wir das Ziel erreichen. Auch wird deutlich, dass wir die Maschinen so schnell wie möglich kaufen. Aber ist das sinnvoll? Angenommen, man würde die letzte Maschine für 800 knapp vor Erreichen der 5,000 kaufen. In diesem Fall könnte es länger dauern, bis die Maschine den fehlenden Betrag wieder erwirtschaftet hat, als hätte man einfach gewartet und gespart. Unsere Lösungsidee ist daher, viele verschiedene Versionen auszuprobieren und zu testen, welche gut funktioniert. Wir benötigen daher ein Zufallselement, das entscheidet, wann eine Maschine gekauft wird. Natürlich gilt auch weiterhin die harte Beschränkung, dass wir nur dann eine Maschine kaufen können, wenn wir sie uns auch leisten können. Wir gehen so vor, dass wir jedes Mal, wenn wir theoretisch eine Maschine kaufen könnten, eine Münze werfen und nur dann zuschlagen, wenn die Münze die „richtige" Seite zeigt. Dazu importieren wir das Modul *random* und modifizieren die entsprechende Zeile folgendermaßen:

```
(...)
if guthaben >= preis and len(maschinen) < 5 and random.
    randint(0, 1) == 1:
(...)
```

Hierbei „wirft" Python für uns die Münze und kauft nur dann, wenn die 1 gezogen wurde. Lassen wir diese Version ein Mal laufen und wir werden mit Sicherheit ein anderes Ergebnis erhalten. In meinem Fall war das Ergebnis (41, [4, 11, 13, 18, 27]). Tatsächlich wird rein zufällig eine kleine Verbesserung erzielt von 44 auf nur mehr 41 Runden. Auch sehen wir, dass die Maschinen etwas später gekauft wurden. Natürlich ist nur ein Versuch kaum aussagekräftig, wir sollten daher *viele* Optionen durchspielen lassen. Das Vorgehen ist einfach: Wir lassen die abgewandelte Funktion sehr oft laufen, notieren die Ergebnisse und sehen dann, welche Taktik am besten funktioniert hat. Dabei können wir allerdings noch einige Optimierungen einbauen, um die Berechnung zu beschleunigen. So kann eine Berechnung abbrechen, sofern die bereits bestehende Bestmarke erreicht wurde, weil dann klar ist, dass kein besseres Ergebnis erzielt werden kann. Auch brauchen wir nicht alle Ergebnisse speichern, sondern nur das jeweils beste. Auf diese Weise vermeiden wir es, nutzlose Daten zwischenspeichern zu müssen. Die neue Funktion könnte dann etwa so aussehen:

```
1  import random
2  def spiel2(bestmarke, zielsumme):
3      einkommen = 20
4      runde = 0
5      guthaben = 0
6      kaufzeitpunkt_maschinen = []
7      while guthaben < zielsumme:
8          if runde >= bestmarke:
9              return None
10         runde += 1
11         guthaben += einkommen + runde
12         zinsen = sum(0.05 if runde - t <= 10 else 0.03
                   for t in kaufzeitpunkt_maschinen)
13         guthaben += guthaben * zinsen
14         preis = 50 * 2 ** len(kaufzeitpunkt_maschinen)
15         if guthaben >= preis and len(
                   kaufzeitpunkt_maschinen) < 5 and random.
                   randint(0, 1) == 1:
16             kaufzeitpunkt_maschinen.append(runde)
17             guthaben -= preis
18     return runde, kaufzeitpunkt_maschinen
```

Wir haben im Vergleich zur ersten Funktion nur einige wenige Änderungen durchgeführt. Wir prüfen direkt zu Beginn der while-Schleife, ob unsere alte Bestmarke bereits überschritten wurde, dann können wir sofort abbrechen und geben *None* aus. Weiter unten haben wir die Kaufoption so modifiziert, dass zusätzlich die richtige Zufallszahl gezogen werden muss, damit ein Kauf erfolgt. Jetzt fehlt nur noch das eigentliche Simulationsprogramm.

```
1  def simulation(n):
2      bestmarke = 999
3      for i in range(n):
4          output = spiel2(bestmarke, 5000)
5          if output:
6              bestmarke, zugfolge = output
7      return bestmarke, zugfolge
```

Wir legen eine Bestmarke fest, die anfangs hoch ist, damit sie garantiert unterboten wird. Danach starten wir eine Schleife, in der die eigentlichen Spiele erfolgen. Wir speichern das Ergebnis eines Spiels in *output* und prüfen, ob es ungleich *None* ist. In diesem Fall wurde die alte Bestmarke unterboten und wir machen ein Update der Bestmarke sowie der Kaufzeitpunkte. Dazu nutzen wir Tuple-Unpacking. Am Ende aller Simulationen können wir das beste Ergebnis ausgeben lassen. Auf diese Weise sind wir effizient und spielen nur die Spiele zu Ende, die auch noch eine Chance haben, die alte Bestmarke zu unterbieten.

```
>>> print(simulation(10 ** 6))
35, [6, 7, 16, 27])
```

Wie wir sehen braucht es offenbar nur 35 Runden, um das Ziel zu erreichen. Auffällig ist, dass nur vier Maschinen gekauft wurden, wir also das Kontingent gar nicht ausgeschöpft haben. Dennoch ist diese Lösung offenbar deutlich besser als die naive Lösung, in der sofort gekauft wird.

Aufgaben

1. Ein Spezialroboter stellt eine Computerplatine pro Stunde her. Seine Ausfallwahrscheinlichkeit beträgt dabei in jeder Stunde 5% (Baseline). Fällt er aus, so produziert er in dieser Stunde keine Platine. Eine Reparatur dauert dann sechs

Stunden (danach ist die Ausfallwahrscheinlichkeit wieder bei 5%). Zudem steigt die Ausfallwahrscheinlichkeit grundsätzlich jede Stunde um 0.2 Prozentpunkte an. Wie viele Platinen stellt der Roboter im Schnitt in einer Woche (168 Stunden) her?

2. Wie hoch darf die Baselineausfallrate, die hier bei 5% liegt, maximal sein, damit im Schnitt mindestens 120 Platinen pro Woche hergestellt werden können?

3.8   Viele Kreise

Gegeben ist eine beliebige Anzahl an Kreisen in der Ebene, die sich zum Teil überschneiden. Auch ist es möglich, dass ein Kreis vollständig in einem anderen Kreis liegt. Nun soll die Gesamtfläche aller Kreise berechnet werden. Überschneidungen sollen dabei natürlich nicht doppelt gezählt werden, weshalb ein einfaches Aufaddieren aller Kreisflächen nicht zum Ziel führt. Wie kann das gelöst werden? Hierbei kann man sich etwas Zeit nehmen und grübeln, denn dies ist kein triviales Problem. Als Hilfestellung dient eine grafische Darstellung der Aufgabe (Abbildung 3.4).

Wie so oft gibt es vielerlei Ansätze. Zwar existiert auch eine analytische Lösung, jedoch ist diese mehr als komplex und erfordert zum Verständnis viel Mathematik, weshalb sie wohl besser in einem Mathematikbuch aufgehoben ist.[4] Vielen Leserinnen und Lesern wird aufgefallen sein, dass wir eine ähnliche Aufgabe bereits vorher gelöst haben, nämlich als es darum ging, Pi mittels Statistik zu berechnen. Können wir dieses Verfahren auch hier anwenden? Ja, allerdings erscheint es logisch, dass deutlich mehr Zufallsziehungen notwendig sein werden, um ein präzises Ergebnis zu erhal-

---

[4]Interessierte seien an folgende Seiten verwiesen, die Lösungsideen darstellen: stackoverflow.com/a/1667789; http://rosettacode.org/wiki/Total_circles_area#Analytical_Solution_3

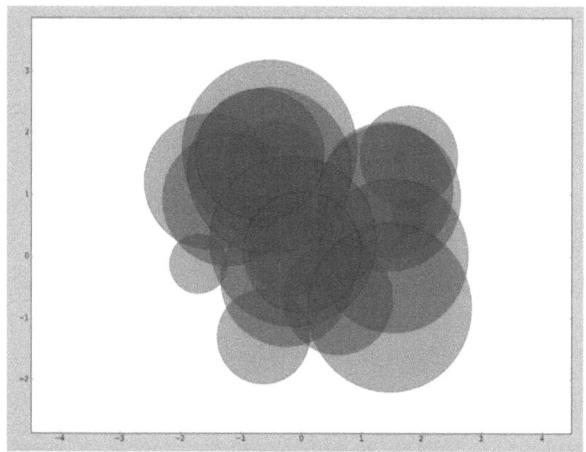

Abbildung 3.4: Was ist die Fläche der grauen Figur?
Urheber: *Bearophile* (Rosettacode.org)

ten, weshalb wir das Vorgehen modifizieren. Die Lösungsstrategie können wir wie folgt zusammenfassen:

1. Zunächst werden alle Kreise entfernt, die vollständig in einem anderen Kreis liegen, was die Berechnung später beschleunigt.

2. Anschließend wird die Fläche so beschnitten, dass möglichst wenig weiße Fläche übrigbleibt. Die Ränder werden also so nahe wie möglich an die Figur herangeschoben, was die Gesamtfläche verkleinert.

3. Danach wird das Feld in eine frei definierbare Anzahl an Rechtecken zerlegt. Legen wir beispielsweise fest, dass x- und y-Achse in jeweils 20 Abschnitte zerlegt werden sollen, so enthält unser Grid am Ende 400 Rechtecke (Abbildung 3.5).

4. Separat für jedes der so definierten Rechtecke prüfen wir, ob alle vier Ecken innerhalb eines Kreises liegen. Ist dies der Fall,

159

so ist garantiert, dass die gesamte Rechteckfläche innerhalb der Figur liegt. In diesem Fall können wir automatisch die gesamte Rechteckfläche zur Figurenfläche hinzuaddieren und müssen keine Simulation starten.

5. Trifft für ein Rechteck diese Bedingung nicht zu, so wissen wir, dass es entweder komplett außerhalb eines Kreises liegt oder diesen zumindest schneidet. In diesem Fall starten wir für das Rechteck eine Simulation. Wir ziehen viele Zufallspunkte und prüfen, wie viele der Punkte innerhalb einer Kreisfläche landen. Sind am Ende etwa 25% der Punkte in einem Kreis gelandet, so wissen wir, dass ungefähr 25% der Rechteckfläche in einem Kreis liegt. In diesem Fall addieren wir ein Viertel der Rechteckfläche zur Figurenfläche hinzu.

6. Wurden auf diese Weise alle Rechtecke behandelt, so haben wir die Figurenfläche approximiert. Die Präzision des Ergebnisses basiert auf der Anzahl der definierten Rechtecke sowie der Anzahl der Zufallspunkte, die für jedes Rechteck gezogen werden.

7. Der Algorithmus ist insofern effizienter als der naive Algorithmus, als Rechtecke, die komplett in einem Kreis liegen, keine Simulation benötigen und somit Rechenzeit gespart wird.

Für das Beispiel nutzen wir folgende Zahlenwerte (Tabelle 3.2).[5] Dabei steht jede Zeile für einen Kreis. Die ersten beiden Koordinaten geben dabei den Kreismittelpunkt an, die dritte den Radius. Diese Werte kopieren wir in eine Liste mit Unterlisten und können sie so abrufen (*data*). Um nun mit Schritt 1 zu starten, bauen wir eine Hilfsfunktion, die alle Kreise entfernt, die vollständig in *einem* anderen Kreis liegen. Nicht beseitigen werden wir damit jedoch solche Kreise, die durch mehrere verschiedene Kreise bedeckt werden.

---

[5]https://rosettacode.org/wiki/Total_circles_area

x-Koordinate	y-Koordinate	Radius
1.6417233788	1.6121789534	0.0848270516
-1.4944608174	1.2077959613	1.1039549836
0.6110294452	-0.6907087527	0.9089162485
0.3844862411	0.2923344616	0.2375743054
-0.2495892950	-0.3832854473	1.0845181219
1.7813504266	1.6178237031	0.8162655711
-0.1985249206	-0.8343333301	0.0538864941
-1.7011985145	-0.1263820964	0.4776976918
-0.4319462812	1.4104420482	0.7886291537
0.2178372997	-0.9499557344	0.0357871187
-0.6294854565	-1.3078893852	0.7653357688
1.7952608455	0.6281269104	0.2727652452
1.4168575317	1.0683357171	1.1016025378
1.4637371396	0.9463877418	1.1846214562
-0.5263668798	1.7315156631	1.4428514068
-1.2197352481	0.9144146579	1.0727263474
-0.1389358881	0.1092805780	0.7350208828
1.5293954595	0.0030278255	1.2472867347
-0.5258728625	1.3782633069	1.3495508831
-0.1403562064	0.2437382535	1.3804956588
0.8055826339	-0.0482092025	0.3327165165
-0.6311979224	0.7184578971	0.2491045282
1.4685857879	-0.8347049536	1.3670667538
-0.6855727502	1.6465021616	1.0593087096
0.0152957411	0.0638919221	0.9771215985

Tabelle 3.2: Numerische Werte für das Rechenbeispiel

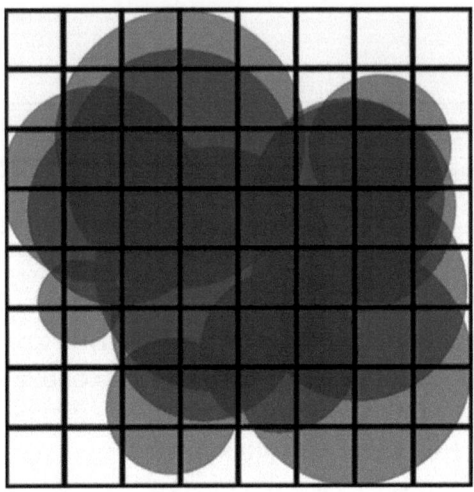

Abbildung 3.5: Feld nach Entfernung innenliegender Kreise, Beschnitt, sowie Einfügen eines Rasters

```
1  from itertools import combinations
2  def berechne_abstand(p1, p2):
3      return ((p1[0] - p2[0]) ** 2 + (p1[1] - p2[1]) ** 2)
           ** 0.5

5  def entferne_kreise(kreise):
6      """ Entfernt solche Kreise, die vollstaendig in
           einem groesseren Kreis liegen"""
7      zu_entfernen = set()
8      for paar in combinations(kreise, 2):
9          kleiner_kreis, grosser_kreis = sorted(paar, key=
               lambda k: k[2])
10         abstand_mittelpunkte = berechne_abstand(
               kleiner_kreis, grosser_kreis)
11         if grosser_kreis[2] >= abstand_mittelpunkte +
               kleiner_kreis[2]:
12             # kleiner_kreis liegt innerhalb
                   grosser_kreis
13             zu_entfernen.add(kleiner_kreis)
14     return [k for k in kreise if k not in zu_entfernen]
```

Zunächst brauchen wir wieder eine Hilfsfunktion, um den Abstand zweier Punkte zu berechnen. Es folgt die eigentliche Funktion *entferne_kreise()*. Diese Funktion hat nur ein Argument, nämlich eine Liste mit allen Kreisen. Danach legen wir ein Set an, in dem wir alle Kreise vormerken, die später entfernt werden sollen. Nachfolgend lassen wir uns über *combinations()* alle möglichen Paarungen der Kreise ausgeben. Die Reihenfolge in der die Kreise dabei erscheinen ist belanglos. Für jede Paarung sortieren wir dann die beiden Kreise nach ihrem Radius. Dazu nutzen wir *sorted()* mit einer lambda-Funktion als *key*. Wir sortieren nach dem 3. Element, also dem Radius, so wie wir es in der obenstehenden Tabelle definiert haben. Danach berechnen wir den Abstand der Kreismittelpunkte, wozu wir unsere anfangs definierte Hilfsfunktion benutzen. Nun prüfen wir, ob der kleinere Kreis vollständig in dem größeren liegt. Die Idee ist wie folgt: wenn der Radius des größeren Kreises größer ist als die Summe aus Abstand der Mittelpunkte und Radius des kleineren Kreises, so ist bewiesen, dass der kleinere Kreis vollständig in dem größeren liegen muss. Zur Hilfe kann man sich einige Beispiele auf Papier einzeichnen, damit dieses Prinzip klar wird. Ist dies also der Fall, so fügen wir den kleineren Kreis in das definierte Set hinzu und merken ihn damit zur Löschung vor. Haben wir auf diese Weise alle Paarungen durchgegangen, geben wir am Ende nur die Kreise wieder zurück, die nicht in diesem Set sind. Damit wäre dieser erste Schritt erledigt.

Da die Funktion insgesamt recht lange wird, zerlegen wir sie in verschiedene weitere Hilfsfunktionen. Dabei stellen wir zunächst die eigentliche Hauptfunktion vor, die alles zusammenbringt. Auf diese Weise wird bereits am Anfang das Grundprinzip verdeutlicht.

```
1  def berechne_flaeche(kreise, n, iterationen):
2      total_simulationen = 0
3      total_boxes = 0
4      skipped_boxes = 0
5      total_points = 0
6      kreise = entferne_kreise(kreise)
```

```
7    xmin, xmax, ymin, ymax =
        ermittle_umschreibendes_rechteck(kreise)
8    boxflaeche = ((xmax - xmin) * (ymax - ymin)) / (n **
        2)
9    for box_teil in iter_teilbereiche(xmin, xmax, ymin,
        ymax, n):
10       if ist_box_innerhalb(box_teil, kreise):
11           skipped_boxes += 1
12           total_boxes += boxflaeche
13       else:
14           total_points += iterationen
15           trefferquote = ermittle_trefferquote(
                box_teil, kreise, iterationen)
16           total_simulationen += boxflaeche *
                trefferquote
17   print(f"Anteil uebersprungener Rechtecke: {
        skipped_boxes / n**2}")
18   print(f"Summe aller gezogenen Punkte (in Tsd.): {
        total_points // 10**3}")
19   return total_simulationen + total_boxes
```

Unsere Funktion hat drei Argumente: eine Liste mit allen Kreisen, die Anzahl der Abschnitte, in die wir unsere Seitenlängen einteilen werden, sowie die Anzahl der Iterationen für den Simulationsteil. Je größer n und *iterationen* werden, desto genauer sollte unsere Schätzung ausfallen. Zunächst definieren wir einige Variablen, die zur Buchführung gebraucht werden. In *total_simulationen* speichern wir die Gesamtfläche ab, die über die Simulationen berechnet wird. Analog dazu wird in *total_boxes* die Gesamtfläche gespeichert, die rein analytisch berechnet wird. In *skipped_boxes* zählen wir, wie viele der berechneten Boxen oder Rechtecke analytisch berechnet werden und nicht simuliert werden. In *total_points* speichern wir ab, wie viele Zufallspunkte wir insgesamt simulieren. Danach wenden wir die bereits erstellte Hilfsfunktion auf die Liste aller Kreise an, um solche zu entfernen, die komplett verdeckt sind und daher die Rechnung nicht beeinflussen.

Nun wird die weiße Fläche entfernt, wozu wir die extremsten

164

x- und y-Koordinaten berechnen. Dies erfolgt mit der Funktion *ermittle_umschreibendes_rechteck()*. Wir erhalten daraus vier neue Variablen, welche die jeweils extremsten Werte speichern. Über diese können wir nun die Fläche einer jeden Box berechnen. Dies ist die übrige Gesamtfläche, die wir durch die Anzahl der Boxen teilen. Da wir für beide Achsen eine identische Anzahl an Abschnitten generieren, ergibt sich diese Zahl als das Quadrat der Abschnitte. Wäre die Gesamtfläche etwa 100 und hätten wir ein n von 20, so läge die Fläche einer jeden Box bei 0.25. Wie in Abbildung 3.5 dargestellt muss nun ein Grid (Raster) auf die Gesamtfläche gelegt werden. Dazu müssen wir für jede der entstehenden Boxen die vier Eckpunkte berechnen. Dies geschieht in der Funktion *iter_teilbereiche()*. Wir iterieren über alle so entstehenden Boxen. Nun prüfen wir: liegen alle vier Eckpunkte innerhalb eines Kreises? Wenn ja, so ist bewiesen, dass die gesamte Fläche der Box in einem Kreis liegt und wir können auf eine Simulation verzichten. Diese Prüfung erfolgt in der Funktion *ist_box_innerhalb()*. In diesem Fall erhöhen wir den Zähler der übersprungenen Boxen um 1 und zählen eine Boxfläche zur Gesamtfläche aller Boxen hinzu. Ist dies aber nicht der Fall, liegt also mindestens ein Eckpunkt außerhalb eines Kreises, so leiten wir eine Simulation ein. Dazu zählen wir die Anzahl der neuen Iterationen zur Gesamtzahl hinzu und berechnen dann die Trefferquote mittels *ermittle_trefferquote()*. Diese muss zwischen 0 und 1 liegen. Der Anteil der Fläche innerhalb eines Kreise ergibt sich dann als Produkt der Trefferquote und der Fläche einer Box. Dieses Ergebnis zählen wir der Gesamtfläche aller Simulationen hinzu.

Damit sind wir beinahe fertig. Wir lassen uns noch zwei Statistiken ausgeben, die für uns interessant sein können. Danach erfolgt die endgültige Ausgabe als die Summe aus den Simulationsflächen sowie den Boxenflächen, was die Gesamtfläche aller Kreise bestimmt. Nachdem das Prinzip nun klar ist können wir die verschiedenen Hilfsfunktionen erstellen. Beginnen wir mit dem Beschnitt, also dem Feststellen der extremsten Positionen im Grid.

```
1  def ermittle_umschreibendes_rechteck(kreise):
2      xmin = min(k[0] - k[2] for k in kreise)
3      xmax = max(k[0] + k[2] for k in kreise)
4      ymin = min(k[1] - k[2] for k in kreise)
5      ymax = max(k[1] + k[2] for k in kreise)
6      return xmin, xmax, ymin, ymax
```

Das einzige Argument, das diese Funktion benötigt, ist die Liste der Kreise. Danach finden wir die jeweils extremsten x- und y-Werte über *comprehensions*. Für die x-Werte ist dies beispielsweise die x-Koordinate eines Kreismittelpunkts abzüglich des Radius. Dies wird für x- und y-Werte jeweils für Minimum und Maximum berechnet. Wir geben diese Werte dann zurück. Die Reihenfolge, in der die Werte im Tupel übergeben werden, muss dabei natürlich immer gleich bleiben, damit die nachfolgenden Funktionen die richtige Zuordnung erhalten. Danach wenden wir uns der Funktion zu, welche die Eckpunkte aller Boxen im Grid berechnet.

```
1  def iter_teilbereiche(xmin, xmax, ymin, ymax, n):
2      xsize = (xmax - xmin) / n
3      ysize = (ymax - ymin) / n
4      for xstep in range(n):
5          for ystep in range(n):
6              xmin_teil = xmin + xstep * xsize
7              ymin_teil = ymin + ystep * ysize
8              yield xmin_teil, xmin_teil + xsize,
                    ymin_teil, ymin_teil + ysize
```

Diese Funktion nimmt die zuvor berechneten Grenzen entgegen, sowie die Anzahl der Abschnitte, in die x- und y-Achse jeweils unterteilt werden. Alle Boxen sollen dabei gleich groß sein. Die Größe ergibt sich aus der Differenz zwischen Maximal- und Minimalwert, der durch die Anzahl der Abschnitte geteilt wird. Damit sind die Seitenlängen jeder Box bestimmt. Wir iterieren nun über alle Abschnitte in x- und y-Richtung und nennen diese jeweils *xstep* und *ystep*. Die Eckpunkte werden nun berechnet als der minimale Wert, auf den das Produkt des Steps und der Seitenlänge addiert wird. Auf diese Weise arbeiten wir nach und nach alle Boxen ab. Die vier Koordinaten der Eckpunkte geben wir dann als Tuple zurück und nutzen hierbei *yield* statt *return*, sodass wir einen Generator benutzen. Haben wir so die vier Eckpunkte einer Box berechnet, können wir danach testen, ob alle vier in *einem* Kreis liegen. Ist dies der Fall, so ist nachgewiesen, dass die Gesamtfläche in diesem Kreis liegt.

```
1  def ist_box_innerhalb(box, kreise):
2      xmin, xmax, ymin, ymax = box
3      for kreis in kreise:
4          if (berechne_abstand([xmin, ymin], kreis) <
                  kreis[2] and
5              berechne_abstand([xmin, ymax], kreis) <
                  kreis[2] and
6              berechne_abstand([xmax, ymin], kreis) <
                  kreis[2] and
7              berechne_abstand([xmax, ymax], kreis) <
                  kreis[2]):
8              return True
9      return False
```

Diese Funktion nimmt die Boxkoordinaten als Tuple entgegen sowie die Liste der Kreise. Wir entpacken das Tuple auf die vier Eckpunkte einer Box und iterieren dann über alle Kreise. Wenn der Abstand zwischen Kreismittelpunkt und einer Koordinate kleiner ist als der Radius des jeweiligen Kreises, so steht fest, dass der Punkt im Kreis liegt. Trifft dies auf alle vier Punkte zu, so geben wir *True* aus, ansonsten *False*. Wichtig ist hier die Logik im Blick zu behalten: ist die if-Bedingung nur ein Mal zutreffend, so können wir sofort beenden und *True* ausgeben, da ja gezeigt wurde, dass die vier Eckpunkte in einem Kreis liegen. Falls diese Bedingung aber verletzt ist, beenden wir nicht sofort, sondern iterieren über alle noch verbliebenen Kreise, da ja immer noch ein Treffer für einen anderen Kreis möglich ist.

Zum Abschluss müssen wir jetzt noch die eigentliche Simulation erstellen. Liegt also mindestens ein Eckpunkt nicht in einem Kreis, so nutzen wir die Zufallsmethode und bestimmen so den Anteil der Box, der in einem Kreis liegt. Das Prinzip ist sehr ähnlich zu der früheren Aufgabe, als wir Pi statistisch berechnet haben.

```python
import random
def ermittle_trefferquote(box, kreise, iterationen):
    xmin, xmax, ymin, ymax = box
    treffer = 0
    for i in range(iterationen):
        zx = xmin + (xmax - xmin) * random.random()
        zy = ymin + (ymax - ymin) * random.random()
        for kreis in kreise:
            if berechne_abstand((zx, zy), kreis) < kreis[2]:
                treffer += 1
                break
    return treffer / iterationen
```

Als Argumente benötigen wir hier wieder das Tuple, das die Eckpunkte der Box enthält, die Liste der Kreise sowie der Anzahl der zu ziehenden Punkte. Zuerst entpacken wir das Tuple auf die vier Eckpunkte. Danach setzen wir die Anzahl der Treffer auf 0. Nun beginnt die Simulation, die so lange läuft, bis alle Punkte gezogen wurden. Die x-Koordinate des Zufallspunkts ist der Zufallswert aus $[0, 1[$, der mit der Länge der Box multipliziert wird. Wir zählen diesen Wert zum minimalen x-Wert hinzu. Analog ist das Verfahren für den y-Wert. Auf diese Weise erhalten wir einen Zufallspunkt, der innerhalb der aktuell betrachteten Box liegt. Nun prüfen wir für alle Kreise aus der Liste, ob der so erzeugte Punkt in mindestens einem Kreis liegt, was sich über den Abstand zum jeweiligen Mittelpunkt ermitteln lässt. Ist dies für nur einen Kreis der Fall, so können wir sofort beenden und den Treffer zählen. Haben wir so alle Punkte gezogen, können wir den Anteil der Punkte ermitteln, die in einem Kreis liegen. Ist dieser Wert beispielsweise 0.5, so wissen wir, dass im Schnitt die Hälfte der betrachteten Box in einem Kreis liegt. Diesen Wert liefern wir dann zurück an die konsumierende Funktion. Damit wären alle Hilfsfunktionen erstellt und wir können einen Testlauf starten.

```
>>> berechne_flaeche(data, 100, 2000)
Anteil uebersprungener Rechtecke:  0.7145
Summe aller gezogenen Punkte (in Tsd.):  5710
21.565288978106558
```

Da wir online für das gegebene Beispiel die analytische Lösung finden, welche 21.56503660... beträgt, stellen wir fest, dass unsere Näherung recht gut ist. Zudem beträgt die Laufzeit des Programms unter einer Minute, sodass wir, bei Bedarf, auch ein präziseres Ergebnis generieren könnten.

Aufgaben

1. Offenbar wird die Genauigkeit unserer Funktion über zwei Parameter bestimmt, die Anzahl der zu generierenden Rechtecke und die Anzahl der Zufallspunkte, die aus jedem Rechteck gezogen werden. Was passiert, wenn wir nur die Anzahl der Rechtecke variieren? Was, wenn wir nur die Punkte variieren? Gehen Sie einige Extrembeispiele durch und überlegen Sie sich, was diese Variablen beeinflussen und wie sich dies auf das Ergebnis auswirken kann. Wie hängt dies mit dem Zufallsfaktor zusammen?

2. Was ist für ein präzises Ergebnis wichtiger, viele Rechtecke oder viele Zufallsziehungen? Schreiben Sie ein Programm, das diese Variablen systematisch variiert und die Ergebnisse protokolliert. Achten Sie auch darauf, dass Sie den Zufallsfaktor berücksichtigen, sodass die Ergebnisse nicht zu stark durch Ausreißer verzerrt werden.

3.9 Pig

Dass sehr einfache Regeln teuflisch komplexe Situationen entstehen lassen können, beweist dieses Würfelspiel für zwei oder mehr Spieler, bei dem es darum geht, als erstes 100 Punkte zu erreichen. Gespielt wird dabei abwechselnd in Runden. In jeder Runde kann ein Spieler entweder würfeln oder sich seinen aktuellen Rundenstand gutschreiben lassen. Würfelt er und erhält eine Zahl zwischen 2 und 6, so wird diese Zahl seinem Rundenstand hinzugezählt. Würfelt er allerdings eine 1, so verliert er alle in dieser Runde erreichten Punkte und bekommt nur einen Punkt gutgeschrieben. Demnach erhält jeder Spieler in jeder Runde mindestens einen Punkt.[6] Aufbauend auf diesen Regeln kann jeder Spieler entscheiden, wie viel Risiko er eingehen möchte. Natürlich wird man zu Beginn jeder Runde mindestens ein Mal würfeln wollen, da man beim ersten Wurf nichts zu verlieren hat. Danach sollte man abwägen: Lieber den aktuellen Stand sichern und gutschreiben lassen, oder zocken und darauf hoffen, nicht eine 1 zu erwischen? Gehen wir davon aus, dass genau zwei Spieler spielen, so muss man zudem den Punktestand des Mitspielers berücksichtigen. Ist dieser weit vom Ziel der 100 Punkte entfernt kann man konservativer spielen.

Es stellt sich dabei natürlich die Frage, welche Strategie die besten Chancen verspricht. Insofern ist das Spiel einfach, da ein Spieler stets nur zwei Möglichkeiten wählen kann, entweder weiterspielen oder sichern. Diese Entscheidung ist wiederum nur von drei Variablen abhängig, dem eigenen Spielstand (i), dem Spielstand des Kontrahenten (j) sowie der aktuell vorhandenen Rundensumme (k). Eine recht simple Daumenregel gibt vor, dass man

---

[6]An dieser Stelle weicht *Progressive Pig* vom Original ab, denn dort kann man auch gar keine Punkte pro Runde erhalten. Da dies aber zu verzwickten zyklischen Abhängigkeiten führt, diskutieren wir an dieser Stelle die leicht veränderte Spielversion. Für eine Lösung des Originals siehe `http://cs.gettysburg.edu/~tneller/papers/pig.zip`

in jeder Runde so lange spielen sollte, bis man mindestens 20 Punkte erreicht hat. Die Begründung ist wie folgt: Ein Würfel hat sechs Seiten, jede Zahl hat die gleiche Wahrscheinlichkeit. Somit wissen wir, dass eine 1 im Schnitt alle sechs Würfe auftreten wird. Daher kann man im Mittel fünf Mal würfeln, bis dieses Ereignis eintritt. Der Erwartungswert eines Wurfes ist, sofern man annimmt, keine 1 zu erhalten, gleich 4 ($\frac{2+3+4+5+6}{5}$). Da vier Mal fünf 20 ist, bekommt man im Schnitt diese Punktzahl. Wer daher bereits vorher aufhört „verschenkt" somit Punkte. Doch diese Daumenregel kommt eben dann an Grenzen, wenn bestimmte Spielsituationen eintreten. Angenommen, der Kontrahent hat 99 Punkte, so ist klar, dass er garantiert in der nächsten Runde gewinnen wird, egal was passiert. Daher scheint es sinnvoll, so oft zu würfeln wie möglich, selbst wenn der eigene Punktstand noch weit von 100 entfernt ist. Theoretisch kann ein Spieler direkt am Anfang des Spiels in der ersten Runde gewinnen (er muss „nur" 17 Mal hintereinander eine sechs Würfeln, was zwar extrem unwahrscheinlich ist, aber denkbar.) Eine optimale Spielweise muss diese Faktoren im Blick haben. Wir werden insgesamt fünf verschiedene Strategien entwickeln und diese am Ende gegeneinander in einem Turnier testen. Da wir Würfelereignisse problemlos simulieren können, werden wir letztlich wissen, welche Strategie wir für maximale Siegchancen fahren sollten.

Beginnen wir mit sehr simplen und teilweise auch unsinnigen Ansätzen. Ein Spieler könnte alle Informationen, die er an der Hand hat, ignorieren und komplett zufällig spielen. Dabei würde er vor jeder Entscheidung eine Münze werfen. Zeigt diese Kopf, so spielt er weiter, zeigt sie Zahl, hört er auf. Offenbar ist diese Regel wohl eher nicht zielführend, wir wollen sie aber nichtsdestoweniger aufnehmen. Sie dient uns sozusagen als untere Grenze. Jede andere Strategie, die gegen sie verliert, scheint gravierende Denkfehler zu beinhalten.

```
1  import random
```

```
2  def zufall(meinstand, deinstand):
3      rundensumme = 0
4      while True:
5          if random.randint(0, 1) == 1:
6              z = random.randint(1, 6)
7              if z == 1:
8                  return 1
9              else:
10                 rundensumme += z
11         else:
12             return max(1, rundensumme)
```

Auch wenn diese Spielweise die Informationen nicht nutzt, übergeben wir sie hier als Argumente, damit wir später im Turnierprogramm alle Funktionen auf dieselbe Weise aufrufen können. Wir initialisieren die Rundensumme mit 0 und starten eine Schleife, die so lange läuft, bis ein Spieler eine 1 würfelt oder abbricht. Danach entscheidet sich das Programm für oder gegen das Weiterspielen. Wenn es spielt, so wird der Würfel geworfen und das Ergebnis der Rundensumme hinzugezählt. Würfelt es eine 1, so wird direkt dieser Wert als Endergebnis zurückgegeben. Die zweite, etwas sinnvollere Strategie ist, dass man immer spielt, egal was passiert. Somit versucht man sein Glück auszureizen.

```
1  def gierig(meinstand, deinstand):
2      rundensumme = 0
3      while rundensumme + meinstand < 100:
4          z = random.randint(1, 6)
5          if z == 1:
6              return 1
7          else:
8              rundensumme += z
9      return rundensumme
```

Die Umsetzung dieser Spielweise ist sogar noch einfacher, da es nur genau eine Abbruchbedingung gibt, den Sieg. Die dritte Spielweise ist die durchdachtere, zuvor erklärte Version, bei der man langfristig auf mindestens 20 Punkte pro Runde hofft und erst aufhört, wenn diese erreicht ist.

```
1  def get20(meinstand, deinstand):
2      rundensumme = 0
3      while rundensumme < 20 and meinstand + rundensumme <
           100:
4          z = random.randint(1, 6)
5          if z == 1:
6              return 1
7          else:
8              rundensumme += z
9      return rundensumme
```

Hierbei läuft die Hauptschleife einfach so lange, bis man die 20 erreicht hat oder aber, dass man insgesamt mehr als 100 Punkte hat. Dann sollte man auf jeden Fall aufhören. Hier die kurze Erinnerung in Bezug auf Bool'sche Werte: Die Schleife läuft nur, wenn beide Bedingungen *True* sind. Sobald eine nicht mehr gilt, also etwa *False and True*, ist die ganze Bedingung *False* und die Schleife wird verlassen. Natürlich kann man vorher scheitern und eine 1 würfeln, doch sofern dies nicht passiert, hört man erst mit den Mindestpunkten auf. Wie oben besprochen gibt es eine leichte Abwandlung dieser Idee. Dabei spielt man immer auf mindestens 20 Punkte, es sei denn, der Gegner ist nahe an der Grenze zum Sieg. Dann muss man riskanter spielen. Wie wir gesehen haben, ist ein Sieg mit ca. 50% Wahrscheinlichkeit möglich, sobald man 80 Punkte erreicht hat. Deshalb setzen wir diesen Wert als Grenze. Hat demnach ein Spieler diese Punktzahl oder eine höhere, wird das Programm spielen, bis es entweder gewonnen hat, oder eine 1 würfelt.

```
1  def risky(meinstand, deinstand):
2      rundensumme = 0
3      if 80 <= deinstand < 100:
4          while meinstand + rundensumme < 100:
5              z = random.randint(1, 6)
6              if z == 1:
7                  return 1
```

```
8               else:
9                   rundensumme += z
10          return rundensumme
11      else:
12          while rundensumme < 20 and meinstand +
                rundensumme < 100:
13              z = random.randint(1, 6)
14              if z == 1:
15                  return 1
16              else:
17                  rundensumme += z
18          return rundensumme
```

Hierbei wird zuerst geprüft, welche Taktik gefahren werden soll. Hat der Gegner zwischen 80 und 99 Punkte, so läuft die Schleife so lange, bis gewonnen wurde, also mindestens 100 Punkte erreicht wurden. Andernfalls greift die normale Taktik. Es sollen dann mindestens 20 Punkte erzielt werden.

Bleibt noch die Frage bestehen, wie denn nun die *optimale* Strategie aussieht, mit der die Siegchancen maximiert werden können. Zur Lösung können einige Grundsatzüberlegungen angestellt werden. Sobald ein Spieler einen Punktestand von 99 hat und am Zug ist, hat er automatisch gewonnen, da er pro Runde mindestens einen Punkt erzielt, sodass diese Gegebenheit nicht näher betrachtet werden muss. Was ist nun, wenn man selbst am Zug mit 98 Punkten ist, der Gegner aber 99 Punkte hat (98, 99, 0)? In diesem Fall wissen wir, dass er in der nächsten Runde garantiert gewinnen wird. Unsere Chancen auf den Sieg sind deshalb nur $\frac{5}{6}$. Würfeln wir eine 1, so beenden wir die Runde mit 99 Punkten und verlieren. Jeder andere Wurf bringt uns allerdings zum Sieg. Somit können wir ableiten: Beim Stand (98, 99, 0) gewinnen wir, sofern wir würfeln (mit $P = \left(\frac{5}{6}\right)$). Sichern wir aber, so gewinnen wir mit 0% Wahrscheinlichkeit. Bei diesem Stand wäre es demnach besser, zu würfeln. Da die Ergebnisse immer symmetrisch sind, gelten diese Überlegungen für den Gegner auch, wenn er sich in der gleichen Situation befindet. Wie sieht es nun aus beim Stand (98, 98,

0)? Offenbar gewinnen wir automatisch, sofern wir mindestens eine Zwei Würfeln. Werfen wir eine Eins, dann beenden wir die Runde und der Gegner findet, aus seiner Sicht, die Situation als (98, 99, 0) vor. Wie wir eben gesehen haben, liegt seine Wahrscheinlichkeit zu gewinnen bei $P = (\frac{5}{6})$. Da wir dies wissen, ist unsere Wahrscheinlichkeit zu gewinnen in der Runde vorher beim Wurf der Eins die Gegenwahrscheinlichkeit dazu, also $P = (\frac{1}{6})$. Summieren wir alle diese Wahrscheinlichkeiten auf, erhalten wir folgende Lösung:

$$P(98, 98, 0, W) = \frac{1}{6}\left\{[1 - P(98, 99, 0)] + \sum_{w=2}^{6} P(98, 98, w)\right\}$$
$$= \frac{1}{6}(\frac{1}{6} + 1 + 1 + 1 + 1 + 1)$$
$$= 0.86111$$

Sichern wir dagegen, so haben wir die folgende Wahrscheinlichkeit auf den Sieg des Spiels:

$$P(98, 98, 0, H) = 1 - P(98, 99, 0) = \frac{1}{6}$$

Somit wird klar, dass wir in der gegebenen Situation eindeutig würfeln sollten ($P_W > P_H$), um unsere Chancen zu maximieren. Wir möchten daher gerne für jede denkbare Spielsituation (i, j ,k) eine Empfehlung haben, sodass wir wissen, ob wir unsere Chancen maximieren, wenn wir weiterspielen oder halten. Wir können rekursiv über die gezeigte Formel eine solche Datenbank erstellen.[7]

---

[7]Jetzt wird auch klarer, warum dies beim normalen *Pig* nicht so einfach möglich ist. Wenn wir pro Runde auch gar keine Punkte erreichen können, geraten wir mitunter in zyklische Abhängigkeiten. Die notwendigen Wahrscheinlichkeiten können dann nicht mehr rekursiv berechnet werden, da sich ein unendlicher Regress auftut. Hier sind andere Techniken notwendig, die mehr Mathematik erfordern.

Aufbauend auf diesem Beispiel können wir nun die Formeln für den allgemeinen Fall ableiten (werfen oder halten), die folgendermaßen sind:

$$P(i,j,k,W) = \frac{1}{6}\left\{[1 - P(j,i+1,0)] + \sum_{w=2}^{6} P(i,j,k+w)\right\}$$

$$P(i,j,k,H) = 1 - P(j,i+k,0)$$

Gegeben sei (i, j, k), also der aktuelle Spielstand. Wir können nun beide Wahrscheinlichkeiten ausrechnen und dann die Option mit der höheren Siegeswahrscheinlichkeit auswählen. Deutlich wird hier der rekursive Charakter dieser Aufgabe. Starten wir ganz am Anfang beim ersten Zug, also (0, 0, 0), so müssen wir beispielsweise P(0, 0, 6) berechnen (wenn wir beim ersten Wurf eine 6 würfeln). Da dieser Wert nicht vorliegt, muss er also auch erst berechnet werden, wozu wieder ein anderer Wert berechnet werden muss. Wir müssen also so lange rekursiv suchen, bis wir den *base case* erreichen, also dann, wenn das Spiel tatsächlich endet und entweder gewonnen oder verloren ist. Sehen wir uns eine mögliche Umsetzung in Python an und erklären danach schrittweise das vorgehen.

```
1  def strategiesucher(gewinnsumme=100):
2      def wincheck(i, j, k):
3          if (i, j, k) in wahrscheinlichkeit:
4              # Wahrscheinlichkeit schon bekannt
5              return wahrscheinlichkeit[i, j, k]

7          if i + k >= gewinnsumme:
8              # garantiert gewonnen
9              return 1
10         elif j >= gewinnsumme:
11             # garantiert verloren
12             return 0
```

```
14      # Gewinnwahrscheinlichkeit bei Wuerfeln
15      p_wurf = 1 - wincheck(j , i + 1, 0)
16      for punkte in range(2, 7):
17          p_wurf += wincheck(i, j, k + punkte)
18      p_wurf /= 6
19      # Bei Stop, Wahrscheinlichkeit dass j gewinnt
20      p_stop = 1 - wincheck(j, i + max(k, 1), 0)
21      # welches ist die bessere Strategie
22      p_best = max(p_wurf, p_stop)
23      if p_wurf > p_stop:
24          handlung[i, j, k] = "wurf"
25      else:
26          handlung[i, j, k] = "stop"
27      wahrscheinlichkeit [i, j, k] = p_best
28      return p_best
29  wahrscheinlichkeit = {}
30  handlung = {}
31  wincheck(0, 0, 0)
32  return (wahrscheinlichkeit, handlung)
```

Wir erstellen die Funktion *strategiesucher()*, die am Ende alle Daten erzeugt, die wir zum Auffinden der jeweils optimalen Entscheidung benötigen. Wir geben vor, dass die Gewinnsumme 100 sein muss. Dies lässt sich aber anpassen, sofern man die Regeln verändern möchte. Wir erstellen zwei *Dicts*, *wahrscheinlichkeit* und *handlung*. *wahrscheinlichkeit* beinhaltet am Ende für jede denkbare Situation (i, j, k) die Gewinnwahrscheinlichkeit des Spielers, das zweite *Dict* gibt an, ob man nun würfeln oder sichern soll. Für i und j gibt es logischerweise jeweils 100 Möglichkeiten von 0 bis inkl. 99. Für k, also den aktuellen Rundenstand, gibt es weniger Möglichkeiten. Haben wir beispielsweise schon 95 Punkte, so brauchen wir einen möglichen Rundenstand von zehn gar nicht berücksichtigen, da man bei diesem Stand bereits gewonnen hätte und sich nicht mehr entscheiden muss. Die hier zu erzeugenden Werte sind demnach von *i* abhängig und Werte über 100 nicht relevant.

Gehen wir es schrittweise durch. Die Funktion wird aufgerufen und *wahrscheinlichkeit* und *handlung* als leer initialisiert. Dann rufen wir *wincheck()* mit unserer Ausgangslage auf, also dem Startwert des Spiels. Dies geschieht *von außen* genau ein Mal, alle anderen Aufrufe erfolgen durch die Funktion selbst. Wir sind nun in *wincheck()*. Die Variablen i, j und k stehen dabei für den eigenen Stand, den Stand des Gegners sowie den eigenen Rundenstand (Rundensumme). Wenn in *wahrscheinlichkeit* bereits ein Wert vorhanden ist können wir diesen direkt ausgeben lassen. Wenn die Summe aus i und k größer ist als die notwendige Gewinnsumme, so ist das Spiel bereits vorbei und wir können den Wert 1 zurückgeben. Umgekehrt, wenn j, also der Stand des Gegners über der Rundensumme ist, so ist ein Sieg unmöglich und die Rückgabe ist 0. Falls keiner dieser beiden Fälle zutrifft müssen wir den neuen Stand berechnen. Beginnen wir mit der Wahrscheinlichkeit bei einem Wurf, welche wir schrittweise aufbauen. Dabei setzen wir nur die oben dargestellten Formeln um. Zunächst berechnen wir die Wahrscheinlichkeit, dass wir gewinnen, wenn wir eine 1 Würfeln, was die Wahrscheinlichkeit ist, dass der Gegner in der nächsten Runde *nicht* gewinnt. Danach berechnen wir die Wahrscheinlichkeiten für die anderen denkbaren Ergebnisse, also wenn wir eine Zahl zwischen 2 und 6 Würfeln. Diese Ergebnisse addieren wir alle zusammen und teilen abschließend durch 6. Damit ist diese Wahrscheinlichkeit berechnet.

Wir kommen dann zur Wahrscheinlichkeit des Sieges, wenn der Spieler nicht weiterspielt. Da wir mindestens einen Punkt erzielen, nehmen wir hier den Maximalwert aus 1 oder k. Wir bekommen also entweder den Wert 1 oder einen höheren, wenn k größer als 1 ist. Im Prinzip ist dies nur wieder die Wahrscheinlichkeit, dass der Gegner in der nächsten Runde *nicht* gewinnt. Nun suchen wir aus beiden Wahrscheinlichkeiten die bessere heraus und speichern diese in *p_best*. Je nachdem welche Option besser ist tragen wir entweder „wurf" oder „stop" in unser *Dict* ein, um das Ergebnis festzuhalten. Gleichermaßen übernehmen wir den numerischen Wert in *wahrscheinlichkeit.* Am Ende geben wir die Wahrscheinlichkeit zurück. Da die Funktion sich offenbar bei Bedarf selbst aufruft, liegt eine rekursive Funktion vor. Gehen wir dies an einigen Beispielen durch. Am Anfang rufen wir die Funktion mit (0, 0, 0) auf. Da anfangs kein Wert vorhanden ist muss dieser Wert nun berechnet werden. Wenn wir *wincheck()* nun durchgehen sehen wir, dass der erste Selbstaufruf dann bei *p_wurf = 1 - wincheck(j , i + 1, 0)* erfolgt. Der Selbstaufruf erfolgt dann offenbar mit (0, 1, 0), aber auch dieser Wert ist nicht vorhanden. Wir stoßen also eine Rekursionskaskade an, die erst endet, wenn die innerste Funktion eine Rückgabe liefert. Dies geschieht erst wenn ein Spieler 100 Punkte erreicht, also etwa (100, j, k). Irgendwann erreichen wir diese Situation und erhalten immerhin für die letzte erzeugte Rekursion einen Rückgabewert.

Wir erreichen damit die Eingabe (99, 100, 0). Dies ist der früheste Wert, bei dem ein Spieler gewonnen hat. Hier gewinnt der Gegner, die Rückgabe an die vorherige Funktion (99, 99, 0) ist damit 0. Wir wissen aber bereits, dass wir garantiert gewinnen, wenn wir in dieser Situation am Zug sind, egal ob wir würfeln oder sichern. Die Rückgabe für diese Funktion ist dann wiederum 1. Es werden also hier die Siegchancen für jede Würfelzahl aufsummiert und am Ende durch sechs geteilt. Da *k* gleich null ist, trifft die erste Bedingung zu und die Wahrscheinlichkeit fürs Halten ist ebenfalls 1. Am Ende schreiben wir dann dieses Ergebnis in das *Dict*, damit es dauerhaft gespeichert ist. Wir erzeugen die Rückgabe und ab dann wird der Rekursionsturm von oben her abgebaut. Es klingt paradox, dass wir bei (0, 0, 0) starten und erst hochzählen bis (99, 100, 0), was aber nicht stört, da nur dort ein Ende der Rekursionskette zu finden ist (*base case*). Zum Nachvollziehen kann es hilfreich sein, direkt als erste Zeile von *wincheck()* ein print-Statement zu setzen und sich (i, j, k) anzeigen zu lassen. Somit sieht man, dass zuerst hochgezählt und danach wieder von oben her zurückgerechnet wird. Letztlich hat man die beiden *Dicts*, die hier als Datenbanken fungieren, mit allen Informationen gefüllt. Dann ist für jede denkbare Situation bekannt, ob man würfeln oder sichern sollte. Nun müssen wir nur noch die Funktion als Strategie implementieren:

```
1  def optimal(meinstand, deinstand):
2      rundensumme = 0
3      while True:
4          if meinstand + rundensumme >= 100:
5              return rundensumme
6          res = (meinstand, deinstand, rundensumme)
7          if datenbank[1][res] == "stop":
8              return rundensumme
9          z = random.randint(1, 6)
10         if z == 1:
11             return 1
12         else:
13             rundensumme += z
```

Der Grundaufbau ist identisch. Sobald wir 100 Punkte erreicht haben oder mehr, können wir beenden. Andernfalls schauen wir vorher in der Datenbank nach, ob wir spielen oder stoppen sollen. Ist die Rückgabe *stop*, beenden wir die Runde. Andernfalls erfolgt der Wurf. Je nachdem, welche Zahl wir erhalten, müssen wir entweder beenden oder erhöhen unsere Rundensumme. Wichtig ist, dass die Funktion später auf *datenbank* zugreifen kann, wozu wir eine globale Variable benutzen werden.

Mit diesen Informationen können wir unser Turnier starten. Wir benötigen also eine Funktion, die für alle Spielprogramme paarweise Duelle aufsetzt und diese dann wiederholt spielt, damit wir über viele Spiele einen Mittelwert erhalten. Um Positionseffekte zu vermeiden spielen wir immer beide Paarungen aus, also A gegen B und zusätzlich B gegen A. Offenbar hat der Spieler, der die Runde beginnt, einen Vorteil, da der Gegner nicht nachziehen kann, wenn der erste Spieler bereits gewonnen hat.

```
1  from itertools import product
2  def turnier(strategien, runden):
3      global datenbank
```

```
4     datenbank = strategiesucher()
5     gewinnbuch = {}
6     for selbst in strategien:
7         gewinnbuch[selbst] = {}
8         for gegner in strategien:
9             if selbst != gegner:
10                gewinnbuch[selbst][gegner] = 0
11    for strat0, strat1 in product(strategien, strategien
      ):
12        if strat0 != strat1:
13            for runde in range(runden):
14                p0, p1 = 0, 0
15                while True:
16                    p0 += strat0(p0, p1)
17                    if p0 >= 100:
18                        gewinnbuch[strat0][strat1] += 1
19                        break
20                    p1 += strat1(p1, p0)
21                    if p1 >= 100:
22                        gewinnbuch[strat1][strat0] += 1
23                        break
24    for selbst in gewinnbuch:
25        print(selbst.__name__)
26        for gegner in gewinnbuch[selbst]:
27            winchance = 100 * gewinnbuch[selbst][gegner]
                 / (runden * 2)
28            print(gegner.__name__, round(winchance, 1))
29        print("_" * 15)
```

Das Turnier hat nur zwei Argumente, eine Liste mit allen Spiel-
strategien, sowie die Anzahl der zu spielenden Spiele pro Paarung.
Wir legen fest, dass die berechneten Datenbanken als global verfügbare Variablen betrachtet werden. Ansonsten müssten wir diese
Informationen immer explizit übergeben. Zur Speicherung aller Ergebnisse erstellen wir ein *Dict*, das wiederum mehrere andere *Dicts*
enthalten wird. Wir generieren dabei für jede Strategie ein eigenes *Dict*, in welchem alle Gegner gesammelt werden. Hier müssen
wir nur aufpassen, dass Spiele gegen sich selbst aussortiert wer-

den, da wir diese Ergebnisse logisch ableiten können. Wir zählen in dieser Datenbank die Siege gegen jedes andere Programm, sodass wir später die Gewinnwahrscheinlichkeit ableiten können. Wir erzeugen somit folgende Datenstruktur:

```
>>> gewinnbuch
{<function zufall at 0x7fe865008268>: {<function gierig
    at 0x7fe8650082f0>: 0, <function get20 at 0
    x7fe865008378>: 0, <function risky at 0x7fe865008400
    >: 0, <function optimal at 0x7fe865008488>: 0},...
```

Dies sieht etwas komisch aus, da Python neben dem Namen jeder Funktion auch noch die Adresse im Speicher angibt, was an dieser Stelle allerdings unerheblich ist. Wir starten danach in die eigentliche Spielsimulation. Wir nutzen hier *product()* aus *itertools*, was einer verschachtelten Schleife entspricht. Auf diese Weise lassen wir alle Strategien gegen alle anderen antreten. Wieder sortieren wir Paarungen aus, in der die Funktion gegen sich selbst spielen würde. Wir iterieren dann über alle Runden und initialisieren jeweils die Punktzahl beider Spieler mit 0. Es folgt das eigentliche Spiel, das so lange läuft, bis ein Spieler gewonnen hat und *break* erreicht wird. Beim Eintragen der Ergebnisse müssen wir nur auf die Reihenfolge achten. Im zuvor angelegten *Dict* speichern wir nur Siege und müssen daher die Gewinnerfunktion immer zuerst nennen. Haben wir auf diese Weise alle Paarungen gespielt, kommen wir zur Analyse.

Dazu iterieren wir über alle Elemente in der Datenbank und lassen uns nur den Namen anzeigen. Die Speicheradresse können wir mittels *FUNC.__name__* entfernen lassen. Danach iterieren wir über alle Gegner und erhalten am Ende eine recht übersichtliche Darstellung. Wichtig ist bei der Berechnung der Siegeswahrscheinlichkeiten, dass wir im Nenner die Anzahl der Runden mit 2 multiplizieren, da wir alle Paarungen doppelt gespielt haben (zum Ausgleich der Positionseffekte). Abschließend lassen wir uns das Ergebnis ausgeben.

```
>>> random.seed(1234)
>>> turnier((zufall, gierig, get20, risky, optimal),
    5000)
zufall
gierig 46.4
get20 0.3
risky 0.4
optimal 0.8

---------------
(...)
```

So sehen wir nach 5,000 Runden, dass die Strategie *zufall* in 46.4% aller Spiele gegen *gierig* gewonnen hat, aber in nur 0.8% gegen die optimale Strategie. Aus diesen Zahlen erstellen wir eine übersichtliche Tabelle.

	Zufall	Gierig	Get20	Risky	Optimal
Zufall	-	53.6	99.7	99.6	99.2
Gierig	46.4	-	86.0	85.2	85.8
Get20	0.3	14.0	-	57.2	55.3
Risky	0.4	14.8	42.8	-	54.7
Optimal	0.8	14.2	44.7	45.3	-

So sehen wir, dass *optimal* gegen jedes andere Programm gewonnen hat und damit Gewinner des Turniers ist. Interessant ist dabei, dass es gegen *risky* nur relativ knapp gewonnen hat, was bedeutet, dass diese recht simple Strategie nicht viel schlechter ist als eine praktisch perfekte Spielweise. Insofern ist der Faktor Glück auch bei optimaler Spielweise nicht zu unterschätzen und in 0.8% der Fälle hat selbst der Zufall besser abgeschnitten als *optimal*. Platz zwei geht an *risky*, das gegen alle Programme außer *optimal* gewonnen hat. Platz drei nimmt *get20* ein, Platz vier der gierige Spieler, Schlusslicht bildet das Zufallsprogramm, das allerdings nicht viel schlechter ist als der gierige Spieler. Insgesamt entsprechen diese Ergebnisse den anfänglichen Erwartungen.

Aufgaben

1. Denken Sie sich eine weitere, beliebig einfache oder komplexe Strategie aus, und fügen Sie diese dem Turnier hinzu. Wie schneidet Ihre Strategie ab?

Kapitel 4

Texte und Strings

Bisher standen vor allem Zahlen im Fokus der Aufgaben. Dabei lässt sich Python auch hervorragend nutzen, um Texte oder Strings zu manipulieren.

4.1   Wörterbuch

Als Datengrundlage dient in diesem Beispiel eine Liste aller deutschen Wörter, wie man sie in einem Wörterbuch findet. Im Internet existieren zahlreiche Quellen für kostenlos verfügbare und maschinenlesbare Wörterlisten in vielen Sprachen. Wir benutzen eine Liste, die man als Textdatei herunterladen kann.[1] Nun ist diese Liste zwar auf unserer Festplatte gespeichert, muss in Python allerdings

---

[1]Sicherlich erste Wahl ist hierbei das freie *Moby-Project*, das Wortlisten für verschiedene Sprachen bereithält. Leider ist zum Zeitpunkt der Drucklegung die Hauptseite offline. Die Wortlisten sind dennoch beziehbar, teilweise aus anderen Quellen. Am besten scheint es daher, auf der Wikipedia die aktuellen Quellen nachzuschlagen: https://en.wikipedia.org/wiki/Moby_Project. Ebenso ist zu beachten, dass nach dem Download die Liste möglicherweise falsch kodiert ist und Python eine Fehlermeldung erzeugt. In diesem Fall kann es helfen, die Liste in einem Texteditor zu öffnen und neu mit der Kodierung UTF-8 zu speichern.

erst eingelesen werden. Dazu benutzen wir einen Kontext-Manager, der heutzutage immer in Kombination mit dem *open()* Statement genutzt werden sollte. Die Vorteile sind, dass Python für uns das gesamte Objekt verwaltet und etwa bei Fehlern oder Abbrüchen die Datei korrekt schließt. Somit ersparen wir uns etwa die Datei am Ende wieder manuell schließen zu müssen. Dies garantiert einen saubereren und besseren Umgang mit Dateien und Code. Die Handhabung ist einfach:

```
1  with open("wortliste.txt", encoding="utf-8") as datei:
2      daten = datei.readlines()
3      print(len(daten))
4      print(daten[:20])
```

In der ersten Zeile geben wir den absoluten oder relativen Pfad zur gewünschten Datei an. Zusätzlich legen wir fest, dass die Datei nur gelesen werden soll, Änderungen wollen wir keine vornehmen. Dabei geben wir die Dateikodierung an, in diesem Fall eben UTF-8. Mit der Methoden *readlines()* können wir nun alle Zeilen der Datei einlesen. Dies ist möglich, weil es sich um strukturierte Daten handelt, also jeweils ein Eintrag pro Zeile. Diese werden dann in eine Liste geschrieben und können als Grundlage für weitere Analysen dienen. Wir lassen uns die Anzahl der Elemente der Liste sowie deren erste 20 Elemente ausgeben. Dabei stellen wir fest, dass die Wörter nicht in der Form vorliegen, wie wir sie zuvor in der Textdatei betrachtet haben. So wird etwa der String 'Aas\n' in der Liste auftauchen. Dabei hat Python nur den tatsächlichen Inhalt der Datei aufgenommen und dabei auch die Zeichen wiedergegeben, die wir normal nicht sehen. \n steht dabei für einen Zeilenumbruch und sorgt dafür, dass nach jedem Wort eine neue Zeile beginnt. Wir können dieses Zeichen aus den Strings entfernen. Dabei ist allerdings zu beachten, dass es sich hierbei für Python um *ein* Zeichen handelt, auch wenn zwei Symbole angezeigt werden. Testen können wir dies, indem wir einen String in eine Liste umwandeln lassen:

```
>>> print(list(daten[3]))
['A', 'a', 's', '\n']
```

Um den Zeilenumbruch zu entfernen müssen wir daher aus jedem Element der Liste das letzte Zeichen entfernen. Zusätzlich wenden wir die String-Methode *lower()* an, damit alle Wörter zu Kleinbuchstaben konvertiert werden. Dies ist für spätere statistische Auswertungen nützlich. Dies können wir direkt in einem Ausdruck erledigen. Wir benutzen hier zwei String-Funktionen: *rstrip()*, welches Leerzeichen am Ende eines Strings entfernt, sowie *lower()*. Diese können wir direkt nacheinander auf jeden String anwenden und das Ganze in einer *list comprehension* sehr kompakt schreiben.

```
>>> with open("wortliste.txt", encoding="utf-8") as d:
>>>     words = [line.rstrip().lower() for line in d]
>>>     print(words[:5])
['aale', 'aalen', 'aals', 'aas', 'aase']
```

Wie wir sehen haben wir nun das gewünschte Ergebnis, also alle Wörter ohne störende Zeichen, in Kleinbuchstaben sowie alles gesammelt in einer Liste. Diese Wortliste kann nun für allerhand Analysen dienen. Was ist der kürzeste, was der längste Eintrag in der Liste? Wir werden beim Herumprobieren schnell feststellen, dass zahlreiche Abkürzungen in der Liste enthalten sind, die nicht sonderlich an Wörter erinnern. Um diese zu entfernen können wir einfach eine neue Liste mittels einer *list comprehension* erstellen und alle Wörter unter vier Buchstaben aussondern:

```
longwords = [wort for wort in words if len(wort) > 3]
```

Was ist, wenn wir die Liste nicht mehr alphabetisch, sondern etwa nach der Wortlänge sortiert haben wollen? Dabei müssen wir darauf Acht geben, dass Python beim Sortieren den für uns gewünschten Sortierschlüssel nutzt. *daten.sort()* würde die Elemente entweder nach numerischer Größe (bei Zahlen), oder eben alphanumerisch, also dem Wörterbuch entsprechend ordnen. Das ist es jedoch schon, sodass wir hier als Schlüssel die Länge anfordern.

```
>>> longwords.sort(key=len)
>>> print(longwords[0])
>>> print(longwords[-1])
aale
wirtschaftspruefungsgesellschaften
```

Wir lassen uns das kürzeste und das längste Wort zum Test anzeigen. Python stellt eine mächtige Sortierfunktion bereit, die wir nach Belieben anpassen können. Was können wir beispielsweise tun, wenn wir eine Sortierung wünschen, die Wörter von ihrem Ende her alphabetisch sortiert? Gemeint ist dabei nicht einfach, die Sortierung umzudrehen, sodass die Wörter mit Z zuerst erscheinen, sondern solche Wörter, die etwa auf A *enden*. Dazu nutzen wir eine anonyme Funktion (Lambda-Funktion), welche die Wörter umdreht. Diese sollen anschließend sortiert werden.

```
>>> longwords.sort(key=lambda wort: wort[::-1])
>>> print(longwords[:6])
['cp/m-86', 'concurrent-cp/m-86', 'kaaba', 'akaba', '
   ciba', 'elba']
```

Die anonyme Funktion wird direkt innerhalb der Sortiermethode definiert. Deshalb können diese Funktionen auch nicht die gleiche Komplexität enthalten wie reguläre Funktionen, da sie nur aus einem Ausdruck bestehen dürfen. Dennoch können diese überaus nützlich sein. Zum Umdrehen der Wörter nutzen wir einen Python Trick mit Slices, also dem geschickten Zerlegen von Strings. Zu beachten gilt hierbei, dass durch diese Sortierung die Wörter in der Liste nicht tatsächlich umgedreht werden, dies geschieht nur intern bei der Sortierung. Die Elemente der Liste an sich bleiben unangetastet.

Um diese Funktion ein bisschen genauer zu beleuchten stellen wir uns folgende Aufgabe: welche Wörter in der Liste enthalten am häufigsten den Buchstaben „g"? Um dies herauszufinden müssen wir einfach nur zählen, wie oft dieser Buchstabe in einem Wort vorkommt und danach die Liste dementsprechend zu sortieren. Soweit die Theorie. Um die Umsetzung anschaulich zu gestalten, werden wir diese Aufgabe in mehrere Teilschritte zerlegen. Zunächst also eine Funktion, die die Anzahl eines Buchstabes zählt:

```
def zaehler(string, zeichen):
    return sum(1 for element in string if element ==
    zeichen)

f = lambda wort: sum(1 for zeichen in wort if zeichen ==
    "g"])
```

Zwei Funktionen, die identische Ausgaben liefern. Zunächst die klassische Version mit *def()*, danach die anonyme Funktion, die wir hier dennoch mit einem Namen (*f*) ansprechen können. Welche wir davon nun bei der Sortierung benutzen wollen ist unerheblich. Allerdings können wir nur mittels lambda direkt die Funktion „on the fly" erzeugen, müssen die Funktion nicht also schon vorher explizit definiert haben. Fügen wir alle Teile zusammen, erhalten wir folgenden Code:

```
>>> longwords.sort(key=lambda wort: sum(1 for zeichen in
    wort if zeichen == "g"), reverse = True)
>>> print(longwords[:3])
['entgegengegangene', 'entgegengegangenen', '
    entgegengegangener']
```

Was genau die Funktion anstellt ist jetzt klar, sie zählt die „g"s und gibt diesen Wert als Zahl an. Wie *key* hier verfährt sollte nun auch deutlicher geworden sein. Computer arbeiten nur mit Zahlen, müssen demnach alle anderen Symbole numerisch repräsentieren. Um nach der Anzahl der „g"s zu sortieren, müssen wir demnach zuerst für jeden String die Anzahl berechnen und diese Zahl nutzen, um die Liste zu sortieren. Strings mit kleineren Werten stehen demnach oben, andere mit größeren Werten weiter unten. Da wir aber wissen wollen, welche Wörter die *größte* Anzahl haben, spezifizieren wir zusätzlich *reverse*, damit die Liste umgedreht erscheint (sortiert von groß nach klein). Angemerkt sei, dass diese Aufgabe bereits mit einer vordefinierten Funktion lösbar ist, was in der Praxis natürlich bequemer ist (string.count(„zeichen")).

Aufgaben

1. Programmieren Sie eine Funktion, die Palindrome erkennt, also solche Wörter, die vorwärts und rückwärts gelesen dieselbe Buchstabenfolge haben (z.B. *OTTO*). Wie viele Palindrome finden sich in der deutschen Wortliste? Was ist das längste, was das kürzeste Palindrom?

2. Die Wortliste kann als Grundlage für einen Passwortgenerator dienen. Definieren Sie eine Funktion, die aus der Wortliste zufällig eine gegebene Anzahl an Wörtern auswählt und diese ausgibt. Dabei soll der Anwender zusätzlich für jedes Wort die Mindest- und Höchstlänge festlegen können. Auch eine maximale Länge des erzeugten Strings sollte möglich sein. Somit können viele Passwörter generiert werden, von denen sicher auch einige sehr gut zu merken sind.[2]

3. Wir definieren die *Diversität* eines Wortes als die Anzahl der einmalig enthaltenen Buchstaben. So hat beispielsweise *Toleranz* eine höhere Diversität als *Banane*. Welche zehn Wörter mit mindestens sechs Buchstaben weisen die höchste (niedrigste) Diversität auf? Tipp: Verschiedene Funktionen aus dem Modul *statistics* wie *mean()* oder *stdev()* könnten nützlich sein.

4. Ein Anagramm liegt dann vor, wenn die Buchstaben eines Wortes umsortiert ein anderes Wort ergeben. Beispielsweise ist LEINE ein Anagramm von EILEN. Schreiben Sie eine Funktion, die ein beliebiges Wort als Argument entgegennimmt und daraufhin die Wörterliste nach passenden Anagrammen durchsucht. Tipp: Beschränken Sie die Eingabe auf kurze Wörter, da die Suche ansonsten sehr lange dauern kann.

---

[2] https://xkcd.com/936/

4.2 LPS

In diesem Beispiel steht LPS für *longest palindromic substring*, ein Begriff aus der Bioinformatik. Dabei geht es um die digitale Auswertung von Genen, in denen Palindrome eine besondere Rolle spielen. Gene werden in unserer DNA durch die vier Buchstaben ATCG repräsentiert, es handelt sich sozusagen um eine Sprache mit einem Alphabet aus nur vier Buchstaben. Weiterhin fassen wir ein Gen als ein extrem langes Wort auf, beispielsweise *CCCTCACTGAT-CATGGGGCTTGGTTAAGTGTA*. In diesem finden sich verschiedene Substrings die Palindrome sind, etwa *CCC* oder *TTGGTT*. Ziel ist es nun das längste Palindrom innerhalb der gegebenen Sequenz zu finden. Diese Aufgabe eignet sich hervorragend, um den Umgang mit *list slices* zu üben, also dem geschickten Zerlegen von Strings. Besondere Beachtung verdienen hierbei *off-by-one errors*, die dann auftreten, wenn der Index um eine Position verschoben ist, der gewünschte String also zu lange oder zu kurz ist. Zur Erinnerung sollten wir dabei kurz betrachten, wie wir Slices von Strings definieren können. Wichtig ist, dass Python mit dem Index 0 zu zählen beginnt. Das letzte Element in einem String, also von hinten gezählt, wird mit dem Index -1 angewählt, unabhängig von der Länge des Strings.

Für die eigentliche Aufgabe benötigen wir zunächst eine Hilfsfunktion, die einen gegebenen String untersucht und testet, ob es sich um ein Palindrom handelt. Hierbei definieren wir, dass wir nur Substrings mit mindestens zwei Zeichen als Palindrome anerkennen, ansonsten wäre jeder Buchstabe für sich ein Palindrom.

```
1  def palindrom(string):
2      assert len(string) > 1
3      return string == string[::-1]
```

Die Logik ist extrem simpel. Wir prüfen, ob der Eingabestring mit seiner umgedrehten Version identisch ist. Ist dies der Fall, erhalten wir ein *True*, andernfalls ein *False*. Aufbauend auf dieser

Funktion kann nun das eigentliche Programm konstruiert werden. Die Idee ist folgende: Es wird aus dem String immer ein Substring herausgeschnitten. Dabei beginnen wir mit dem ganzen String und schneiden Zeichen für Zeichen vom Ende her ab und testen den entstehenden Substring auf ein Palindrom. Ist dies erfolgt, so nehmen wir wieder den ganzen String, schneiden nun das erste Zeichen von vorne ab und fahren wie beschrieben mit diesem String fort.

```
1  def lps(string):
2      result_start_pos = None
3      result_length = 1
4      laenge = len(string)
5      for startpos in range(laenge):
6          for endpos in range(laenge, startpos +
                 result_length, -1):
7              substring = string[startpos:endpos]
8              print(substring)
9              if palindrom(substring):
10                 result_start_pos = startpos
11                 result_length = len(substring)
12                 break
13     return result_start_pos, result_length
```

Zunächst legen wir mit *result_start_pos* die Variable an, in der am Ende der Startindex des längsten Palindroms gespeichert wird. Am Anfang ist diese Variable *None*. Die Länge des längsten Palindroms wird mit 1 initialisiert. Es folgt nun eine äußere Schleife, die über alle Zeichen des Strings läuft von vorne nach hinten. Jeder Startindex benötigt auch einen Endindex, was mit einer zweiten (inneren) Schleife gelöst wird. Diese muss dementsprechend von hinten nach vorne laufen, startet also mit der Länge des Strings und läuft dann bis zur Summe aus der Startposition und der Länge des längsten gefundenen Palindroms. Über -1 geben wir an, dass wir herunterzählen. Auf diese Weise werden nun alle möglichen Substrings gebildet. Wir lassen uns diese zum besseren Verständnis anzeigen. Dann testen wir jeden Substring auf ein Palindrom. Ist dies der Fall, so machen wir ein Update und setzen den neuen Startindex auf den aktuellen Startindex. Auch die Länge des Palindroms können wir updaten. Dann verlassen wir die innere Schleife direkt und fahren mit dem nächsthöheren Startindex fort. Am Ende lassen wir uns den Startindex des Palindroms sowie die Länge des Palindroms ausgeben, womit dieser im gegebenen String eindeutig definiert ist.

Um die Funktion einmal genauer aufzuzeigen, testen wir den (etwas sinnlosen) String TOTABBA. Offensichtlich ist, dass der ganze String kein Palindrom ist, aber zwei Palindrome enthält. Lässt man sich die getesteten Substrings anzeigen, entsteht folgendes Muster:

```
>>> print(lps("TOTABBA"))
TOTABBA
TOTABB
TOTAB
TOTA
TOT
OTABBA
OTABB
OTAB
TABBA
TABB
ABBA
(3, 4)
```

Zunächst wird der ganze String getestet und ab dann wird der hintere Index immer um eine Stelle nach links gerutscht. Dies geht so lange, bis wir das Palindrom TOT finden. Intern erfolgen nun die Updates und die innere Schleife wird verlassen. Der Startindex wird jetzt um eine Position nach rechts geschoben und der Algorithmus fährt fort mit einer Prüfung aller Substrings, bei denen der hintere Index immer weiter rechts links verschoben wird. Auf diese Weise finden wir schließlich OTAB und können hier abbrechen, da der nächste Substring nur mehr drei Zeichen hätte und daher nicht länger sein kann als das bisher längste gefundene Palindrom (TOT). Schlussendlich finden wir auf diese Weise ABBA und können hier ein neues längstes Palindrom aufspüren. Danach können wir den Algorithmus verlassen, da wir garantiert kein längeres Palindrom mehr finden können.

Aufgaben

1. Erstellen Sie eine Funktion, die zufälligen genetischen Code aus den Buchstaben A,T,C, und G erstellt. Generieren Sie einen solchen String aus 5000 Zeichen und geben Sie diesen in *lps()*. Wie lange ist das längste Palindrom, das gefunden wurde?

2. Als *longest increasing substring* bezeichnen wir den Abschnitt in einem String oder einer Liste, die kontinuierlich (streng monoton) ansteigt. Beispielsweise ist im String 741249223 der Teilstring 1249 ein solcher String. Gegeben sei eine Liste mit n Elementen, wobei jedes Element eine natürliche Zahl zwischen 0 und 999 ist. Schreiben Sie eine Funktion, die in dieser Liste den längsten ansteigenden Substring findet und den Beginn dieses Strings sowie seine Länge ausgibt.

4.3   LCS

Bleiben wir bei der Genetik und schauen uns eine verwandte Aufgabe an. Gegeben sind wieder verschiedene Gensequenzen als Strings, die nur aus den vier Buchstaben A, T, C und G bestehen und den genetischen Code widerspiegeln. Eine typische Aufgabe besteht nun darin, den längsten gemeinsamen Substring (*longest common substring*) zu finden. Schauen wir uns dazu ein Beispiel mit fünf Genen an:

```
TAGGCGTCGA
TGCCGATCCC
ACGGATGATA
```

```
ACCGATACTC
GACATCCGTC
```

Jedes Gen besteht aus zehn Zeichen. Wie lange ist nun die längste Sequenz, die in allen fünf Genen enthalten ist? Die Antwort ist beispielsweise CC oder CG, also höchstens zwei gemeinsame Zeichen. Es wird sich kein String mit drei Zeichen finden, der allen Genen gemeinsam ist. Für dieses Beispiel existieren verschiedene Lösungen, die aber die gleiche Länge haben. Für die Lösung der Aufgabe nehmen wir an, dass alle Gene die gleiche Länge haben und uns nur die Länge des längsten gemeinsamen Substrings interessiert. Wenn mehrere möglich sind, soll irgendeiner ausgegeben werden. Auch scheint klar: je länger die Gene werden, desto länger sollte der längste gemeinsame Substring sein können. Mit zunehmender Anzahl der Gene nimmt dessen Länge jedoch wieder ab, da der Substring in allen Genen gleichzeitig vorkommen muss. Beginnen wir zunächst mit einer Funktion, die auf Zufallsbasis genetische Information erzeugt, die wir wiederum später nutzen können.

```
1  import random
2  def gen_erzeuger(anzahl, laenge):
3      alphabet = "ACGT"
4      return [
5          "".join(random.choices(alphabet, k=laenge))
6          for i in range(anzahl)
7      ]
```

Die Funktion akzeptiert zwei Argumente, die Anzahl der zu erzeugenden Gene sowie die Länge eines jeden Gens. Wir bestimmen das zu verwendende Alphabet in einem String. Letztlich brauchen wir nur eine *list comprehension*, wobei die Zufallsarbeit von *random.choices()* erledigt wird. Diese Funktion zieht aus dem Alphabet zufällig mit Zurücklegen Buchstaben, welche am Ende über *join()* zu einem String zusammengefügt werden. Alle solchen „Gene" werden dann in einer Liste gesammelt und können nachfolgend ausgewertet werden.

Die eigentliche Lösungsidee bei der Suche nach der längsten gemeinsamen Sequenz besteht darin, eines der Gene als Referenz auszuwählen (ist die Länge der Gene identisch ist dies unerheblich, bei abweichenden Längen würde man das längste Gen wählen). Dieses wird nun in alle denkbaren Teilsequenzen zerlegt. Der String HUND kann beispielsweise in zehn Substrings zerlegt werden: H, U, N, D, HU, UN, ND, HUN, UND und HUND selbst. Wir sortieren dabei diese Substrings von lang nach kurz, da wir auf diese Weise sofort abbrechen können, sofern wir den ersten Treffer aufgespürt haben. Andere Strings können dann nicht mehr länger sein.

```
1  def lcs(eingabe):
2      referenz = eingabe[0]
3      tested = set()
4      for laenge in range(len(referenz), 0, -1):
5          for pos in range(0, len(referenz) + 1 - laenge):
6              subsequenz = referenz[pos:pos + laenge]
7              if subsequenz not in tested:
8                  if all(subsequenz in sequenz for sequenz
                        in eingabe[1:]):
9                      return subsequenz
10                 tested.add(subsequenz)
11     return ""
```

Da wir annehmen, dass alle Gene in der Auswahl die gleiche Länge haben, wählen wir willkürlich das erste aus, ansonsten würde wir das längste wählen. Wir legen ein Set an, in dem wir alle Substrings notieren, die bereits getestet wurden. Wir legen nun eine äußere Schleife an, welche die Länge des Substrings festlegt. Hierbei nehmen wir die längste mögliche Länge, die Länge des Referenzgens, und verringern dann in jedem Durchlauf diese Länge um 1, zählen also herunter. Die innere Schleife geht nun alle denkbaren Positionen im String durch, wobei wir uns hier von vorne nach hinten vorarbeiten. Dabei berücksichtigen wir auch die Länge des Substrings, damit wir hinten nicht über die Stringlänge hinausgehen. Ist ein Substring neu für uns, also noch nicht im Set vorhanden, so ist es ein potentieller Kandidat. Wir nutzen dann eine *comprehension* und schauen nach, ob der Substring in allen anderen Gensequenzen vorhanden ist. Wir nutzen dann *all()* um zu testen, ob alle erzeugten Bool'schen Werte *True* sind. Ist dies der Fall, so gibt die Funktion *True* zurück und wir haben die Lösung gefunden. Ist allerdings nur ein *False* dabei, so erhalten wir *False*. Dann wird der Teilstring dem Set als „Niete" hinzugefügt und wir fahren fort. Haben wir am Ende überhaupt keine Übereinstimmung gefunden, so wird ein leerer String ausgegeben.

```
def main():
    data = gen_erzeuger(3, 14)
    print(data)
    print(lcs(data))
```

Wir legen für den Zufallsgenerator einen *seed* fest und garantieren damit, dass bei wiederholtem Funktionsaufruf immer die gleichen Zufallszahlen benutzt werden. Dies ist beim Debuggen oftmals sehr nützlich. Das Ergebnis ist dann folgendermaßen:

```
>>> random.seed(12345)
>>> main()
['CATCCAGAACGAGC', 'TATCGAGACACTTG', 'ATTTAACTGGAGGT']
GAG
```

Nachtrag: Programmfluss steuern

Programmierung allgemein ist nicht unbedingt Mathematik, sondern vielmehr die Kunst des logischen Denkens. So sollen etwa für eine Aufgabe bestimmte Operationen durchgeführt werden, aber abhängig vom Ergebnis muss der Programmfluss dann auch verändert werden. Wann eine bestimmte Operation durchgeführt wird, warum sie ausgeführt oder übersprungen wird, wird durch den Programmfluss vorgegeben. Eine sehr simple Art der Steuerung sind *if...else* Konstruktionen, die wir ständig benutzen. Komplexer wird es jedoch dann, wenn verschachtelte Konstrukte bzw. Schleifen auftauchen, was ebenfalls öfters geschieht. Eine häufig angetroffene Aufgabe ist es, verschachtelte Schleife zu nutzen um ein bestimmtes Ergebnis zu finden. Hat man dieses vorliegen, möchte man *alle* Schleifen direkt verlassen und im Hauptprogramm weitermachen. Dies ist manchmal durchaus verzwickt. Nachfolgend werden drei Grundideen vorgestellt, mit denen derartigen Aufgaben gelöst werden können. Ältere Semester werden sich zudem noch an GOTO erinnern, um beliebige Programmsprünge vollziehen zu können. Diese sind jedoch nicht mehr zeitgemäß und sollten unbedingt vermieden werden. Alternativen gibt es inzwischen genug.

Unser Beispiel ist wie folgt: wir haben drei verschachtelte Schleifen und suchen ein Ergebnis. Dieses ist gefunden, wenn die Summe aus drei Zahlen durch 31 teilbar ist. Die erste Lösung ist es, den betreffenden Code in eine **neue Funktion** auszulagern. Dies hat verschiedene Vorteile: es macht den Code übersichtlicher, man kann die Funktion auch an anderen Stellen nutzen und das Debuggen ist mitunter einfacher. Der Vorteil an Funktionen ist, dass, gleichgültig, wie viele Schleifen gerade laufen, ein *return* (bzw. *yield*) dafür sorgt, die Funktion sofort zu verlassen und ein Ergebnis bereitzustellen. Eine Umsetzung kann wie folgt aussehen:

```
1  def numfinder():
2      for x in (200, 201, 220):
3          for y in (77, 88, 99):
4              for z in (1, 5):
5                  print(x, y, z)
6                  result = x + y + z
7                  if result % 31 == 0:
8                      return result
9  print(numfinder())
10 print("Alle Schleifen verlassen")
```

Die zweite Möglichkeit ist es, eine **Flag-Variable** zu benutzen. Dabei handelt es sich um eine Bool-Variable, die also entweder *True* oder *False* ist. Sobald das Ergebnis gefunden wurde, ändert sich der Wert und die übergeordneten Schleifen brechen daraufhin ab. Dazu brauchen wir keine neue Funktion, der Nachteil ist aber, dass der Code länger wird und man für jede Schleife eine Prüfung vornehmen muss.

```
1  leave = False
2  for x in (200, 201, 220):
3      if leave:
4          break
5      for y in (77, 88, 99):
6          if leave:
7              break
8          for z in (1, 5):
9              print(x, y, z)
10             result = x + y + z
11             if result % 31 == 0:
12                 leave = True
13                 break
14 print(result)
15 print("Alle Schleifen verlassen")
```

Zuerst setzen wir die Steuervariable (*leave*) auf *False* und starten dann die Schleifen. Auf jeder Ebene wird eine Prüfung eingebracht, welche die jeweilige Schleife verlässt, sobald der Wert auf *True* wechselt. Sobald im Inneren das Ergebnis vorliegt wird die Variable auf *True* gesetzt und mit *break* die innerste Schleife verlassen. Danach wird durch die Prüfung von innen nach außen jede weitere Schleife verlassen und man ist wieder in der obersten Programmebene.

Die letzte Möglichkeit ist eine Umsetzung mittels **Exceptions**. Da diese eigentlich dazu vorgesehen sind, Fehlermeldungen anzeigen bzw. verarbeiten, ist eine Programmsteuerung mit diesen durchaus als Zweckentfremdung zu betrachten. Die Umsetzung ist wie folgt:

```
1  try:
2      for x in (200, 201, 220):
3          for y in (77, 88, 99):
4              for z in (1, 5):
5                  print(x, y, z)
6                  result = x + y + z
```

```
7            if result % 31 == 0:
8                raise AssertionError
9    except AssertionError:
10       pass
11   print(result)
12   print("Alle Schleifen verlassen")
```

Die Idee ist es, alle Schleifen in einen try-Block zu packen und eine vorher festgelegte Exception zu verursachen, sobald das Ergebnis gefunden wurde (hier einen AssertionError). Sobald dieser ausgelöst wird, wird er vom except-Block aufgefangen und man kann festlegen, wie das Programm nun weiterarbeiten soll. Ein *pass* unterhalb von *except* ist jedoch mindestens notwendig.

4.4 Verschlüsselung

Unsere moderne Welt ist ohne digitale Verschlüsselung nicht mehr vorstellbar. Gleichgültig, ob wir etwas im Internet bestellen, eine Überweisung tätigen oder uns in ein WLAN einwählen, immer stecken komplexe Verschlüsselungsmethoden dahinter, die verhindern sollen, dass Unberechtigte Zugang zu unseren Daten oder Geheimnissen erhalten. Warum die Entwicklung und Implementierung von Verschlüsselung den absoluten Spezialisten vorbehalten sein sollte, sieht man daran, dass fast täglich neue Meldungen über löchrige Verschlüsselungen durch die Medien gehen. Python beinhaltet von Haus aus verschiedene Möglichkeiten, Daten zu verschlüsseln und Hashes zu erzeugen. In diesem Beispiel wollen wir veranschaulichen, wie man auf sehr primitive Weise Texte ver- und wieder entschlüsseln kann. Die Idee ist dabei, dass ein Klartext mit einem Passwort verschlüsselt wird und dadurch ein verschlüsselter Text entsteht, der nicht direkt lesbar ist und keinen Sinn ergibt (der Code). Dieser Text kann anschließend wieder in den Klartext rekodiert werden, aber nur, wenn man das richtige Passwort weiß. Dazu werden wir verschiedene Hilfsfunktionen benötigen.

Zunächst gilt es, das Prinzip einer Hashfunktion zu erklären.
Eine solche Funktion generiert für eine Eingabe eine (numerische)
Ausgabe. Dabei sind verschiedene Aspekte von Belang: Zunächst
muss die Funktion streng deterministisch sein: gleiche Eingaben
müssen daher immer die gleichen Ausgaben erzeugen. Weiterhin
sollte keine offensichtliche Ähnlichkeit zwischen Eingabe und Ausgeben bestehen, man kann also von der Eingabe nicht ohne Weiteres auf die Ausgabe schließen, und umgekehrt. Zudem sollte die
Ausgabe immer die gleiche Länge haben, unabhängig von der Länge der Eingabe. Somit eignet sich eine Hashfunktion auch, um Information (verlustbehaftet) zu komprimieren. Ebenso sollten kleine
Änderungen der Eingabe große Änderungen in der Ausgabe erzeugen. Letztlich gilt es als wünschenswert, dass Kollisionen vermieden werden. Dies bedeutet, dass verschiedene Eingaben verschiedene Ausgaben erzeugen. Möglich ist dies natürlich nicht immer,
da theoretisch beliebig lange Eingaben möglich sind, die Ausgaben aber in ihrer Länge fixiert sind. Übersteigt daher die Zahl
der theoretischen Eingaben die der Ausgaben müssen zwangsläufig
Kollisionen auftreten.

Unsere eigene, sehr primitive Hashfunktion wird diesen Ansprü-
chen kaum gerecht werden. Sie dient hier zur Veranschaulichung.
Wir adaptieren dabei den Prüfsummenalgorithmus nach John Flet-
cher.

```
1  def erzeuge_hash(string):
2      """Erzeugt einen Hash fuer einen String"""
3      data = [ord(element) for element in string]
4      sum1, sum2 = 0, 0
5      for element in data:
6          sum1 = (sum1 + element * 11111) % (10 ** 6)
7          sum2 = (sum2 + sum1) % (10 ** 6)
8      return str(sum1) + str(sum2)
```

Dabei wandeln wir zunächst jedes Zeichen des Strings in eine
Zahl um. Dies ist problemlos möglich, da intern bereits im Uni-
code jedem Zeichen eine eindeutige Zahl zugewiesen ist, welche in

Python über *ord()* abgerufen werden kann. Hierzu einige Beispiele:

```
>>> ord("t")
116
>>> [ord(i) for i in "HELLO"]
[72, 69, 76, 76, 79]
```

Auf diese Weise erzeugen wir über eine *list comprehension* eine Liste, in der alle jeweiligen numerischen Werte des Strings gespeichert sind. Wir initialisieren zwei Summen mit 0. Danach iterieren wir über die Zahlen in der Liste und summieren die Werte wie gezeigt auf. Als kleine Abänderung multiplizieren wir zudem jede Zahl der Liste mit einer Konstanten, damit größere Zahlen und somit eine längere Ausgabe entsteht, was später nützlich sein wird. Allerdings wollen wir gleichzeitig zu lange Zahlen vermeiden und nutzen dazu Modulo. Letztlich haben wir zwei Zahlen, die wir in Strings umwandeln und ausgeben lassen. Nun können wir einige Beispiele testen.

```
>>> a = ["Hallo", "Hello", "12345678", "12334567", "
    einsehrlangerstringwirddurchhasherkuerzergemacht"]
>>> for element in a:
>>>     erzeuge_hash(element)
511056544289
555500722065
666620533128
611065366463
310538774831
```

Wie erkennbar wird, führen auch kleine Änderungen in der Eingabe zu großen Änderungen in der Ausgabe. Sehr lange Eingaben werden komprimiert. Wir werden diese Funktion anschließend dazu verwenden, um aus dem Passwort einen scheinbar zufälligen, dennoch verlässlich erzeugbaren Zahlencode generieren zu können. In der Praxis werden kryptografische Hashfunktionen wie SHA-2 oder früher auch MD5 benutzt. Deren Funktionsweise ist jedoch deutlich komplexer als unser Beispiel, da Daten direkt auf einem Bitlevel verarbeitet werden, was schneller ist und deutlich bessere

Ergebnisse produziert. MD5 gilt inzwischen als unsicher, da durch die aktuell vorhandene Rechenleistung zuverlässig Kollisionen erzeugbar sind, was zur Manipulation von Daten genutzt werden kann. Pythons eigene Hashfunktion ist mit *hash()* aufzurufen.

Nachdem nun die Hashfunktion implementiert ist, können wir uns Gedanken über die eigentliche Methode der Verschlüsselung machen. Hierbei ist eine sehr einfache Idee umzusetzen: Die einzelnen Zeichen im Text werden mehrfach und scheinbar zufällig miteinander vertauscht, sodass ein unsinniger Code entsteht. Als Beispiel sei ein einfaches Umdrehen genannt: Die Buchstabenfolge *HALLO* ergibt umgedreht *OLLAH*. Offenbar ist dies sehr schnell zu durchschauen. Werden aber verschiedene Methoden der Umstellung kombiniert und hintereinander ausgeführt, wird ein Erkennen des Musters hingegen viel schwieriger. Damit dieser Vorgang jedoch streng deterministisch erfolgt, wird das Passwort genutzt. Es gibt an, welche Methode wann genutzt wird, sodass eine Umkehrung möglich wird. Wäre dieser Prozess nicht deterministisch, könnten die Daten nicht mehr entschlüsselt werden. Wir wollen uns auf drei verschiedene Umtauschfunktionen beschränken, die im Folgenden direkt als Code aufgezeigt werden.

```python
1  def umdreher(eingabe):
2      return eingabe[::-1]


4  def vertauscher(eingabe):
5      assert len(eingabe) % 2 == 0
6      ausgabe = ""
7      for i in range(0, len(eingabe) - 1, 2):
8          ausgabe += eingabe[i + 1]
9          ausgabe += eingabe[i]
10     return ausgabe


13 def zipper(eingabe, reverse=False):
14     assert len(eingabe) % 2 == 0
15     ausgabe = ""
16     if not reverse:
```

```
17          for i in range(0, len(eingabe) // 2):
18              ausgabe += eingabe[i]
19              ausgabe += eingabe[-i - 1]
20      else:
21          a = [eingabe[i] for i in range(0, len(eingabe),
                2)]
22          b = [eingabe[i] for i in range(1, len(eingabe),
                2)][::-1]
23          for i in range(len(eingabe) // 2):
24              ausgabe += a[i]
25          for i in range(len(eingabe) // 2):
26              ausgabe += b[i]
27      return ausgabe
```

Die erste Funktion dreht einen String einfach herum, wie bereits oben an einem Beispiel dargestellt wurde. Die zweite Funktion vertauscht jeweils die Position von zwei aufeinander folgenden Zeichen. Aus dem Wort *KATZEN* wird somit *AKZTNE*. Die dritte Funktion ist etwas komplizierter und hat das Ziel, immer den ersten mit dem letzten, den zweiten mit dem vorletzten Buchstaben, usw... zu paaren. Aus *KATZEN* wird somit *KNAETZ*. Zu beachten ist dabei, dass hier die Rückübersetzung eine spezielle Funktion benötigt und es nicht ausreichend ist, die gleiche Funktion erneut auf den String anzuwenden. Deshalb muss hier mit einem Argument explizit angegeben werden, ob eine Umkehrung (*reverse*) gewünscht wird. Auch dürfen in *vertauscher()* und *zipper()* nur Strings mit einer geraden Anzahl von Zeichen eingegeben werden, da ansonsten die Paarungen nicht aufgehen. Liegen diese drei Funktionen vor, so kann nun die eigentliche Verschlüsselung programmiert werden.

```
1  import random
2  def encrypt(nachricht, passwort):
3      """Verschluesselt eine Nachricht"""
4      nachricht = nachricht.upper()
5      alphabet = "ABCDEFGHIJKLMNOPQRSTUVWXYZ"
6      if len(nachricht) % 2 == 0:
7          nachricht += "".join(random.choices(alphabet, k
```

```
              =20)) + "ZZ"
8       else:
9           nachricht += "".join(random.choices(alphabet, k
              =20)) + "AAA"

11      hashwert = erzeuge_hash(passwort)
12      funclist = [vertauscher, zipper, umdreher]

14      for element in hashwert:
15          rest = int(element) % 3
16          nachricht = funclist[rest](nachricht)
17      return nachricht
```

Die Funktion nimmt zwei Argumente entgegen, den Klartext sowie das Passwort. Zu Beginn wird der Klartext komplett in Großbuchstaben übersetzt. Danach generieren wir einen Zufallscode, der an die Nachricht angehängt wird. Dies hat zwei Ziele: Erstens wird dadurch bei sehr kurzen Texten die effektive Codelänge vergrößert, was die Sicherheit erhöht. Zweitens wird somit gewährleistet, dass der zu verschlüsselnde Text eine gerade Anzahl an Zeichen enthält. Für eine stärkere Verschlüsselung sollte dieser Zusatz vermutlich noch deutlich größer ausfallen, was hier jedoch die Länge des gedruckten Codes unnötig erhöhen würde. Dazu definieren wir zunächst ein Alphabet und nutzen dann *random.choices()* um eine zufällige Auswahl der Zeichen zu generieren. Dieser Appendix ist dann entweder 22 oder 23 Zeichen lang. Solange wir am Ende die richtige Anzahl an Zeichen wieder abschneiden ist es unerheblich, dass der Code zufällig und damit nicht unbedingt reproduzierbar ist. Über die genauen Zeichen am Ende, die entweder ZZ oder AAA sind, können wir erkennen, wie viel abgeschnitten werden muss.

Danach wird aus dem Passwort der Hash generiert, der als String vorliegt. Es erfolgt nun die eigentliche Verschlüsselung. Aufbauend auf dem Hash wird jeder der Zahlen eine Funktion zugeordnet. Da es nur drei Funktionen aber zehn Ziffern gibt, wird über Modulo eine Reduktion vorgenommen. Somit sind am Ende in *rest* nur 0, 1 oder 2 möglich. Diese werden den Funktionen, die in *funclist* definiert sind, zugeordnet. Die Reihenfolge, in denen die Funktionen auf den Klartext angewandt werden, basieren also auf dem Hash und damit dem Passwort. Der erzeugte Code wird letztlich ausgegeben. Die Entschlüsselung ist nur eine Umkehrung der Verschlüsselung. Die jeweiligen Gegenoperationen müssen nun in umgekehrter Reihenfolge, basierend auf demselben Passwort erfolgen.

```
1  from functools import partial
2  def decrypt(code, passwort):
3      """Entschluesselt einen Code"""
4      hashwert = erzeuge_hash(passwort)[::-1]
5      funclist = [vertauscher, partial(zipper, reverse=
           True), umdreher]
6      for element in hashwert:
7          rest = int(element) % 3
8          code = funclist[rest](code)
9      if code.endswith("ZZ"):
10         return code[:-22]
11     else:
12         return code[:-23]
```

Wieder wird der Hash generiert, aber direkt in umgekehrter Reihenfolge abgespeichert. Die *funclist* muss ebenfalls identisch aufgebaut sein. Wichtig ist zudem, dass wir *zipper()* mit dem Argument reverse aufrufen, damit die korrekte Entschlüsselung erfolgt. Da wir die Funktionen aber alle wie Objekte behandeln und weiter unten keine Argumente mehr übergeben wollen, sorgen wir mit *partial()* aus dem Modul *functools* dafür, dass die Funktion *zipper()* immer mit dem speziellen Argument aufgerufen wird, was den anderen Funktionen fehlt. Diese Art ist eleganter, da wir ansonsten weiter unten eine *if...else* Konstruktion benötigen würden, um je nach Funktion eben bestimmte Argumente (oder auch nicht) mit zu übergeben. Dann wird wieder über die Werte des Hashes iteriert. Zuletzt muss noch der anfangs hinzugefügte Extratextbaustein wieder abgeschnitten werden, damit der exakt gleiche Klartext generiert wird. Über die Zeichen am Ende, also entweder ZZ oder AAA, erkennen wir, wie viele Zeichen wieder entfernt werden müssen. Nun kann ein Test erfolgen.

```
>>> botschaft = "TREFFPUNKTUNTERDERBRUECKEUMSIEBENUHR"
>>> passwort = "unsergeheimnis"

>>> code = encrypt(botschaft, passwort)
>>> code
GNKJIBUHRNVTUXKZRCRSINUUBTZPWXMEECEZRNFXWRDSKUTBTFFEEFYSEE

>>> decode = decrypt(code, passwort)
>>> decode
TREFFPUNKTUNTERDERBRUECKEUMSIEBENUHR
>>> assert botschaft == decode
```

Offenbar ist die verschlüsselte Botschaft länger als die Originalbotschaft, was an den zusätzlich eingefügten Zeichen liegt. Durch das Zufallselement ist der verschlüsselte String beim erneuten Funktionsaufruf wahrscheinlich nicht identisch, was jedoch für die Funktionalität unerheblich ist. Diesen String könnten wir nun weitergeben, beispielsweise über einen unsicheren Kanal wie einen Brief, von dem wir annehmen, dass er geöffnet und ausspioniert wird. Ohne das zugehörige Passwort ergibt diese Information letztlich wenig Sinn. Wird dieser Text dann wieder mit dem korrekten Passwort in *decrypt()* eingegeben, erhält man die ursprüngliche Botschaft. Da *assert* in diesem Falle keinen Abbruch auslöst, wissen wir, dass die Ver- und Entschlüsselung erfolgreich waren. Zweifelsohne ist dies eine sehr primitive Verschlüsselung, die nur illustrativen Zwecken dienen soll. Anderen, bereits im Altertum angewandten Techniken wie beispielsweise einer Caesar-Verschlüsselung, ist sie dennoch überlegen.

Aufgaben

1. Gehen Sie die einzelnen Schritte der Verschlüsselung durch und überlegen Sie sich, welche Schwachstellen bzw. Angriffspunkte diese besitzt.

2. *Security through obscurity* meint, dass Verschlüsselung dann sicher ist, wenn die erzeugenden Algorithmen bzw. Codeimplementierungen geheim gehalten werden. Überlegen Sie, warum dies eine schlechte Idee ist, und weshalb alle gängigen Verschlüsselungsmethoden ihre Codes und Algorithmen offenlegen. Inwiefern wäre der oben gezeigte Verschlüsselungsalgorithmus unsicher, wenn Angreifer ihn kennen würden?

3. Erstellen Sie mindestens eine weitere Funktion, die Buchstaben deterministisch vermischt (wie beispielsweise *zipper()*). Ändern sie den vorhandenen Code so ab, dass diese Funktion zusätzlich bei der Verschlüsselung benutzt wird.

4.5 Römische Zahlen

Römische Zahlen machen nicht nur auf Urkunden oder Denkmälern Eindruck, stehen sie doch sinnbildlich für eine der bekanntesten Zivilisationen überhaupt. Dabei ist das System primitiv und erlaubt kaum höhere Mathematik, da es sich nicht um ein Positionssystem wie bei den arabischen Zahlen handelt, sondern um eine additive Zahlenschrift. So sind beispielsweise die arabischen Zahlen 91 und 19 völlig verschieden, da sich die Stellung der Ziffern unterscheidet, auch wenn die Anzahl der jeweiligen Ziffern gleich ist. In römischen Zahlen ist dies jedoch weniger wichtig, da etwa XV und VX das gleiche bedeuten (wobei es auch hier Regeln, schon aus ästhetischen Gründen, gibt). Hinzu kommt die Besonderheit, dass schon im alten Rom vier gleiche Zeichen nebeneinander vermieden werden sollten. Deshalb wurde für die Zahl 4 nicht IIII geschrieben, sondern eine Subtraktionsregel verwendet, also jeweils eine Subtraktion vom nächst höheren Zeichen vorgenommen, sodass das Ergebnis IV ist.

Insgesamt unterscheiden wir folgende Zeichen: M (1000), D (500), C (100), L (50), X (10), V (5) und I (1). Wir akzeptieren keine Zahlen über 3999, um das Problem zu umgehen, dass wir noch mehr Zahlzeichen benötigen. Somit müssen wir nur besonders auf die Subtraktionsregel achten, damit wir keine Fehler begehen. Für den Algorithmus gibt es verschiedene Ansätze. Man kann einen Zähler integrieren, der prüft, wie oft das zu setzende Zeichen bereits hintereinander vorhanden ist. Erreicht dieser vier, kann man dann die vorhergehenden Zeichen löschen und die Subtraktion anwenden. Dies ist sehr flexibel, aber möglicherweise gar nicht notwendig. Bei genauerer Betrachtung erkennt man schnell, dass es insgesamt nur sechs Fälle gibt, in denen die Regel benötigt wird, nämlich für die Zahlen 4, 9, 40, 90, 400 und 900. Diese kann man gesondert adressieren und erspart sich somit die Entwicklung eines Prüfalgorithmus. Die allgemeine Lösungsidee ist wie folgt: Man nehme die gewünschte arabische Zahl und prüfe nun für jede römische Ziffer, beginnend mit der größten, wie oft man diese von der Zahl abziehen kann, ohne ein negatives Ergebnis zu erhalten. Ist eine derartige Subtraktion tatsächlich möglich, wird der Schritt durchgeführt und die entsprechende römische Zahl hinzugefügt. Dann fährt man mit dem Rest und der nächstkleineren römischen Ziffer fort. Auf diese Weise wird die Zahl am Ende null sein und die römische Zahl wird sukzessive aufgebaut. Am Beispiel der Zahl 1005 würde dies bedeuten, dass man 1000 abziehen kann (der Rest ist dann noch 5), was bedeutet, dass man M dem Ergebnis hinzufügen kann. Nun versucht man vom Rest alle weiteren Zahlen abzuziehen, was erst bei V, also der fünf, gelingt. Somit fügt man V dem Ergebnis hinzu und ist fertig, da die arabische Zahl erfolgreich auf null reduziert wurde. Somit erhält man die korrekte römische Ziffer MV. Wenn man in diese Auflistung auch die erwähnten Ziffern mit Subtraktionsregel einbaut werden diese gleichermaßen berücksichtigt. Der Code dafür sieht dann etwa so aus:

```
1  roemische_zahlen = [(1000, "M"), (900, "CM"), (500, "D")
     , (400, "CD"), (100, "C"), (90, "XC"), (50, "L"),
```

```
      (40, "XL"), (10, "X"), (9, "IX"), (5, "V"), (4, "IV")
      , (1, "I")]
3  def nach_roemisch(zahl):
4      if not isinstance(zahl, int) or not 0 < zahl < 4000:
5          raise ValueError()
6      ausgabe = ""
7      for wert, symbol in roemische_zahlen:
8          while zahl >= wert:
9              ausgabe += symbol
10             zahl -= wert
11     return ausgabe
```

Am Anfang definieren wir die Zuordnung zwischen den Zahlenwerten und den Symbolen, was wir jeweils als Tuple machen und
alle Tuples in eine Liste packen, worin wir nach Zahlenwerten ab-
steigend sortiert haben. Es folgt die eigentliche Funktion. Zunächst
prüfen wir die Eingabe und fahren erst dann fort. Wir initialisieren
die Ausgabe als leeren String. Nun iterieren wir über die soeben
angelegte Liste und starten danach eine Schleife. Diese läuft, so
lange der Eingabewert noch größer oder gleich dem aktuellen Zahlenwert ist. Ist dies der Fall, so fügen wir das aktuelle Zahlzeichen
der Ausgabe hinzu und subtrahieren den Zahlenwert von der Eingabe. Auf diese Weise wird die römische Zahl sukzessive aufgebaut
und der Eingabewert bis auf 0 reduziert, dann sind wir fertig. Dieses Vorgehen können wir am Beispiel 2039 testen. Beginnen wir
bei 1000, welche kleiner ist als die Eingabe, weshalb sich diese auf
1039 reduziert und M der Ausgabe angefügt wird. 1039 ist weiterhin größer als 1000, sodass wir bei MM und 39 landen. Nun passt
die 1000 nicht mehr in die 39 und wir gehen die Liste durch, bis
wir auf 10 Stoßen, welche offenbar drei Mal in die 39 passt, was
uns zu MMXXX bringt. Fehlt die 9, die mit IX abgearbeitet wird.
Das Endergebnis: MMXXXIX. Die Rückübersetzung erfolgt nach
einem sehr ähnlichen Vorgehen.

```
1  def von_roemisch(eingabe):
2      if not isinstance(eingabe, str):
```

```
3            raise ValueError()
4        ausgabe = 0
5        for wert, symbol in roemische_zahlen:
6            while eingabe.startswith(symbol):
7                ausgabe += wert
8                eingabe = eingabe[len(symbol):]
9        return ausgabe
```

Die Eingabe muss jetzt natürlich eine römische Zahl als String sein. Die Ausgabe wird nun eine Ganzzahl sein, die wir mit 0 initialisieren. Wieder iterieren wir über die anfangs definierten Tuples aus Werten und Zahlzeichen und starten jeweils eine Schleife. Über *startswith()* prüfen wir dann, ob der gegebene String mit einem bestimmten Zahlzeichen beginnt. Ist dies der Fall, so addieren wir den jeweiligen Wert und entfernen dann die Zeichen. Hier müssen wir aufpassen, da ein Zeichen aus einem oder zwei Schriftzeichen (etwa IX für die 9) bestehen kann. Somit schneiden wir entweder ein oder zwei Zeichen am Anfang des Strings weg, was wir mit einem Slice erledigen. Nehmen wir als Beispiel wieder MMXXXIX. Da M vorhanden ist, fügen wir 1000 an die Ausgabe an und entfernen das M. Das geschieht so insgesamt zwei Mal, was uns zur Zahl 2000 bringt und zum Restzeichen XXXIX. Dann gehen wir die Zeichen durch, bis wir zum X kommen, hier passiert das gleiche drei Mal, was uns zu 2030 und IX bringt. Wir finden IX in der Liste, addieren 9 auf das Ergebnis und erhalten den leeren String, sind also fertig. Somit haben wir schrittweise die Zahl 2039 aufgebaut.

Da es sich in dem Beispiel um jeweils eine perfekte Umkehrung handelt, können wir unsere Funktionen auf Konsistenz testen. Wandeln wir also eine arabische Zahl in eine römische um und danach zurück, muss wieder die Ursprungszahl erscheinen. Das beweist zwar nicht, dass unser Verfahren immer korrekt ist, aber zumindest, dass die Logik in sich schlüssig ist und tatsächlich eine korrekte Rückwandlung stattfindet. Da nur Zahlen zwischen 1 und 3999 in Frage kommen, können wir tatsächlich alle testen.

```
for i in range(1, 4000):
```

```
assert i == von_roemisch(nach_roemisch(i))
```

Läuft dieser Codebaustein am Ende ohne Fehlermeldung durch, so ist die Konsistenz der beiden Funktionen nachgewiesen.

4.6 Streichholzarithmetik

Eine beliebte Rätselart befasst sich mit Streichhölzern und Arithmetik. Dabei wird eine Gleichung vorgegeben, die allerdings nicht korrekt ist, also ein mathematisch falsches Ergebnis liefert. Alle Zahlen und Zeichen in dieser Gleichung werden durch Streichhölzer dargestellt. Nun muss der Leser eine gewisse Anzahl von Hölzern bewegen und somit die Gleichung richtigstellen. Als Basis nutzen wir die folgende Gleichung:

$$185 + 15 = 270 \tag{4.1}$$

Diese ist offenbar nicht korrekt. Die Aufgabe ist es nun, genau ein Streichholz umzulegen, sodass die Gleichung am Ende stimmt. Die Anzahl der benutzten Streichhölzer muss dabei gleichbleiben, wir können kein Holz entfernen und keines hinzufügen. Hierbei dürfen sich Ziffern und Rechenoperatoren gleichermaßen verändern, beispielsweise könnte sich das Pluszeichen in ein Minuszeichen verwandeln. Wir nehmen an, dass alle Ziffern von 0 bis 9 erlaubt sind, sowie das Pluszeichen, das Minuszeichen und das Gleichheitszeichen. Wir gehen bei der Darstellung von einer Sieben-Segment-Anzeige aus, sodass die Zeichen „digital" und ohne Hölzer auch hier gedruckt dargestellt werden können (Abbildung 4.1).

So besteht beispielsweise die 1 aus zwei Hölzern, die 2 aus fünf, usw... Die Lösungsidee ist folgende: wir nutzen einen Brute-Force Ansatz und testen alle in Frage kommenden Möglichkeiten systematisch durch. Natürlich wollen wir dabei nicht alle Gleichungen ausprobieren, sondern müssen unseren Suchbereich einschränken. Als Hilfestellung dient uns die Originalgleichung. Laut Vorgabe

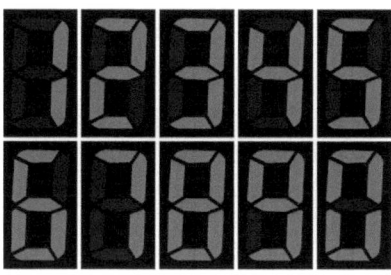

Abbildung 4.1: Darstellung aller Ziffern in einer Sieben-Segment-Anzeige, die wir anstelle von Streichhölzern betrachten können.
Quelle: Publicdomainvectors.org

dürfen wir nur ein Holz umlegen. Somit gibt es letztlich nur zwei Möglichkeiten: entweder wird ein Holz nur innerhalb einer Zahl bewegt (etwa, wenn sich eine 2 zu einer 3 verwandelt), oder aber einer Zahl wird ein Hölzchen abgenommen und einer anderen Zahl hinzugefügt (etwa, wenn wir der 8 ein Holz klauen, sodass diese zu einer 0 wird und das Holz dann an eine 1 angelegt wird, die zu einer 7 wird). Tatsächlich können wir alle so denkbaren Verwandlungen manuell zusammensuchen und in zwei Kategorien aufteilen.

```
n_gleich = ["1+", "+=", "23", "35", "90", "60", "69"]
n_anders = ["-+", "-=", "17", "39", "56", "59", "68", "
    98", "08"]
```

Die Aufteilung ist wie folgt: so können wir die 1 durch umlegen durch ein Holz in Pluszeichen verwandeln, die Anzahl der Hölzer im ursprünglichen Zeichen bleibt also gleich. Wollen wir aber ein Minuszeichen in ein Pluszeichen verwandeln, so müssen wir ein Hölzchen hinzufügen (bzw. abziehen, wenn die Richtung andersherum ist). Wichtig ist bei *n_anders*, dass immer zuerst das Zeichen steht, das weniger Hölzchen braucht und danach das mit genau einem Holz mehr. Danach benötigen wir verschiedene Hilfsfunktionen. So wollen wir Ersetzungen in Strings vornehmen, wozu wir diese kleine Funktion gebrauchen:

```
def replace_at_index(string, index, zeichen):
    return string[:index] + zeichen + string[index+1:]
```

Sie hat drei Argumente: den String, in dem etwas ersetzt werden soll, das Zeichen, das ersetzt werden soll, was wir über den Index eindeutig festlegen können, sowie das Zeichen (bzw. die Zeichen), die eingefügt werden sollen. Die Anwendung ist dann wie folgt:

```
>>> print(replace_at_index("Maus", 0, "H"))
Haus
```

Danach brauchen wir eine Funktion, die systematisch alle Ersetzungen durchgeht. Wir teilen sie auf in zwei Funktionen: die eine ersetzt Möglichkeiten, in der die Anzahl der Hölzchen pro Zeichen konstant bleibt, die andere nimmt dann Ersetzungen vor, in denen sich die Zeichenzahl ändert. Warum das sinnvoll ist sehen wir gleich, wenn wir alles zusammenfügen. Nun zuerst die Funktion mit unterschiedlicher Zeichenzahl.

```
1  def add_match(string):
2      for i, char in enumerate(string):
3          for less, more in n_anders:
4              if char == less:
5                  yield replace_at_index(string, i, more)
```

Die Eingabe ist hier nur der String, also die Gleichung, die wir lösen möchten. Wir iterieren dann über alle Zeichen in String und nutzen *enumerate()*, um gleichzeitig das Zeichen sowie den zugehörigen Index als Tuple zu erhalten. Für jedes Zeichen iterieren wir dann über die Tauschmöglichkeiten in *n_anders* und probieren diese systematisch durch. Taucht etwa eine 1 in unserer Originalgleichung auf, so wird diese testweise durch eine 7 ersetzt und das Ergebnis wird dann mittels *yield* zurückgegeben (somit legen wir die Funktion als Generator an). Unsere Hauptfunktion wird dann prüfen, ob auf diese Weise eine korrekte Gleichung entstanden ist. Offenbar fügen wir der Gesamtgleichung auf diese Weise ein Holz hinzu, was bedeutet, dass vorher an anderer Stelle eines entfernt werden muss, sonst ist die Gesamtzahl nicht mehr konstant. Dies wird mit in der nächsten Funktion integriert, welche wie folgt aufgebaut ist:

```
1  def change_match(string):
2      for i, char in enumerate(string):
3          for char1, char2 in n_gleich:
4              if char == char1:
5                  yield replace_at_index(string, i, char2)
6              if char == char2:
7                  yield replace_at_index(string, i, char1)
8          for less, more in n_anders:
9              if char == more:
10                 one_match_less = replace_at_index(string
                       , i, less)
11                 yield from add_match(one_match_less)
```

Wieder nehmen wir den Originalstring als Argument entgegen. Wir iterieren dann über alle Zeichen im String und nutzen wieder *enumerate()*. Zuerst probieren wir Ersetzungen mit konstanter Hölzchenzahl aus. Um hierbei alle Kombinationen zu erwischen müssen wir die Position der Zeichen in jeder Kombination, wie sie in *n_gleich* gespeichert ist, probieren, also in beide Richtungen. Anschließend wenden wir uns den Ersetzungen mit unterschiedlicher Hölzchenzahl zu. Offenbar müssen wir hier nun aufpassen, zuerst eines zu entfernen und erst dann eines hinzuzufügen. Wir iterieren dann über alle Elemente in *n_anders* und ersetzen, sofern möglich, ein Holz, indem wir ein Holz entfernen. Diese neue Gleichung speichern wir in *one_match_less* und geben diese nun an *add_match()*, sodass nun systematisch alle Hinzufügungen probiert werden und damit die Anzahl der Hölzer konstant bleibt. Hier nutzen wir *yield from*. Somit können wir von unserem aktuellen Generator direkt auf einen anderen Generator zugreifen und seine Rückgabewerte anfordern (siehe auch den Nachtrag zu diesem Kapitel). Auf diese Weise ist garantiert, dass unsere Funktion letztlich alle denkbaren Ersetzungen vornimmt. Sehen wir uns dazu ein Beispiel an, wie diese Funktion mit unserer Originalgleichung umgehen würde.

```
>>> testgen = change_match("185+15=270")
>>> for i in range(10):
>>>     print(next(testgen))
+85+15=270
765+15=270
185+15=270
166+15=270
169+15=270
165+75=270
165+16=270
165+19=270
165+15=278
795+15=270
```

Wir rufen dazu testweise die eben definierte Funktion auf und sehen uns die ersten zehn Elemente dieses Generators an. So wird zunächst die 1 durch ein + ersetzt, danach die 1 durch eine 7, was aber bedeutet, das dann hier auch die 8 in eine 6 verwandelt wird, damit die Hölzchenzahl konstant bleibt. Damit sind wir fast fertig. Aus dieser Liste aller denkbaren Lösungen müssen wir jetzt solche heraussuchen, die syntaktisch korrekt sind (also etwa genau ein Gleichheitszeichen beinhalten) sowie auch mathematisch die richtige Lösung liefern.

```
1  def solver(gleichung):
2      for kandidat in change_match(gleichung):
3          if kandidat.count("=") == 1:
4              try:
5                  if eval(kandidat.replace('=','==')):
6                      return kandidat
7              except SyntaxError:
8                  pass
9      raise RuntimeError("Keine Loesung gefunden")
```

Die Funktion akzeptiert die Originalgleichung als Eingabe. Wir iterieren dann über alle Ausgaben des Generators, wie wir ihn eben vorgestellt haben. Somit erhalten wir aus dieser Funktion somit garantiert am Ende alle denkbaren Kombinationen an Zeichen, die den vorgegebenen Regeln entsprechen. Wir schauen dann zuerst nach, ob die entstandene Gleichung genau ein Gleichheitszeichen enthält. Nur dann kann es sich überhaupt um eine syntaktisch korrekte Gleichung handeln. Danach müssen wir noch die Mathematik prüfen, wozu wir *eval()* nutzen. Damit können wir Code direkt in Python ausführen bzw. auf den Wahrheitsgehalt hin prüfen lassen. Zu beachten ist dabei noch, dass das Gleichheitszeichen durch ein doppeltes ersetzt werden muss, da wir in Python Code die Gleichheit über dieses Zeichen testen müssen (also etwa *1 == 1*). Ist diese Evaluation erfolgreich, wird also *True* ausgegeben, so haben wir eine Lösung gefunden und lassen diese ausgeben. Allerdings kann es durchaus sein, dass ein Fehler erzeugt wird, etwa bei einer Gleichung wie *7 == +*, da dies in Python keinen Sinn ergibt. Um derartige Fehler aufzufangen, nutzen wir eine *try...except* Konstruktion, damit das Skript nicht abbricht. Haben wir am Ende alle nur denkbaren Kombinationen probiert, aber keine Lösung gefunden, so ist die Gleichung offenbar nicht lösbar. Wir erzeugen dann eine Fehlermeldung. Zeit für einen Testlauf.

```
>>> print(solver("185+15=270"))
195+75=270
```

Es ist einfach zu verifizieren, dass die Mathematik korrekt ist. Die Lösung ist demnach, ein Streichholz aus der 8 zu entfernen und aus der 15 eine 75 zu machen. Wir haben letztlich genau ein Streichholz bewegt und auf diese Weise zwei Ziffern bzw. Zeichen verändert. Die Mathematik ist korrekt.

Aufgaben

1. Könnten theoretisch auch mehrere Lösungen gefunden werden? Ändern Sie die Funktion so ab, dass alle möglichen, korrekten Lösungen ausgegeben werden.

2. Erstellen Sie eine Funktion, die ähnliche Streichholzgleichungen generiert, also zunächst eine zu korrigierende Gleichung

und die Lösung direkt mitliefert.

Nachtrag: yield from

In vorherigen Beispiel haben wir *yield from* benutzt, was neu war. Immer wenn eine Funktion eine Rückgabe liefern soll, können wir entweder *return* oder *yield* benutzen, wobei *yield*, wie bereits erklärt, einen Generator definiert und den Zustand der Funktion speichert. Was aber ist nun *yield from*? Die Grundidee ist, dass ein Generator direkt Elemente von einem anderen Generator liefern kann, ohne diese explizit initialisieren zu müssen. Insofern ist *yield from* etwas, was uns das Leben erleichtert, aber nicht zwingend notwendig ist. Als Beispiel können wir uns eine verschachtelte Liste anschauen, die wir „entpacken" wollen, sodass wir am Ende eine Liste mit allen Elementen, aber ohne Unterlisten, bekommen. Dies wird auch als *flattening* bezeichnet. Die Programmierung ist einfach:

```python
def flatten(eingabe):
    """Entpackt eine verschachtelte Liste"""
    for element in eingabe:
        if not isinstance(element, list):
            yield element
        else:
            yield from flatten(element)
```

Wir nehmen an, dass es nur Listen gibt (keine verschachtelten Tuples). Als Argument hat die Funktion die Ursprungsliste. Dann wird über jedes Element der Liste iteriert. Handelt es sich nicht um eine Liste, so kann das Element direkt ausgegeben werden. Ist es jedoch eine Liste, so muss diese nun entpackt werden. Wir rufen daher unsere Funktion rekursiv auf, das neue Argument ist die gefundene Liste. Natürlich kann diese wiederum weitere Unterlisten enthalten, was aber durch die beliebig verschachtelte Rekursion abgedeckt wird. Hier kommt nun *yield from* ins Spiel. Der Selbstaufruf der Generatorfunktion erzeugt offenbar einen neuen Generator.

Würde wir nun nur *yield* benutzen, so würden wir als Rückgabe Generator-Objekte erhalten, was uns nichts bringt. Durch *yield from* wird das neu erzeugte Generator-Objekt hingegen direkt initialisiert und die einzelnen Ausgaben erfolgen. Probieren wir es aus.

```
>>> a = [1, 2, 3, [8, 77, [3, 4], 7], 5, [34, [], 43]]
>>> print(list(flatten(a)))
[1, 2, 3, 8, 77, 3, 4, 7, 5, 34, 43]
```

Gleichgültig wie viele Ebenen die Unterlisten haben, am Ende sind alle Elemente (hier nur Zahlen) in einer Liste ohne weitere Ebenen zusammengefasst.

4.7 Superpalindrome

Bereits mehrfach hatten wir es in vorhergehenden Aufgaben mit Palindromen zu tun, also Zeichenketten, die vorwärts und rückwärts gelesen identisch sind. Zu den längeren Kandidaten der deutschen Sprache zählen dabei etwa *Reliefpfeiler* oder *Regallager*. Wenn man dann zu ganzen Sätzen übergeht, also Satz- und Trennzeichen ignoriert, finden sich auch längere sinnvolle Konstrukte wie etwa *Die Liebe ist Sieger, stets rege ist sie bei Leid* oder *Er habe nie eine Bahre*. Kann man derartiges programmieren? Ja, sofern man nicht erwartet, dass ein sinnvoller bzw. grammatikalisch korrekter Satz herauskommt, sondern eher nur eine Aneinanderreihung von Wörtern. Dazu nutzen wir das Wörterbuch, das wir in der ersten Aufgabe aus diesem Kapitel vorgestellt haben. Es enthält neben Nomen auch eine Vielzahl an Verben und Adjektiven, die mitunter konjugiert vorliegen und somit eine sehr breite Auswahl eröffnen.

Der Lösungsalgorithmus orientiert sich an einem Programm von Peter Norvig, der damit das längste englischsprachige Palindrom erschaffen hat.[3] Zwar habe ich den Eindruck, dass die englische

---

[3]https://norvig.com/palindrome.html

Sprache etwas besser für Palindrome geeignet ist, was beispielsweise schon am unbestimmten Artikel *a* liegt, der als Füllwort äußerst nützlich sein kann. Die Idee an sich ist folgende: Man bestimme den Anfang und die Enden des Palindroms um die Grenzen bzw. die Grundlagen vorzugeben. Somit hat man, übertragen auf einen geschriebenen Satz, einen Anfangsteil (den linken Satzteil), sowie ein Endteil (den rechten Satzteil). Danach bestimmt man, welcher Teil des Gesamtsatzes bisher das Palindrom verhindert, also kein passendes Zeichenpaar findet. Sehen wir uns ein Beispiel an. Als Rahmung nutzen wir:

GEIST, ZIERT, LEBEN, ... , UMNEBELT, REIZT, SIEG

Wie man leicht nachprüfen kann ist alles palindromisch, bis auf die zwei Zeichen *UM*. Diese finden keine Paarung auf der linken Seite des Satzes. Wir müssen daher nun ein Wort finden, das mit *MU* beginnt, also der umgedrehten Endsequenz. Dieses Wort könnte beispielsweise *MUTTER* sein. Wir fügen es auf der anderen Seite an und erhalten den folgenden neuen Satz:

GEIST, ZIERT, LEBEN, MUTTER, ... , UMNEBELT, REIZT, SIEG

Das bisher „lose" UM ist durch MU abgedeckt und hat seinen Gegenpart gefunden. Nun wiederholt sich der Algorithmus, diesmal von der anderen Seite. Der Rest bzw. Überstand ist nun *TTER*. Auf der rechten Seite wird nun also ein Wort gesucht, das mit dem umgedrehten Rest endet, etwa *BRETT*. Offensichtlich kann dieser Algorithmus so lange laufen, bis einem die Wörter ausgehen. Natürlich sollte das nicht der Abbruch sein, denn somit kann am Ende auch der Fall eintreten, dass keine Wörter mehr vorhanden sind, aber der Gesamtsatz noch kein Palindrom ist. Zudem möchten wir verhindern, dass die gleichen Wörter mehrfach auftauchen, benutzte Wörter werden also gesperrt. Zuletzt bleibt das Problem der Wörter, die kein Gegenpart finden. Nehmen wir an, wir hätten statt *MUTTER* vielleicht *MUSIKANTENSTADEL* gewählt. Der neue Restteil wäre dann *SIKANTENSTADEL* geworden. Es ist leicht einzusehen, dass wohl kein deutsches Wort existiert, das für die umgedrehte Version dieser Zeichenkette eine passende Paarung ergibt. Kein Wort im Wörterbuch ist geeignet. In diesem Fall müssen wir auf Backtracking zurückgreifen, also das Wort ohne Gegenpart wieder entfernen und es erneut mit einem anderen Wort versuchen. Zur Umsetzung aller genannten Aspekte werden wir drei Hilfsfunktionen benötigen.

```
1  def ist_palindrom(string):
2      """Testet ob ein String ein Palindrom ist"""
3      return string == string[::-1]


6  def rest(links, rechts):
7      """Findet die Zeichenkette, die beiden Strings nicht
              gemeinsam ist"""
8      links = "".join(links)
9      rechts = "".join(rechts)
10     return links[len(rechts):] or rechts[:-len(links)]


13 def wortfinder(wortschatz, string, wortbeginn, gesperrt)
       :
14     """Findet passendes neues Wort"""
15     if wortbeginn:
16         for wort in wortschatz:
17             if wort.startswith(string) and wort not in
                  gesperrt:
18                 return wort
19     else:
20         for wort in wortschatz:
21             if wort.endswith(string) and wort not in
                  gesperrt:
22                 return wort
23     return None            #kein passendes Wort gefunden
```

Zunächst erstellen wir mit *ist_palindrom* einen einfachen Test, der angibt, ob ein zu testender String ein Palindrom ist. Die zweite Funktion *rest()* nimmt zwei Listen entgegen und prüft, welcher

Teil verhindert, dass ein Palindrom entsteht. Wichtig ist hierbei, dass wir bereits an dieser Stelle unsere Datentypen festlegen. Wir speichern die jeweiligen Wörter in Listen und setzen diese für Testungen dynamisch zu Strings zusammen. Dies macht es uns sehr einfach, später ganze Wörter hinzuzufügen oder auch wieder zu löschen (Backtracking). Wir definieren dann einen linken und einen rechten Teilsatz wie oben aufgezeigt und wandeln die Listen in Strings um. Der Rest erfolgt in einem Befehl. Dazu nutzen wir Slices und die Länge des jeweils anderen Strings. Haben beide Strings die gleiche Länge, so entstehen zwei leere Strings und es wird einer davon ausgegeben. Ansonsten sorgt *or* dafür, dass immer der String mit mehr Zeichen ausgegeben wird.

Die letzte Hilfsfunktion sucht neue passende Wörter aus dem Wörterbuch heraus. Hier haben wir vier Argumente: den Wortschatz, also unser Wörterbuch, den String, der ein Match finden muss, der Wortbeginn (ein Wert der angibt, ob unsere Zeichenkette am Anfang oder Ende stehen muss), sowie *gesperrt*, eine Sammlung von bereits benutzten Wörtern, die wir nicht mehr vergeben dürfen. Hier müssen wir dann nur unterscheiden, ob der String am Anfang oder Ende des Wortes stehen soll. Danach iterieren wir einfach über die Wortliste und suchen ein passendes Wort heraus. Sollte es sich allerdings ergeben, dass kein passendes Wort zu finden ist, wie im Beispiel weiter oben erläutert wurde, so muss die Funktion dies auch berücksichtigen. In diesem Fall gibt sie *None* aus. Nun können wir alles in der Hauptfunktion zusammensetzen.

```python
import random
def main(maximale_laenge):
    with open("wortliste1.txt", encoding="utf8") as daten:
        wortschatz = [zeile.strip().upper() for zeile in daten]
    links = ["GEIST", "ZIERT", "LEBEN"]
    rechts = ["UMNEBELT", "REIZT", "SIEG"]
```

```
8    gesamt = "".join(links) + "".join(rechts)
9    gesperrt = set()
10   zuletzt_rechts = True
11   while len(gesamt) < maximale_laenge or not
         ist_palindrom(gesamt):
12       restzeichen = rest(links, rechts)
13       if restzeichen == "":
14           while True:
15               neuwort = random.choice(wortschatz)
16               if neuwort not in gesperrt:
17                   break
18       else:
19           neuwort = wortfinder(wortschatz, restzeichen
                 [::-1], zuletzt_rechts, gesperrt)

21       if not neuwort:                    #Backtrack
22           if zuletzt_rechts:
23               rechts.pop(0)
24               zuletzt_rechts = False
25           else:
26               links.pop(-1)
27               zuletzt_rechts = True
28       else:
29           gesperrt.add(neuwort)
30           if zuletzt_rechts:
31               links.append(neuwort)
32               zuletzt_rechts = False
33           else:
34               rechts.insert(0, neuwort)
35               zuletzt_rechts = True

37       gesamt = "".join(links) + "".join(rechts)

39       print("Restzeichen: ", restzeichen)
40       print("Neues Wort: ", neuwort)
41       print(links, rechts)
42   assert ist_palindrom(gesamt)
43   return gesamt
```

Gehen wir diese etwas längere Funktion nun Schritt für Schritt durch und schauen uns am Ende ein ausführlicheres Beispiel an. Die Funktion benötigt das Modul *random* und hat ein Argument, die Mindestlänge, die das Palindrom letztlich erreichen soll. Zunächst lesen wir die Wortliste ein. Diese muss sich im gleichen Ordner befinden wie unser Skript. Wir konvertieren dabei alle Wörter zu Großbuchstaben und halten uns einheitlich an dieses Format. Danach definieren wir die Startsätze wie oben ausgeführt. Wir bauen danach den ganzen String aus den Startsätzen unter *gesamt* zusammen. Wir legen ein leeres Set an, in dem wir alle Wörter notieren, die wir bereits verwendet haben. Zudem müssen wir darauf achten, dass wir neue Wörter abwechselnd an den linken und rechten Teil anfügen und niemals zwei Mal hintereinander an die gleiche Seite. Dazu dient die Bool-Variable *zuletzt_rechts*. Haben wir das letzte Wort der rechten Seite angefügt, so ist diese Variable *True*, andernfalls *False*.

Wir starten die eigentliche Schleife, die so lange läuft, bis zwei Bedingungen erfüllt sind. Einerseits muss unser Gesamtpalindrom eine Mindestlänge erreicht haben, was wir in *mindestlaenge* festlegen. Zudem muss der String am Ende ein Palindrom sein. Wir benutzen nun die Hilfsfunktion *rest()*, um den Restteil des aktuellen Satzes zu bestimmen. Nun gibt es hier zwei Möglichkeiten: entweder wir erhalten einen leeren String zurück, was uns anzeigt, dass kein Restwert vorhanden ist und damit bereits ein Palindrom vorliegt. Da wir aber dennoch in der Schleife gelandet sind, wissen wir, dass die Gesamtlänge zu kurz ist. In diesem Fall suchen wir ein zufälliges Wort aus der Wortliste aus (das zudem nicht in *gesperrt* auftauchen darf), was wir danach weiter benutzen werden. Wurde uns hingegen ein Restwert geliefert, so müssen wir nun ein passendes Gegenstück finden. Gehen wir dies an einem Beispiel durch.

Der Restwert möge *OT* lauten. Logischerweise muss der Rest von der Seite stammen, die zuletzt ergänzt wurde. Angenommen dies war die rechte Seite, so würde die Situation wie folgt aussehen:

```
...  |  OT...
```

Wir müssen nun also einen String auf der linken Seite anfügen, der dafür sorgt, dass OT in das Palindrom passt. Das neu hinzugefügte Wort muss demnach mit der *umgedrehten* Version des Rests *beginnen*, also mit *TO*. Ein Beispiel wäre TOLERANT.

```
...TOLERANT  |  OT...
```

Der Rest wäre nun auf der linken Seite und würde *LERANT* lauten. Genau auf diese Weise funktioniert auch der Code (*if zuletzt_rechts == True*), er dreht den Rest um und sucht ein passendes Wort aus dem Wörterbuch, das mit diesem String beginnt. Was wäre, wenn der Rest auf der linken Seite wäre?

```
...OT  |  ...
```

Das Vorgehen ist im Prinzip analog. Es muss nun auf der rechten Seite ein passendes Wort gefunden werden. Dieses muss mit der *umgedrehten* Version *enden*. Ein passendes Beispiel wäre *QUITO*. Der neue Rest wäre damit *QUI*.

```
...OT  |  QUITO...
```

Diese Eventualität wird über das Argument *zuletzt_rechts* gesteuert, das entweder als *True* oder *False* in die Funktion *wortfinder()* eingeht. Hier muss man nur aufpassen, dass man an der richtigen Stelle entweder am Anfang oder Ende des neuen Wortes den passenden String findet. Was passiert aber, wenn kein Wort gefunden werden kann, etwa, weil es bereits vorhanden ist und damit gesperrt ist, oder aber überhaupt keines existiert? In diesem Fall ist der Return *None* und wir müssen einen Backtrack einleiten. Je nachdem, ob das letzte Wort nun links oder rechts eingefügt wurde, wird es an der richtigen Stelle wieder gelöscht, also entweder am Anfang oder Ende der Liste. Dazu benutzen wir *liste.pop(index)*, das aus einer Liste an der gewünschten Position ein Element entfernt. Sobald das Element gelöscht wurde müssen wir danach nur den aktuellen Positionsindex umdrehen (in *zuletzt_rechts*). Das alte Wort wird in der Sperrliste belassen und kann daher beim nächsten Anlauf nicht mehr verwendet werden. Auf diese Weise werden nie endende Kreisläufe verhindert.

Ist der Return hingegen nicht *None*, also ein gültiges Wort, so wird dieses in die Sperrliste aufgenommen. Da es sich hierbei aber um keine Liste, sondern ein Set handelt, nutzen wir *set.add(element)*. Wieder müssen wir aufpassen, dass wir das neu gewählte Wort entweder links oder rechts anfügen und dort wieder am Anfang oder Ende der Liste. Um ein Element am Anfang einer Liste zu platzieren nutzen wir *liste.insert(index, element)*, ansonsten (für das Einfügen am Ende einer Liste) das bekannte *liste.append(element)*. Ist dies geschehen, so sind wir fast fertig und können nun wieder den Gesamtstring erzeugen und die Länge berechnen. Zudem lassen wir uns einige Zwischenergebnisse in der Konsole anzeigen, sodass wir den Zusammenbau des Superpalindroms mitverfolgen können. Danach startet die Schleife erneut. Sind irgendwann alle Bedingungen erfüllt und die Schleife verlassen, wird zuletzt noch zur Sicherheit ein Test durchgeführt, ob das finale Palindrom auch tatsächlich ein solches ist. Danach wird das Ergebnis ausgegeben. Lassen wir uns nun einmal den Prozess interaktiv anzeigen mit den bekannten Parametern.

```
Restzeichen: UM
Neues Wort: MUECKEN
['GEIST', 'ZIERT', 'LEBEN', 'MUECKEN'] ['UMNEBELT', '
    REIZT', 'SIEG']
Restzeichen: ECKEN
Neues Wort: None
['GEIST', 'ZIERT', 'LEBEN'] ['UMNEBELT', 'REIZT', 'SIEG'
    ]
Restzeichen: UM
Neues Wort: MUECKENSCHWARM
['GEIST', 'ZIERT', 'LEBEN', 'MUECKENSCHWARM'] ['UMNEBELT
    ', 'REIZT', 'SIEG']
```

Unser Rest ist zu Beginn das bekannte UM, es wird nun also ein passendes Gegenstück gefunden, in diesem Fall *MUECKEN*. Das neue Restwort ist ECKEN. Jedoch wird direkt in der nächsten Runde ein Problem festgestellt, da der neue Rest kein Gegenstück finden kann. Es erfolgt der Backtrack, *MUECKEN* wird wieder entfernt und diesmal *MUECKENSCHWARM* probiert, allerdings mit demselben Schicksal. Es dauert eine Weile, bis unser Algorithmus ein besseres Wort findet: *MUEHE*. Dazu findet sich tatsächlich dann wieder ein passendes Gegenstück, *EHE*. Es dauert eine Weile, doch am Ende wird folgendes Palindrom gefunden:

```
['GEIST', 'ZIERT', 'LEBEN', 'MUEHE', 'TOBE', 'GNADE', '
    US'] ['SUED', 'ANGEBOT', 'EHE', 'UMNEBELT', 'REIZT',
    'SIEG']
```

Am Ende haben wir eine Länge von 62 Zeichen erreicht, die unsere Vorgabe von 60 übersteigt. Es ist klar, dass dies in unserer einfachen Version durchaus passieren kann, da der Prozess immer weitergeht, sofern kein passendes Endstück gefunden wird, und somit sehr lange Gebilde entstehen können. Somit hat die aktuelle Implementierung noch deutlich Luft nach oben, funktioniert aber wie gewünscht und ist eine recht kompakte Umsetzung des Vorhabens.

4.8 2048

2048 ist ein beliebtes Spiel für Handys und Computer, bei dem es darum geht, in einem Spielfeld mit 16 Feldern Zweierpotenzen geschickt zu kombinieren, sodass letztlich die Zahl 2048 erreicht wird (Abbildung 4.2). Dabei gilt die Regel, dass immer nur identische Zahlen kombiniert werden können, etwa die Zahlen 2 und 2 zu 4, 2 und 4 hingegen nicht. Wir wollen dieses recht einfache Prinzip in der Konsole nachbauen.

Die genauen Regeln sind wie folgt: man startet mit einem Spielfeld, in dem zwei Felder mit einer 2 besetzt sind. Danach kann der

Abbildung 4.2: Grafische Darstellung eines 2048-Spielfeldes.
Urheber: *TheQ Editor* (Wikimedia Commons, *CC BY-SA 3.0*)

Spieler das Spielfeld bei jedem Zug in eine beliebige Richtung verschieben, nämlich nach oben, unten, links, oder rechts. Dadurch
werden die Zahlen in die gewünschte Richtung verschoben und,
sofern möglich, aufaddiert. Zudem wird nach jedem Zug an einer
zufälligen freien Stelle eine neue 2 eingefügt. Sehen wir uns einige
Beispiele an:

```
2 2 0 2
<---
4 2 0 0

2 2 2 2
<---
4 4 0 0

8 4 4 2
<---
8 8 2 0
```

Im zweiten Beispiel wird erkennbar, wie von links nach rechts
aufaddiert wird. Zunächst die erste und die zweite 2 zu einer 4.
Danach wird die dritte und die vierte Zahl wieder zu einer 4 aufaddiert. Damit ist die Runde abgeschlossen. Leere Felder an den
Rändern werden mit Nullen aufgefüllt. Das Spiel ist gewonnen, so-

bald der Spieler 2048 erreicht. In unserem Beispiel werden wir uns aus einem trivialen Grund auf 512 beschränken, wie noch zu erläutern ist. Das Spielfeld selbst wird über eine Liste mit Unterlisten repräsentiert (vier Listen mit jeweils vier Elementen). So kann ein Feld dann über *Spielfeld[Zeile][Spalte]* angesteuert werden. Beginnen wir mit der zentralen Funktionalität des Spiels, dem Umsetzen der Spielerzüge. Hierbei gibt es wie genannt vier Möglichkeiten. Zu beachten ist dabei, dass die oben erklärten Regeln korrekt umgesetzt werden und die „Schwerkraft" richtig funktioniert, die Zahlen also in die gewünschte Richtung „gezogen" werden. Wir berücksichtigen hierbei alle vier Möglichkeiten getrennt, da unsere Funktionalität demnach leicht verändert wird. Beginnen wir zunächst mit dieser Hilfsfunktion.

```
1  def zusammenfassen(zahlen):
2      zahlen = [z for z in zahlen if z != 0]
3      for z in range(0, len(zahlen) - 1):
4          if zahlen[z] == zahlen[z + 1]:
5              zahlen[z] = zahlen[z] * 2
6              zahlen[z + 1] = 0
7      zahlen = [z for z in zahlen if z != 0]
8      return zahlen + [0 for z in range(4 - len(zahlen))]
```

Zunächst nutzen wir eine *list comprehension*, um alle Nullen aus der Liste zu entfernen, da diese sowieso verschwinden, sofern eine andere Zahl in der gleichen Liste liegt. Wir erhalten eine neue Liste, die nur noch Zahlen ab 2 enthält. Wir iterieren nun über alle Elemente der neuen Liste und prüfen, von links nach rechts: sind zwei nebeneinander liegende Zahlen gleich, so wird der Wert der linken Zahl verdoppelt, die rechte Zahl wird gelöscht. Es kann dadurch also wieder eine Liste mit Nullen entstehen. Diese werden im letzten Schritt wieder entfernt und, sofern notwendig, neue Nullen am rechten Ende der Liste eingefügt. Implementiert wurde also in dieser Weise die Reinfunktion für eine Bewegung nach links. Was aber, wenn man nach rechts spielt bzw. gar nach oben oder unten? Wir können diese Funktion trotzdem nutzen, müssen sie nur so verwenden, dass die jeweiligen Eingaben transformiert werden. Betrachten wir dazu folgende Zeile im Spielfeld:

```
0  2  0  2
--->
0  0  0  4
```

Wir müssen demnach von rechts nach links aufaddieren und die Leerstellen am *linken* Ende einfügen. Dies geschieht aber automatisch, wenn wir die Liste einfach umdrehen, der Funktion übergeben und danach das Ergebnis erneut umdrehen. Wir füttern die Funktion also mit [2, 0, 2, 0] und erhalten [4, 0, 0, 0]. Diese drehen wir erneut um und erhalten das Endergebnis. Somit besteht der zweite Schritt darin, die jeweiligen Zeilen bzw. Spalten so zu extrahieren, dass wir sie in der richtigen Struktur übergeben und am Ende das Ergebnis wieder korrekt in das Gesamtspielfeld einpassen.

```
 1  def move(feld, richtung):
 2      """Berechnet das Feld nach einem Zug neu"""
 3      if richtung == "links":
 4          feld = [zusammenfassen(zeile) for zeile in feld]
 5      elif richtung == "rechts":
 6          feld = [zusammenfassen(zeile[::-1])[::-1] for
                zeile in feld]
 7      elif richtung == "oben":
 8          feld = [zusammenfassen(zeile) for zeile in zip(*
                feld)]
 9          feld = [list(zeile) for zeile in zip(*feld)]
10      elif richtung == "unten":
11          feld = [zusammenfassen(zeile[::-1])[::-1] for
                zeile in zip(*feld)]
12          feld = [list(zeile) for zeile in zip(*feld)]
13      return feld
```

Die erste Variante, der Zug nach links, ist klar, wir brauchen nur über alle Zeilen im Spielfeld iterieren, die Funktion anwenden und das Ergebnis wieder ausgeben. Dazu nutzen wir eine *list comprehension*. Die zweite Variante, der Zug nach rechts, ist nur ungleich aufwändiger. Wir iterieren über alle Zeilen im Spielfeld und füttern die Funktion mit der herumgedrehten Zeile. Das Ergebnis wird dann erneut umgedreht und in das Spielfeld geschrieben.

Etwas mehr müssen wir aufpassen, wenn wir nach oben schieben. Dabei können wir nun nicht mehr einfach eine ganze Zeile aus dem Spielfeld übernehmen, sondern müssen Zeilen und Spalten vertauschen (transponieren). Dazu nutzen wir *zip()* und erhalten so die transponierten Zeilen, die wir in die Funktion eingeben. Im zweiten Schritt, nachdem das Spielfeld durch die Funktion bearbeitet wurde, kehren wir den Prozess um, transponieren also erneut und sorgen dafür, dass die Ergebnisse als Listen (und nicht als Tuples) in das finale Spielfeld übernommen werden. Wenn wir nach unten schieben ist das Vorgehen fast analog, nur müssen wir hier zuerst die transponierten Zeilen umdrehen und dann das Ergebnis wieder umdrehen. Zum besseren Verständnis kann folgendes Beispiel dienen.

```
#Verschachtelte Liste (Matrix) transponieren
>>> a = [[1,2,3], [4,5,6], [7,8,9]]
>>> b = zip(*a)
>>> for zeile in a:
>>>     print(zeile)
[1, 2, 3]
[4, 5, 6]
[7, 8, 9]
>>> for zeile in b:
>>>     print(list(zeile))
[1, 4, 7]
[2, 5, 8]
[3, 6, 9]
```

Es wird deutlich, wie die Ziffern, die anfangs zusammen in einer Zeile stehen nach der Umwandlung zusammen in einer Spalte stehen. Danach brauchen wir eine Funktion, die an einer zufälligen und leeren Stelle des Spielfelds in jeder Runde eine neue 2 einfügt.

```
1 def neuezahl(feld):
```

```
2       """Erzeugt ein neues Spielfeld mit einer zufaellig
            eingefuegten Zahl"""
3       output = feld[:]           #Kopie des Originals
4       spaltenpos = [0, 1, 2, 3]
5       zeilenpos = [0, 1, 2, 3]
6       random.shuffle(spaltenpos)
7       random.shuffle(zeilenpos)
8       for zeile in zeilenpos:
9           for spalte in spaltenpos:
10              if output[zeile][spalte] == 0:
11                  output[zeile][spalte] = 2
12                  return output
13      return output
```

Dazu randomisieren wir die möglichen Plätze und suchen so lange, bis eine Zahl gefunden wird. Sollte das Spielfeld allerdings komplett voll sein, so würde dies dazu führen, dass am Ende kein explizites return-statement ausgeführt wird und damit *None* die Ausgabe ist. Dies darf jedoch nicht geschehen, sodass wir in diesem Fall das unveränderte Spielfeld ausgeben lassen. Danach brauchen wir noch eine Funktion, die testet, ob das Spiel gewonnen wurde, also 512 erreicht ist.

```
1  def spiel_gewonnen(feld):
2      """Testet, ob das Spiel gewonnen ist"""
3      return any(512 in zeile for zeile in feld)
```

Sobald in einer Zeile des Spielfeldes 512 gefunden wurde wird *True* ausgegeben, was wir über *any()* erreichen. Es fehlt noch eine Funktion, die das Spielfeld grafisch anzeigt.

```
1  def anzeigen(feld, zug, score):
2      """Stellt das feld grafisch in der Konsole dar"""
3      mapping = {0: "[   ]", 2: "[2^1]", 4: "[2^2]", 8: "
           [2^3]", 16: "[2^4]", 32: "[2^5]", 64: "[2^6]",
           128: "[2^7]", 256: "[2^8]",
4      512:"[2^9]"}
5      for zeile in feld:
6          for spalte in zeile:
7              print(mapping[spalte], end= "")
```

```
8         print("")
9      print("=================")
10     print("Aktueller Zug:", zug)
11     print("Score:", score)
```

Hier erkennen wir nun auch, warum wir nur bis 512 gehen. In der Konsole müssen wir in Zeichen denken und damit es eine schöne gleichmäßige Darstellung gibt, müssen alle Felder die gleiche Größe haben. Wir benutzen deshalb statt Zahlen (die zwischen einer und vier Stellen haben können) eine Darstellung in Zweierpotenzen, die genau 2 Zeichen haben, nämlich 2 und die Potenz. Dabei können wir bis 2^9 gehen, was 512 entspricht.[4] Würden wir höher gehen, würden wir drei Stellen benötigen. Für die Konsolenausgabe erscheint dies als guter Kompromiss. Um dies so abzubilden benutzen wir ein *Dict*, das die nötigen Informationen beinhaltet. Danach iterieren wir über Zeilen und Spalten und sorgen dafür, dass jeweils alle Zeichen einer Liste auch in einer Zeile erscheinen. Zudem blenden wir Informationen zur aktuellen Zugzahl sowie den Score ein. Der Score ist schlichtweg die Summe aller Zahlen auf dem aktuellen Spielfeld. Zuletzt setzen wir alles in der Hauptfunktion zusammen und strukturieren den Ablauf des Spiels.

```
1  import random
2  import itertools
3  TASTEN = {
4      "\x1b[D": "links",
5      "\x1b[C": "rechts",
6      "\x1b[A": "oben",
7      "\x1b[B": "unten",
8  }

10 def main():
11     feld = [[0] * 4 for i in range(4)]
12     feld [3][0] = 2
```

[4]Aus drucktechnischen Gründen lassen sich im hier gezeigten Code die Potenzen nur durch das Zeichen „^" darstellen. In Python selbst kann man dies hübscher gestalten, siehe dazu die Codebeispiele online.

```
13      feld [3][1] = 2
14      for zug in itertools.count(1):
15          score = sum(sum(zeile) for zeile in feld)
16          anzeigen(feld, zug, score)
17          if spiel_gewonnen(feld):
18              break
19          while True:
20              eingabe = input()
21              if eingabe in TASTEN:
22                  break
23              print("Ungueltige Eingabe! Nur Pfeiltasten
                      benutzen!")
24          feld = move(feld, TASTEN[eingabe])
25          feld = neuezahl(feld)
26          for i in range(40):
27              print()
28      print("Gewonnen!")
```

Wir starten mit einem leeren Spielfeld, in das wir dann zwei
Zahlen einsetzen. Hierbei nutzen wir *itertools.count()*, um von 1
ausgehend zu zählen. Über eine *comprehension* berechnen wir den
aktuellen Score, wozu wir die Zahlen in allen Zeilen aufaddieren.
Danach wird das Spielfeld angezeigt. Es folgt eine Prüfung auf den
Sieg. Ist dies der Fall, beenden wir das Spiel. Ansonsten folgt eine Schleife die dazu dient die aktuelle Eingabe zu erfassen. Diese
Schleife läuft so lange, bis wir eine gültige Eingabe erhalten haben. Die Zuordnung zwischen der Eingabe (Pfeiltasten) und dem
jeweiligen Befehl haben wir in *TASTEN* ausgelagert, da diese Be-
zeichnungen etwas kryptisch sind. Haben wir eine gültige Eingabe
erhalten, so geben wir die Infos an *move()* weiter und das Spielfeld
wird neu berechnet. Danach fügen wir an einer zufälligen Stelle
eine 2 ein. Es folgen 40 Leerzeilen, die dazu dienen, ein dynamisches Spielfeldupdate in der Konsole zu simulieren. Damit ist die
Funktion vollständig.

Aufgaben

1. Definieren Sie eine zusätzliche Hilfsfunktion, die testet, ob ein Spiel verloren wurde, also alle Felder besetzt sind und kein legaler Zug mehr möglich ist.

Kapitel 5

Die nächsten Schritte

Herzlichen Glückwunsch! Nach dem Durcharbeiten aller Aufgaben
können Sie sich auf die Schulter klopfen (lassen). Sie haben nun das
Anfängerniveau hinter sich gelassen und können Python produktiv
in realen Szenarien in Beruf und Alltag einsetzen. Sie wissen, wie
man komplexe Aufgaben in verschiedene Teilschritte zerlegt, Algorithmen implementiert und komplizierte Probleme mit Simulationen approximieren kann. Sie haben von verschiedenen Teilberei-
chen Pythons Gebrauch gemacht und viele Module kennengelernt.

Je nachdem, wie Sie sich weiterentwickeln möchten, gibt es viel-
fältige Möglichkeiten, tiefer in Python einzusteigen. Suchen Sie
beispielsweise noch mehr praktische Aufgaben oder Rätsel, so finden Sie online zahlreiche Plattformen, die systematisch und umfas-
send typische Aufgabenstellungen sammeln und zusammentragen.
Besonders zu erwähnen sind hier Rosettacode[1] und das *Rosalind
Project*[2], die für mich stets eine wertvolle Quelle der Inspiration
sind. Dort finden Sie viele weitere Herausforderungen in allen An-
spruchsniveaus.

Ebenso kann es sinnvoll sein, bestimmte Themen genauer zu

---

[1]rosettacode.org
[2]rosalind.info

erforschen. Gleichgültig ob dies nun numerische Programmierung, statistische Simulationen, Benutzermenüs, Webanwendungen oder klassische Software sind. Online und im Buchhandel finden sich zu allen Themengebieten umfassende Materialien. Zuletzt ist es absolut empfehlenswert, eigene Ideen und Projekte konsequent zu verfolgen. Auch wenn dies besonders am Anfang schwierig erscheint und Sie vermutlich auf Herausforderungen stoßen werden, die Sie nicht direkt lösen können, besitzen Sie nun alle Werkzeuge, um ihre Ziele zu erreichen. Machen Sie Gebrauch von den Communities und Foren im Internet und tauschen Sie sich mit anderen aus.[3] Wenn Ihnen dieses Buch gefallen hat, so freue ich mich über Kommentare und Bewertungen in den diversen Onlineshops und wünsche Ihnen auch in Zukunft viel Spaß und Erfolg mit Python.

---

[3]Empfehlenswerte Anlaufstellen sind beispielsweise `python-forum.de` oder `reddit.com/r/python`

Kapitel 6

Appendix

Import this

```
>>> import this
The Zen of Python, by Tim Peters

Beautiful is better than ugly.
Explicit is better than implicit.
Simple is better than complex.
Complex is better than complicated.
Flat is better than nested.
Sparse is better than dense.
Readability counts.
Special cases aren't special enough to break the rules.
Although practicality beats purity.
Errors should never pass silently.
Unless explicitly silenced.
In the face of ambiguity, refuse the
temptation to guess.
There should be one-- and preferably only
    one --obvious way to do it.
Although that way may not be obvious at first
    unless you're Dutch.
Now is better than never.
```

Although never **is** often better than *right* now.
If the implementation **is** hard to
    explain, it's a bad idea.
If the implementation is easy to
    explain, it may be a good idea.
Namespaces are one honking great idea -- let's do more
    of those!